"十四五"时期国家重点出版物出版专项规划
华为网络技术系列

IPv6 随路遥测
助力网络运维新变革

IPv6 On-Path Telemetry

Driving New Transformation in Network O&M

主　编　李振斌　杨平安
副主编　韩　涛　周天然

人民邮电出版社

北　京

图书在版编目（CIP）数据

IPv6 随路遥测：助力网络运维新变革 / 李振斌，杨平安主编. -- 北京：人民邮电出版社，2025. --（华为网络技术系列）. -- ISBN 978-7-115-67395-4

Ⅰ. TN915.04

中国国家版本馆 CIP 数据核字第 20250DS685 号

内 容 提 要

IPv6 随路遥测是随着 5G 和云时代 IP 网络业务的发展而产生的一个网络运维技术体系，正逐步实现规模部署和应用。本书以 5G 和云计算发展给 IP 网络带来的挑战、传统运维方式存在的痛点为切入点，分析 IPv6 随路遥测与传统 OAM 技术的差异，阐述 IPv6 随路遥测在 5G 和云时代背景下呈现出的技术价值，帮助读者从业务角度理解 IPv6 随路遥测产生的必然性。本书聚焦 IPv6 随路遥测的体系架构、数据平面、控制平面、信息上报以及控制器等，详细介绍 IPv6 随路遥测的技术实现和部署，同时结合华为的应用案例给出部署指导，并结合华为对 IP 网络的理解以及研究进展，对 IPv6 随路遥测的产业和技术发展进行展望。

本书是华为 IPv6 随路遥测研究团队的研究成果，展现了 IPv6 随路遥测的前沿发展趋势。本书内容丰富、框架清晰、实用性强，适合网络规划工程师、网络技术支持工程师、网络管理员以及想了解前沿 IP 网络技术的读者阅读，也可供科研机构、高等学校通信网络相关专业的研究人员参考。

◆ 主　　编　李振斌　杨平安
　　副 主 编　韩　涛　周天然
　　责任编辑　顾慧毅
　　责任印制　马振武

◆ 人民邮电出版社出版发行　　北京市丰台区成寿寺路 11 号
　　邮编　100164　电子邮件　315@ptpress.com.cn
　　网址　https://www.ptpress.com.cn
　　固安县铭成印刷有限公司印刷

◆ 开本：710×1000　1/16
　　印张：16.75　　　　　　　2025 年 9 月第 1 版
　　字数：310 千字　　　　　　2025 年 9 月河北第 1 次印刷

定价：99.00 元

读者服务热线：(010)81055410　印装质量热线：(010)81055316
反盗版热线：(010)81055315

丛书编委会

主　　任　王　雷　华为数据通信产品线总裁

副 主 任　吴局业　华为数据通信产品线副总裁

　　　　　　赵志鹏　华为数据通信产品线副总裁

委　　员（按姓氏音序排列）

　　　　　　蔡　骏　程　剑　丁兆坤　冯　苏　葛文涛

　　　　　　韩　涛　贺　欢　胡　伟　金　剑　金闽伟

　　　　　　李武东　李小盼　梁跃旗　刘建宁　刘　凯

　　　　　　钱　骁　邱月峰　王　辉　王武伟　王焱淼

　　　　　　吴家兴　杨加园　殷玉楼　张　亮　赵少奇

本书编委会

主　　编　李振斌　杨平安

副　主　编　韩　涛　周天然

委　　员　阮　航　黄金明　陈婧怡　骆兰军

　　　　　胡雅佳　生绪博　张　帆　庄顺万

　　　　　彭丽丽　潘继雨　李嫣然　王佳荟

技术审校　王焱淼　张雨生　朱科义

技术审校者简介

王焱淼：华为技术有限公司（以下简称华为）城域路由器产品部部长。2006年加入华为，曾任华为数据通信产品线路由器维护部总监、路由器解决方案总监、技术开发部部长等职务，曾负责路由器产业关键技术和解决方案创新、产品研发及全生命周期管理工作。

张雨生：华为数据通信产品线VRP技术研发团队总经理。2007年加入华为，先后负责BGP、VPN及SDN领域的设计和开发工作。2019—2022年，作为中东非洲运营商产品管理首席专家，主导了区域标杆运营商网络"IPv6+"目标网方案的创新规划，帮助多个区域标杆运营商实现了SDN和SRv6技术的规模部署，积累了丰富的SRv6网络规划和设计经验。自2023年起，负责数据通信协议的竞争力规划与交付工作。

朱科义：华为数据通信产品线标准专利部部长。曾任华为数据通信企业路由器总监、华为移动系统部网络总工、华为海外地区部运营商IP解决方案总监，兼任全球固定网络创新联盟（NIDA）副秘书长。负责华为数据通信产品线在IETF、IEEE、ITU、CCSA、NIDA等多个标准组织的标准化工作，深度参与"IPv6+"政策、技术标准、认证标准等的制定工作，参与编写《SRv6网络部署指南》等多本图书。

推 荐 语

在5G和云计算蓬勃发展的时代，网络性能的监控与维护变得愈加复杂且重要。本书聚焦这一领域的最新进展，为读者揭示了下一代互联网协议——IPv6如何结合随路遥测，实现对网络业务转发质量的实时、可视化监控。本书既有对随路遥测技术体系的深入阐述，也有对落地部署的详尽讲解，为网络研究人员、运维人员，以及行业管理者提供了非常好的技术参考。

——中国信息通信研究院技术与标准研究所互联网中心主任　　高　巍

IPv6是新一代数字信息基础设施的承载底座，其长期演进方向是"IPv6+"技术体系。本书作者具有深厚的IP协议制定和系统研发功底。IPv6随路遥测是网络向自智体系演进的核心部分，更是高效实现算力网络的前提和保障。本书系统、深入、多角度地阐述了IPv6随路遥测领域的协议架构及技术实现，并将其与工程实践相结合。本书值得相关技术研发、工程实践工作者深入学习，这有助于进一步推动"IPv6+"系统工程的拓展与实践。

——中国电信研究院顾问、中国通信学会信息通信网络技术专委会主任委员
陈运清

IP网络随路遥测是IPv6演进的核心技术之一，可以提供实时、精细化、端到端的网络性能监控，能够提升网络排障和运维的效率，是未来网络向智能化、服务化演进的关键支撑。本书详细阐述了该技术的原理及其应用，对网络研究和工程实践都有很高的参考价值。

——中国移动研究院副院长　　段晓东

IPv6随路遥测是"IPv6+"的关键技术之一。IPv6随路遥测通过对网络业务流的实时高精度测量，向用户直观呈现业务流的网络服务质量指标，方便故障定位和路径优化，有效提升网络服务质量，是算力网络的关键支柱之一。中国联通非常重视"IPv6+"的部署与应用，已在北京、河北、湖北等地部署了SRv6、IFIT和网络切片技术，显著提升了网络服务能力。本书对网络智能运维的研究、部署和应用都具有很好的参考价值。相信本书能助力网络智能化的推进，加速"IPv6+"产业的繁荣发展。

——中国联通研究院副院长　　唐雄燕

IPv6随路遥测出现之前，普遍采用BFD、网管探针、流量回溯等手段探测广域网的传输质量，以间接或局部反映业务SLA状态。在这样情形下，网络

像一个神秘不可见的黑盒。引入该技术之后，通过将IFIT监控信息嵌入业务报文，可以实时监控业务报文的转发路径和服务质量，网络蜕变为一个公开可视的白盒，彻底破除了故障难以快速定界定位和网络难以自证清白的业界难题。中国农业银行是IPv6随路遥测技术应用的先行者和受益者，通过自研的IFIT管理模块拼接SRv6骨干网和分支SRv6接入网监控数据，实现了真正的端到端业务质量可视化，自总行数据中心到网点的业务通信路径、时延、丢包、流速等信息一目了然，实现了故障快速定位和业务快速恢复的目标，显著提升了金融业务连续性保障水平。本书便于读者快速了解IPv6随路遥测的全貌，对IPv6随路遥测普及和行业网络运维水平提升帮助极大。

——中国农业银行架构师　　许青邦

在数字政府的演进路线中，云网建设是数字基建的重点。广西壮族自治区信息中心很早就与华为联合开展"IPv6+"创新技术的探索，并积极推动"IPv6+"政务网络的建设，通过SRv6、网络切片、IFIT三大"IPv6+"核心技术，大幅提升了信息中心网络的运维效率和差异化保障水平。从事"IPv6+"相关研发的华为技术专家在本书中对IPv6随路遥测的关键技术和部署进行了全面的描述，为广大的网络工程技术人员提供了很好的参考。

——广西壮族自治区信息中心网络安全处处长　　李　森

IPv6随路遥测是IPv6的重要技术创新，不但能够推动网络技术向更高水平迈进，更将支撑我国高速数据网的构建，全面助力数据的灵活、安全、高效流通。李振斌及其团队多年来深耕IPv6领域，本书为IPv6技术发展和持续创新提供了有力支持，是不可多得的佳作。

——下一代互联网国家工程中心主任　　刘　东

序　一

随着信息技术的飞速发展，IPv6 的商用部署已成为全球范围内的共识。相较于 IPv4，IPv6 提供了更广阔的地址空间、更强的安全性和更好的性能。"IPv6+"技术的出现进一步推动了互联网的创新与发展。"IPv6+"是对 IPv6 的进一步升级和创新，涵盖多种关键技术，如分段路由、随路遥测、网络切片等。这些技术不仅丰富了 IPv6 的能力，还推动了其在基础网络、行业网络和数据中心等多个场景的应用。其中，随路遥测技术体系作为"IPv6+"的重要组成部分，正在引领网络运维进入智能化时代。

随着互联网的普及和应用的多样化，网络运维的复杂性也在不断增加。传统的网络运维方式往往依赖主动测量技术，如 Ping、TWAMP 等，但这些技术测量的业务流量与实际业务流量存在偏差，不能反映同一时间节点的信道性能，无法满足高精度、实时性的需求。同时，随着视频、语音等实时业务的快速发展，网络对瞬时突发流量的处理能力提出了更高的要求。传统的主动测量方式已无法满足快速故障定位、实现智能化运维的需求。

在这种背景下，随路遥测应运而生。随路遥测是一个基于真实业务流量的网络运维技术体系，其核心原理是在用户业务数据包上嵌入遥测信息。这些信息包括数据包的转发路径、转发时间、设备信息等。当数据包在网络中转发时，每台网络设备都会根据嵌入的遥测信息来检测信道性能，并将检测结果上报给数据分析平台，由分析平台进行结果计算和可视化呈现。

随路遥测能够实时监测网络和业务流量的关键指标，包括丢包、时延和抖动等。将这些指标上传到智慧大脑进行分析之后，运维人员可以及时发现并解决网络中的潜在问题，避免了传统运维方式中需要人工排查和定位问题的烦琐过程。这不仅提高了运维效率、降低了运维成本，还确保了业务的稳定运行和用户的良好体验。特别是在一些对实时性要求极高的应用场景（如 5G 承载业务、金融行业智慧网点等）中，随路遥测的应用能够显著提升用户体验。

随路遥测能够实时监测网络资源的利用情况，包括带宽利用率、设备负载率等。通过这些数据，运营商可以更加准确地了解网络资源的分配和使用情况，从而进行更加合理的资源配置。这不仅可以提高网络资源的利用率，也可以降低网络运营成本。

随路遥测还可以被用于网络安全防护。通过实时监测和分析网络流量数据，运营商可以及时发现并防御网络攻击。例如，通过异常流量监测和模式识别技术，运营商可以及时发现并防御 DDoS 攻击等。这不仅可以提高网络的安全性，也可以保护用户的隐私和数据安全。

随路遥测作为网络性能监测领域的一次重要创新，其应用和发展推动了网络的智能化。通过实时监测和分析网络性能数据，运营商可以快速、清晰地了解网络运行状况和需求变化，从而进行更加精准的网络规划和优化。随着网络技术的不断发展和应用需求的不断变化，随路遥测在标准化、智能化、多场景、安全保证等方面也在不断创新。

随着"IPv6+"技术的广泛应用和标准化进程的推进，随路遥测将逐步实现标准化和规范化。这有助于推动不同厂商之间的技术兼容和协同操作，促进随路遥测的推广应用。

随着计算技术和存储技术的不断发展，随路遥测的性能和智能化水平不断提升。未来，随路遥测将能够实现更加高效、准确的监测和分析，为网络运维提供更加智能的服务。

随着"IPv6+"应用场景的拓展，随路遥测的应用领域和场景也不断拓展。例如，在自动驾驶、工业互联网等新兴领域，随路遥测将发挥更加重要的作用，为这些领域的网络运维和管理提供更加有力的支持。

随着网络安全和隐私保护问题的日益突出，随路遥测将更加注重安全保障和隐私保护方面的工作，通过提供数据流路径溯源，可有力支撑跨境数据流动的管理。未来，随路遥测将采用更加先进的安全防护技术和隐私保护机制，确保数据的安全性和隐私性。

在企业加速数字化转型的大背景下，IPv6 随路遥测有望迎来更加广阔的发展前景。通过高精度、实时的网络性能测量和故障快速定界定位能力，IPv6 随路遥测能为网络运维提供有力的支持，为数字化时代的发展提供坚实的网络基础。我们相信，在相关企业和组织的共同努力下，IPv6 随路遥测将不断创新和完善，为构建更加智能、安全、可靠的网络贡献力量。

华为"IPv6+"技术创新团队积极与业界合作，在 IPv6 随路遥测的创新、标准化、产品开发和部署应用方面取得了很多成果，积累了丰富的实践经验。在此基础上，团队编写了《IPv6 随路遥测：助力网络运维新变革》一书。本书系统地阐述了 IPv6 随路遥测技术体系的架构、关键技术以及应用部署等，对从业人员具有重要的参考价值。相信本书的出版会对 IPv6 产业的发展产生积极影响。

让我们共同期待 IPv6 随路遥测技术的发展，期待更多有志之士为 IPv6 技术发展与应用创新做出更多的贡献！

邬贺铨

推进 IPv6 规模部署和应用专家委员会主任

2024 年 12 月

序 二

互联网的发展经历了从固定互联网到移动互联网、从消费互联网到工业互联网、从网络化到智能化、从通信网络到智算网络的转变。互联网基础协议也从IPv4发展到IPv6，进而向"IPv6+"演进。"IPv6+"是面向5G和云时代的IP网络创新体系，能够提升网络能力，丰富产业生态，满足新业务的组网与业务部署需求，并提供运维与安全保障，优化网络性能与用户体验，成为构筑新质互联网的基石。

IPv6随路遥测凭借其快速、准确、易部署、自动化、可扩展性强等优势，推动了网络运维的变革。因此，中国通信标准化协会（CCSA）很早就针对IPv6随路遥测展开了深度的研究和标准化工作。2019年4月，在TC3全会的"新技术新网络"标准化研讨会上，业界专家系统地梳理和介绍了随路遥测的背景和技术发展趋势，引起了相关技术人员的广泛关注。CCSA陆续制定和发布了《电信运营商网络带内流信息的自动化质量测量技术要求》《电信运营商网络带内流信息自动化质量测量的数据面技术要求》等行业标准。与此同时，CCSA还推动成立了IPv6国家标准工作组和国际标准工作组，制定了包括随路遥测在内的"IPv6+"网络部署要求，用于加快"IPv6+"的创新和部署。

本书是华为技术团队完成的一本关于IPv6随路遥测的全面翔实的专业技术图书，是继《SRv6网络编程：开启IP网络新时代》《IPv6网络切片：使能千行百业新体验》之后，"IPv6+"技术领域的又一力作。本书从5G和云时代的业务与架构演进出发，分析传统运维方式的痛点，详细介绍IPv6随路遥测的产生背景、体系架构、技术实现、部署方案以及产业展望等内容，是对华为技术团队在智能运维和随路遥测领域的研究成果、标准制定工作、相关部署经验的系统梳理。

我很高兴为大家推荐本书，希望本书能够成为广大工程技术人员学习了解"IPv6+"随路遥测的参考，也希望本书能够进一步推动随路遥测的部署和应用，让其成为网络运维的重要工具。

赵慧玲

工业和信息化部通信科技委信息网络技术专家组组长

CCSA网络与业务能力技术工作委员会主席

2024年12月

前　言

　　网络测量是IP网络运维的重要基础，也一直是IP网络的重要技术挑战。这些挑战来自多个方面，例如随路测量机制的缺乏、海量数据的上报和分析等。随着SDN的兴起，IPFIX、gRPC等高性能数据上报技术的引入，以及集中控制器海量数据分析能力的构建，相关问题一定程度上得到了解决。从2017年开始，随着5G和云计算等新兴业务的发展，SRv6网络编程、IPv6网络切片等通过IPv6扩展报文头机制携带指令，扩展网络功能的IPv6增强技术兴起，IPv6随路测量技术也因此得到发展。东西向随路测量、南北向高性能数据上报，以及控制器海量数据分析等技术融合构建的框架体系，为最终解决IP网络运维的挑战提供了可行路径，并已经在现网实现了规模部署与商用。我们将这个技术体系定义为IPv6随路遥测，这也是本书书名的由来。

　　华为数据通信产品线很早就开始研究SDN演进技术。2013—2017年，华为与业界一起发展了BGP、PCEP、NETCONF/YANG等控制器南向接口协议并定义了相关标准。产品线从2014年开始研究IP FPM技术，完成了IETF标准定义，并从2017年起开始投入IPv6随路遥测的标准化工作，和业界同仁一起推动了交替染色、IOAM等IPv6随路测量技术创新，以及相关的IPFIX协议扩展和基于UDP的Telemetry等分布式高性能数据上报技术创新，并在系统研究随路遥测的基础上，定义了网络遥测框架和IP随路遥测的实现框架等。这些技术研究和标准化工作为IPv6随路遥测技术体系的构建奠定了基础。我们在积聚过去多年研究、标准推动、开发和部署应用的经验基础上完成了本书，系统地阐述了IPv6随路遥测技术体系，希望能够更好地帮助业界理解其内核，为推动产业的发展贡献一份绵薄之力。

　　本书详细、全面地介绍了IPv6随路遥测，为了方便读者阅读和理解，这里补充说明两个方面。

- IPv6随路遥测和IPv6随路测量的关系：IPv6随路遥测是一个技术体系，包括IPv6随路测量、遥测信息上报以及相关数据分析等，涉及数据平面、控制平面、管理平面以及控制器的一系列技术。IPv6随路测量是IPv6随路遥测的核心关键技术，主要与数据平面相关。本书定位于全面介绍IPv6随路遥测技术体系，而非只介绍IPv6随路测量技术。IPv6随路遥测和IPv6随路测量两个技术术语在本书中都会用到，请读者根据上下文注意辨析。

- IPv6在IP随路测量技术中扮演了重要角色：IP随路测量技术（包括交替染色、IOAM等实现方式）需要在数据平面上封装随路测量的指令数据，这对数据平面扩展提出了新的需求。这些扩展并非与IPv6绑定，也可能基于其他数据平面实现。然而，IPv6在诞生之初即定义了IPv6扩展报文头机制，通过IPv6扩展报文头携带随路测量的指令，可以很好地满足IP网络随路测量的需求。相比于其他数据平面的扩展机制，这种机制在标准化、商用部署等方面更为成熟。因此，本书聚焦IPv6随路遥测，相关技术也可供基于其他数据平面的随路遥测实现参考。我们相信IPv6随路遥测会与SRv6网络编程、IPv6网络切片等一样，成为IPv6新的关键应用，也会进一步促进IPv6的规模部署和应用。

本书内容

本书共8章，可以分为3个部分：第1章重点介绍IPv6随路遥测的产生背景和技术价值；第2～7章详细介绍IPv6随路遥测技术体系；第8章总结IPv6随路遥测的产业发展情况，并展望未来技术发展趋势。

第1章　IPv6 随路遥测综述

从5G和云时代的业务发展与架构演进出发发展，分析传统运维方式的痛点，介绍IPv6随路遥测的产生背景，并阐述IPv6随路遥测发展所带来的技术价值。

第2章　IPv6 随路遥测体系架构

首先介绍网络遥测的定义、整体架构、模块、功能组件及数据获取机制，然后进一步介绍IPv6随路遥测的参考实现框架IFIT和相应的关键技术。

第3章　IPv6 随路遥测的数据平面

介绍IPv6随路遥测的数据平面，包括其主要使用的交替染色和IOAM方法。

第4章　IPv6 随路遥测的控制平面

介绍IPv6随路遥测的控制平面方案，并详细介绍控制平面协议扩展。部署IPv6随路遥测时，需要控制平面协议对节点和链路的测量能力进行通告协商。另外，控制平面协议还可以实现遥测实例自动部署，从而减轻部署负担。

第5章　IPv6 随路遥测的信息上报

介绍IPv6随路遥测基于Telemetry技术上报。Telemetry是一种从设备上远程高速采集数据的技术，支持多种数据推送方式。本章对gRPC、UDP遥测以及IPFIX这3种信息上报方式进行详细介绍。

第 6 章　IPv6 随路遥测控制器

介绍IPv6随路遥测控制器的架构、功能、基于随路遥测等功能实现的IP网络数字地图技术，以及南北向接口功能，全面阐释IPv6随路遥测控制器的关键技术原理和工作流程。

第 7 章　IPv6 随路遥测的部署

介绍IPv6随路遥测部署的相关信息。IPv6随路遥测在实际网络中的部署方式灵活多样，基于交替染色方法的IFIT方案作为IPv6随路遥测的一种实现方案，已在多个运营商和企业网络中部署，给用户带来了网络质量实时可视的优质体验。本章首先展现基于交替染色方法的IFIT方案在现网中的成功应用，然后分别从设备侧和控制器侧两个角度阐述其部署过程。

第 8 章　IPv6 随路遥测的产业发展与技术展望

介绍IPv6随路遥测的标准化进展和产业发展情况，并对IPv6随路遥测的技术发展进行展望。

IPv6随路测量技术与主动测量及时钟同步技术密切相关，所以本书的附录部分专门介绍了IPv6主动测量技术（包括TWAMP和STAMP）和时钟同步技术（包括NTP和PTP）的原理，以方便读者参考。

在本书的后记"IPv6随路遥测之路"部分，李振斌作为亲历者，对IPv6随路遥测的发展历史以及华为参与创新和标准推动的过程进行了总结。另外，他在每章结尾部分还提供了一些"设计背后的故事"。这些故事讲述了IPv6随路遥测的相关设计经验，希望能帮助读者进一步了解相关设计的来龙去脉，加深对IPv6随路遥测的理解。其中不免有一些偏主观的内容，一家之言，仅供参考。

本书由李振斌和杨平安担任主编，韩涛和周天然担任副主编，由李振斌统稿。本书编委会由华为数据通信产品线多个团队的成员组成，阮航、黄金明等同事参与了相关章节的编写并提供了大量技术资料，技术资料部陈婧怡、胡雅佳、张帆、彭丽丽、李嫣然、王佳荟等同事精心编辑并绘制了图片，最大限度地保证了内容的质量。本书由王焱淼、张雨生和朱科义完成技术审校，他们为本书提供了宝贵的技术建议。

致谢

IPv6 随路遥测技术体系的创新和标准推动得到了来自华为内部和外部的广泛支持和帮助。借本书出版的机会，衷心感谢胡克文、刘少伟、王雷、赵志鹏、吴局业、王晨曦、邱月峰、冯苏、陈金助、左萌、王志刚、王辉、杜志强、钱骁、王建兵、张亮、丁兆坤、金剑、金闽伟、邵士新、于晓军、范大卫、孙建平、古锐、文慧智、李小盼、汤丹丹、张建东、刘悦、刘树成、姜哲、任广涛、李维东、徐菊华、鲍磊、刘淑英、曾毅、高晓琦、李佳玲、郑鹏、吴鹏、刘松峰、樊利、苗福友、陈国义、王雅莉、刘敏、陆博、顾钰楠、戴龙飞、徐玲、吴钦、吴波、闫新、沈虹、董雯霞、周冠军、经志军、孙元义、王乐妍、王述慧、佟晓惠、席明研、王晓玲、毛拥华、黄璐、王开春、莫华国、李泓锟、田太徐、夏阳、闫刚、赵凤华、盛成、胡志波、王海波、陈大鹏、钱国锋、赵永鹏、曾昕宗、陈重、张辉、尹志东、刘春、王锦辉、吕京飞、辛方、杨建峰、潘家鑫、喻平平、于维、张招弟、李薇、姜晨、邓亚东、周学、李瑞娟、George Fahy、Samuel Luke Winfield-D'Arcy 等华为的领导和同事，衷心感谢田辉、高巍、赵锋、陈运清、赵慧玲、解冲锋、王爱俊、朱永庆、陈华南、段晓东、程伟强、李振强、姜文颖、秦凤伟、唐雄燕、曹畅、庞冉、秦壮壮等长期支持我们技术创新和标准推动工作的中国 IP 领域的技术专家。最后特别感谢邬贺铨院士和赵慧玲老师为本书作序。

本书尽可能完整地呈现 IPv6 随路遥测框架、技术、部署和应用等方面的内容，不过，IPv6 随路遥测作为 IPv6 的新应用还处于变化过程中，加之我们能力有限，书中难免存在错误与疏漏，敬请各位专家及广大读者批评指正。

李振斌

2025 年 5 月

目 录

第1章
IPv6 随路遥测综述

IPv6（Internet Protocol version 6，第6版互联网协议）随路遥测是随着5G（5th Generation of Mobile Communications Technology，第五代移动通信技术）和云时代IP网络业务发展而产生的一个以随路测量技术为基础的网络性能监控技术体系，可以为网络管理者提供实时、可视化的网络业务转发质量指标，为实现智能运维奠定基础。本章将从5G和云时代IP网络的业务发展与架构演进出发，分析传统运维方式的痛点，介绍IPv6随路遥测的产生背景，并阐述IPv6随路遥测带来的技术价值。

| 1.1 IP OAM 技术概述 |

IPv6随路遥测和IP网络的OAM（Operation, Administration and Maintenance，操作、管理和维护）技术密切相关。OAM一般指用于网络故障检测、网络故障隔离、网络故障上报以及网络性能检测的手段，广泛应用于网络运维和管理活动中。根据功能划分，OAM主要包含故障管理（Fault Management）和性能测量（Performance Measurement）两大部分，具体如图1-1所示[1-2]。

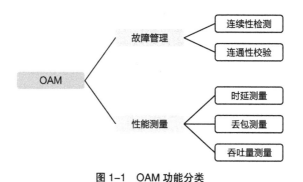

图 1-1　OAM 功能分类

故障管理主要包括如下两个方面。

- 连续性检测（Continuity Check）：用于检测地址可达性，主要的技术有IP Ping[3]、BFD（Bidirectional Forwarding Detection，双向转发检测）[4]等。

- 连通性校验（Connectivity Verification）：用于路径验证和故障定位，主要的技术有IP Traceroute[3]、BFD等。

根据不同的网络场景，OAM的故障管理机制也各不相同。例如，在IP网络中，可以基于IP Ping和IP Traceroute实现IP网络的故障管理；在MPLS（Multi-Protocol Label Switching，多协议标签交换）网络中，可以用LSP（Label Switched Path，标签交换路径）[5]Ping和LSP Traceroute来实现MPLS网络的故障管理；在SRv6（Segment Routing over IPv6，基于IPv6的段路由）网络中，可以基于IPv6 Ping和IPv6 Traceroute实现SRv6网络的故障管理，也可以基于SRv6 OAM协议扩展中的End.OP实现SRv6网络的故障管理[6]。BFD是另外一个可以实现快速连续性检测和连通性校验的工具，可以应用在IP网络中，也可以应用在MPLS、SRv6网络中。

性能测量主要包括如下3个方面。

- 时延测量（Delay Measurement）：测量时延、时延抖动等参数。

- 丢包测量（Loss Measurement）：测量丢包数、丢包率等参数。

- 吞吐量测量（Throughout Measurement）：测量网络接口、链路带宽、单位时间报文处理能力等参数。

根据是否需要主动发送OAM报文，可以将性能测量分为如下3类[7]。

- 主动（Active）性能测量：简称主动测量，需要向网络中注入测试报文，通过对测试报文的测量，推测出网络的性能。典型方式例如TWAMP（Two-Way Active Measurement Protocol，双向主动测量协议）[8]。

- 被动（Passive）性能测量：简称被动测量，与主动测量不同，它通过直接监测业务数据流本身得到性能参数，不需要发送额外的测试报文，也不需要改动业务报文。所以被动测量能准确、真实地反映网络的性能。典型方式例如IPFIX（IP Flow Information Export，IP数据流信息输出）[9-10]。

- 混合（Hybrid）性能测量：简称混合测量，是一种将主动测量和被动测量相结合的方法。它不需要向网络中注入额外的测试报文，只需要对业务报文的某些字段进行一定的改动，例如通过对报文头的某些字段进行"染色"来实现网络性能的测量。典型方式例如IP FPM（IP Flow Performance Measurement，IP流性能测量）[11]，它通过对报文进行染色实现对真实数据流的直接监测。由于不引入额外的测试报文，混合测量的准确度和被动测量的准确度相当。

除此之外，性能测量还可以按带外测量模式和带内测量模式进行划分。带外测量模式通过间接模拟业务报文并周期性发送的方法，实现端到端路径的性能测量与统计；带内测量模式则通过对真实业务报文进行特征标记，实现对真实业务流的性能测量与统计。根据这种分类方式，前述的主动测量属于带外测量模式，而被动测量和混合测量则属于带内测量模式。

图1-2展示了两种测量模式的区别。如果把网络中的业务流看作车道上行驶的车辆，那么带外测量模式就好比在道路两旁定点设置监控探头，收集的数据有限且存在盲区，不足以还原车辆的完整运行轨迹；带内测量模式则好比为车辆安装了行车记录仪，车辆的行驶信息都将被其收集，可以实现对车辆运行轨迹的准确还原。

带外测量模式好比监控探头　　　　　带内测量模式好比行车记录仪

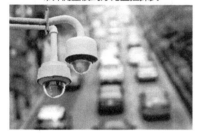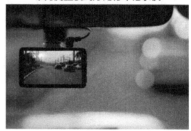

图 1-2　带外测量模式与带内测量模式的区别

带外测量模式的代表技术是TWAMP。TWAMP作为早期主流的带外测量技术，因部署简单而得到大量应用。但TWAMP的带外测量精度较低，无法定位具体故障点以及呈现真实业务经历的网络服务质量。

| 1.2　IPv6 随路遥测的产生背景 |

随着5G时代和云时代IP网络业务的发展，为了应对不断提高的SLA（Service Level Agreement，服务水平协议）要求和IP网络运维面临的挑战，IPv6随路遥测应运而生。

1.2.1 网络运维面临的巨大挑战

在5G和云时代，IP网络的业务与架构都产生了巨大变化。一方面，5G的发展促进了高清视频、VR（Virtual Reality，虚拟现实）、车联网等新业务的兴起；另一方面，为方便统一管理、降低运维成本，网络设备和服务的云化已经成为必然趋势。新业务与新架构对目前的承载网提出了诸多挑战，如图1-3所示。

- 超带宽：为承载体量庞大的业务数据交互，需要实现带宽持续增加、带宽利用率最大化以及带宽增长可预测等。
- 超连接：为支撑海量智能终端接入网络，需要实现按需动态连接和业务自动部署，同时针对不同的业务连接实现差异化的SLA保障。
- 低时延：为向用户提供及时、流畅的网络体验，网络时延需要实现从20 ms到2 ms的显著降低，并且保证时延的确定性。例如，远程医疗要求时延不超过10 ms，车联网要求时延不超过5 ms，工业控制网络则要求时延不超过2 ms。
- 高可靠性：为提升网络的可靠性，需要提供故障主动感知及快速定界定位的运维手段，并进一步开发网络的自我修复能力。

图 1-3　新业务与新架构对承载网提出的挑战

1.2.2 传统网络运维的痛点

传统的网络运维方式并不能满足5G和云时代新应用的SLA要求，突出问题是业务受损被动感知和定界定位效率低，如图1-4所示。

- 业务受损被动感知：运维人员通常只能根据收到的用户投诉或周边业务部门派发的工单确定故障范围，在这种情况下，运维人员故障感知延后、故障处理被动，导致其面临的排障压力大，最终可能造成不好的用户体验。因此，当前网络需要能够主动感知业务故障的业务级SLA检测手段。
- 定界定位效率低：故障定界定位通常需要多团队协同，团队间缺乏明确的定界定位机制容易导致定责不清。同时，人工逐台设备排障找到故障设备进行重启或倒换的方法使得排障效率低。此外，传统OAM技术通过测试报文间接模拟业务流，无法完全复现真实业务的性能劣化和故障。因此，当前网络需要基于真实业务流的高精度快速检测手段。

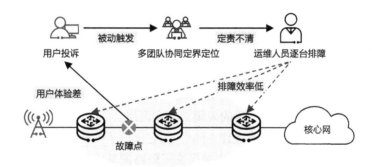

图1-4　传统网络运维的突出问题

1.2.3　IPv6 随路遥测的诞生

由于5G和云业务的发展给IP网络带来了挑战，加上传统的网络运维方式存在痛点，IP网络发展高精度测量技术势在必行。IPv6随路测量是一种通过对网络真实业务流进行特征标记，以直接检测网络的时延、丢包、抖动等性能指标的高精度检测技术。IPv6随路测量结合Telemetry技术实时上报测量数据，最终通过控制器可视化界面直观地为用户呈现业务流经历的网络服务质量指标。Telemetry技术是一项远程的、从物理设备或虚拟设备上高速采集数据的技术，设备通过推模式（Push Mode）主动向采集器上报设备的流量统计、CPU（Central Processing Unit，中央处理器）或内存数据等信息，相对传统拉模式（Pull Mode）的一问一答式交互，推模式提供了更实时、更高速的数据采集功能。

按照RFC 7799中定义的性能测量分类方法[7]，随路测量是一种混合测量。在随路测量过程中，各处理节点需要根据封装在报文中的OAM指令收集数据并进行处理。相较主动测量，随路测量可以获得诸多好处，例如，可以测量真实的用户流量，可以实现逐报文监控，以及可以获得更多的数据平面信息等。基于随路测量，还可以获得更详细的OAM信息，具体如下。

- 报文在网络转发过程中所经过的路径，包括设备和出入接口。
- 报文在每一个网络设备的转发过程中命中的匹配规则。
- 报文在每一个网络设备中缓存所消耗的时间，可以达到纳秒级精度。
- 报文在排队过程中和其他哪些流同时竞争队列。

虽然IP随路测量有诸多优势，但从IP OAM技术的发展历史来看，其也面临着许多关键挑战，缺乏对相关技术的及时更新，例如：

- 合理的随路测量机制。
- 方便在数据平面扩展的随路测量的指令和信息封装方式。
- 节点级海量随路测量信息高性能数据上报技术。
- 网络级海量随路测量信息集中分析和处理技术。

IPv6随路遥测就是在应对这一系列技术挑战的过程中发展起来的一个技术体系，可以真正实现IP随路测量的规模部署和商用。

早期的随路测量代表技术是IP FPM[11]，它提出了一种用于随路测量丢包和时延的交替染色机制。IP FPM的出现带来了随路测量的新思想，它通过直接对业务IP报文中的特定标记位进行染色的方式，显著提高了测量精度。但是受限于IPv4（Internet Protocol version 4，第4版互联网协议）报文头的扩展性，IP FPM实际部署难度较高，不适合在现网中进行大规模应用。

随后的IOAM（In-situ Operation, Administration and Maintenance，随流操作、管理和维护）[12]进一步丰富了随路测量技术。IOAM定义了多个测量选项，如IOAM Trace、Proof-of-Transit、Edge-to-Edge、Direct Export[13]等，可以实现路径自动发现、传输路径证明、逐流或者逐包丢包，以及时延测量等精细化的随路测量功能。

为了解决随路测量的大规模部署问题，IETF（Internet Engineering Task Force，因特网工程任务组）进一步对相关机制进行了以下优化。

- 优化交替染色机制。2017年左右，随着SRv6等技术的兴起，IPv6扩展报文头成为网络功能扩展的有力工具。通过IPv6扩展携带随路测量指令和信息，解决了交替染色机制部署的封装可扩展性和标准化等问题。
- 引入智能选流和数据上报抑制机制。通过智能选流，可以选择对高优先级的流进行随路测量；通过数据上报抑制，可以选择仅在路径异常等问题场景中上报随路测量结果。这些机制的引入可以减少进行随路测量的业务流的数量以及上报的数据量。

同一时期，Telemetry技术也在兴起。IETF定义了NTF（Network Telemetry Framework，网络遥测框架）[14]，对Telemetry技术进行了系统梳理。网络遥测框架用于分类和组织不同类型的遥测数据源，定义网络遥测系统的不同组件及其交互关系，并帮助跨层协调和集成多种遥测方法。随路测量是数据平面遥测数据的一个重要来源，Telemetry技术可以很好地满足随路测量数据上报的需求，包括分布式Telemetry[15]、UDP（User Datagram Protocol，用户数据报协议）遥测[16]、gRPC（Google Remote Procedure Call，谷歌远程过程调用）[17]以及IPFIX[9-10]等数据上报机制。通过Telemetry技术，可以订阅不同的采样路径以灵活采集数据，支撑控制器以管理更多设备，获取更高精度的检测数据，为网络问题的快速定位、网络质量的优化调整提供重要的大数据基础。

随路测量经过持续发展和优化，特别是与IPv6扩展机制和Telemetry技术相结合后，终于得以规模化商用。为了更好地支持随路测量在现网中的部署和应用，还需要通过动态协议的扩展来感知网络设备的随路测量能力，通过合理规划实施随路测量的业务流及其转发路径，实现自动化部署。本书将这个综合的技术体系命名为IPv6随路遥测。

综上所述，完整的IPv6随路遥测方案不仅包含多种类型的随路测量技术，还需要有配套的高性能数据上报机制、能够减少随路测量上报数据的优化机制，以及提升部署效率的自动化机制等。因此，IFIT（In-situ Flow Information Telemetry，随流信息遥测）框架[18-19]作为IPv6随路遥测的一个实现框架首先在IETF提出，并且在ETSI（European Telecommunications Standards Institute，欧洲电信标准组织）发布。

IFIT在分析已有的随路遥测相关技术基础上，对随路遥测机制进行了扩展和完善，并形成了包括随路测量、智能选流、数据上报抑制、动态网络探针以及自动化部署等在内的一套完整的技术框架，使得随路遥测机制能够真正得以部署和应用。

目前，IETF、ETSI、CCSA（China Communications Standards Association，中国通信标准化协会）等国内外标准组织正在加紧制定随路遥测的各项标准，以便更好地促进随路遥测的大规模商用。

|1.3 IPv6 随路遥测的技术价值|

IPv6随路遥测可以高精度、多维度地对真实业务的服务质量进行检测，支持在多类型业务承载的网络中灵活部署，支持集中分析和可视化呈现测量结果。结合大数据分析和智能算法能力，IPv6随路遥测能够进一步构建闭环的智能运维系统。

1. 高精度、多维度检测真实业务服务质量

传统OAM技术的测试报文转发路径可能与真实业务流转发路径存在差异，带外测量模式与IPv6随路遥测对比如图1-5所示。IPv6随路遥测具有如下优势。

- IPv6随路遥测可以准确还原报文的实际转发路径，精准检测每个业务的时延、丢包、乱序等多维度的性能信息，丢包检测精度可达10^{-6}量级，时延检测精度可达微秒量级。
- IPv6随路遥测结合Telemetry秒级数据采集功能，能够实时监控网络SLA，快速实现故障定界定位。
- IPv6随路遥测能够识别网络中的细微异常，即使丢1个包也能检测到。这种高精度丢包测量能力可以满足金融决算、远程医疗、工业控制和电力差动保护等"零丢包"业务的要求，保障业务的高可靠性。

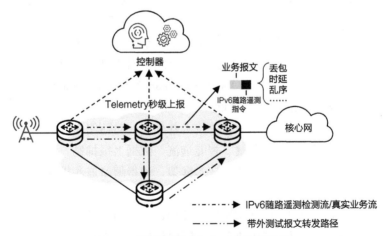

图1-5 带外测量模式与 IPv6 随路遥测对比

2. 灵活适配多类型业务场景

网络的发展并非一蹴而就的。随着网络需求的不断增长，一个网络可能同时存在多种网络设备并且承载多样的网络业务。IPv6随路遥测凭借其部署简单的特点，可以灵活适配多类型业务场景，如图1-6所示，简要介绍如下。

- IPv6随路遥测支持用户通过NETCONF（Network Configuration Protocol，网络配置协议）一键下发、全网部署。只需在网络路径的头节点按需定制端到端和逐跳检测方式，在中间节点和尾节点一次使能即可完成部署，可以较好地适应设备数量较多的网络。

- IPv6随路遥测实例可以由用户配置生成（静态检测流），也可以通过自动学习或由带有IPv6随路遥测指令的流量触发生成（动态检测流）；可以是基于IP五元组等信息唯一创建的明细流，也可以是隧道级聚合流或VPN（Virtual Private Network，虚拟专用网络）级聚合流。在这种情况下，IPv6随路遥测能够同时满足检测特定业务流和端到端专线流的不同检测粒度场景的需求。

- IPv6随路遥测对现有网络的兼容性较好，不支持IPv6随路遥测的设备可以透传IPv6随路遥测检测流，这样能够避免与第三方设备的对接问题，可以较好地适应设备类型较多的网络。

- IPv6随路遥测无须提前感知转发路径，能够自动学习实际转发路径。这避免了需要提前设定转发路径以对沿途所有网元逐跳部署检测所带来的规划部署负担。

- IPv6随路遥测适配丰富的网络类型，适用于二、三层网络，也适用于多种隧道类型，可以较好地满足现网需求。

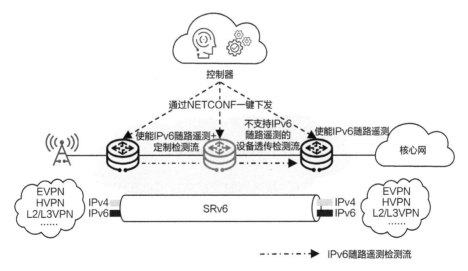

注：EVPN即Ethernet VPN，以太网虚拟专用网络；
　　HVPN即Hierarchy VPN，分层虚拟专用网络；
　　L2/L3VPN即Layer 2/3 VPN，二/三层虚拟专用网络。

图1-6　灵活适配多类型业务场景

3. 提供可视化的运维能力

在可视化运维手段产生之前，网络运维需要通过运维人员先逐台手动配置，再多部门配合逐条、逐项排查来实现，运维效率低。可视化运维可以提供集中管控能力，它支持业务的在线规划和一键部署，通过SLA可视支撑故障的快速定界定位。IPv6随路遥测能够提供可视化的运维能力，如图1-7所示。

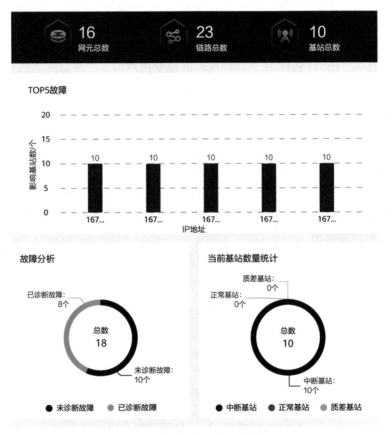

图1-7 提供可视化的运维能力

从图1-7可以看出，IPv6随路遥测的监控结果可以在控制器上直观、生动地进行图形化呈现，能够帮助用户掌握网络状态，快速感知和排除故障，为用户带来更好的运维体验。

以5G承载网为例，用户可以通过控制器可视化界面，根据需要下发不同的IPv6随路遥测策略，实现日常主动运维和报障快速处理。

• 日常主动运维：日常监控全网和各区域影响业务基站最多的TOP5故障、基站状态、网络故障趋势以及异常基站趋势等，通过查看性能报表，及时了解全网、重点区域的TOP故障以及基站业务状态的变化趋势。在VPN场景下，通过查看端到端业务流的详细数据，帮助提前识别并定位故障，保证专线业务的整体SLA。

- 报障快速处理：在收到用户报障时，可以通过搜索基站名称或IP地址查看业务拓扑和IPv6随路遥测逐跳流指标，根据故障位置、疑似原因和修复建议处理故障；还可以按需查看7×24 h的拓扑路径和历史故障的定位信息。

4. 构建闭环的智能运维系统

为应对网络架构与业务演进给承载网带来的诸多挑战，满足传统网络运维手段提出的多方面改进要求，实现用户对网络的端到端高品质体验，网络运维需要由被动转变为主动，打造智能运维系统。智能运维系统通过真实业务的异常主动感知、故障自动定界、故障快速定位和故障自愈等环节，构建自动化的正向循环，适应复杂多变的网络环境。

IPv6随路遥测可以与大数据分析和智能算法等技术相结合，共同构建闭环的智能运维系统，如图1-8所示。

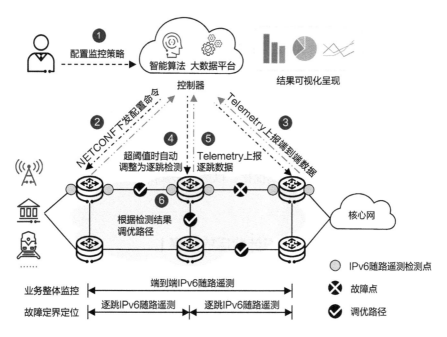

图1-8　与多种技术结合构建闭环的智能运维系统

该系统的具体工作流程如下。

①通过控制器全网使能IPv6随路遥测并进行Telemetry订阅，根据需要选择业务源、宿节点及链路等，并配置IPv6随路遥测监控策略。

②控制器将监控策略转换为设备配置命令，通过NETCONF将其下发给设备。

③设备生成端到端监控实例，源、宿节点分别通过Telemetry秒级上报业务
SLA数据给控制器，基于大数据平台可视化处理呈现检测结果。在端到
端监控模式下，可以实现对网络业务的整体监控。

④设置监控阈值，当丢包或时延数据超过阈值时，控制器自动将监控策略
从端到端检测调整为逐跳检测，并通过NETCONF将更新后的策略下发给
设备。

⑤设备根据新策略将业务监控模式调整为逐跳监控模式，并通过Telemetry
秒级上报逐跳数据给控制器，基于大数据平台可视化处理呈现检测结
果。在逐跳监控模式下，可以实现对网络故障的定界定位。

⑥基于业务SLA数据进行智能分析，结合设备KPI（Key Performance Index，
关键性能指标）、日志等中存在的异常信息，推理、识别潜在根因，给
出处理意见并上报工单。同时，通过调优业务路径保障业务质量，实现
故障自愈。

上述过程可以看出，IPv6随路遥测端到端检测和逐跳检测的上报结果是大
数据平台和智能算法分析的数据来源，也是实现系统故障精准定界定位和故障
快速自愈能力的基石。除IPv6随路遥测外，大数据平台还拥有秒级查询、高效
处理海量IPv6随路遥测检测数据的能力，并且单节点故障不会导致数据丢失，
可以保障数据被高效、可靠地分析、转化。智能算法支持将质差事件聚类为网
络群障（即计算同一周期内质差业务流的路径相似度，将达到算法阈值的质差
业务流视为由同一故障导致的，从而定位公共故障点），识别准确率达90%以
上，可以提升运维效率，有效缩短业务受损时间。以上技术共同保障智能运维
系统的闭环，推进智能运维方案优化，以适应未来网络的演进。

| 设计背后的故事 |

1. IP OAM的发展历史

IP OAM的历史很悠久，大家耳熟能详的IP Ping/Traceroute技术很早就
有了。随着MPLS技术的兴起，MPLS OAM技术也开始发展，包括LSP Ping/
Traceroute和BFD技术。

上述技术基本上都用于实现故障管理。2006年左右，性能测量成为IP/MPLS
OAM技术领域重要的课题，产生了许多新的机制和标准，其中伴随着ITU-T

（International Telecommunication Union-Telecommunication Standardization Sector，国际电信联盟电信标准化部门）和IETF两大标准组织的竞合：ITU-T提出T-MPLS（Transport MPLS，传送多协议标签交换），IETF提出MPLS-TP（MPLS Transport Profile，MPLS传送框架）。

事实上，这两大标准组织不仅想要提供性能测量机制，还想要实现OAM体系构建。ITU-T希望能够基于Y.1731的Ethernet OAM体系建立MPLS OAM体系，IETF则想要把已有的LSP Ping/Traceroute、BFD等技术整合起来，重点围绕缺失的性能测量机制定义协议扩展和标准。由于这两个技术标准体系的竞争，最终MPLS OAM技术体系的构建、商用实现和实际部署都受到了影响。

在基于MPLS OAM构建性能测量体系的过程中，并没有太多地考虑随路测量机制。对于带外测量模式面临的问题，更多的是通过和MPLS TE（MPLS Traffic Engineering，MPLS流量工程）隧道绑定，并且要求隧道无负载分担以及不使能倒数第二跳弹出等方法进行规避。

2015年左右，华为、意大利电信等合作推出IP FPM技术[20]，通过交替染色的方法实现关于丢包率和时延的随路测量。交替染色方法使得随路测量的数据量可控，工程上切实可行。它在华为的路由器产品和交换机产品上都得到了实现，并且是基于IPv4实现。但IPv4报文头中基本上没有可用的字段，即使只需要2 bit进行染色也难以实现，在这种情况下，最终的方案是在清楚网络规划的前提下，使用IPv4报文头中ToS（Type of Service，服务类型）字段和Flag字段中未使用的2 bit。随之而来的问题是，一方面，这个方案存在一定的兼容性问题；另一方面，虽然只有2 bit，但是要对特定的流进行随路测量，会导致没有空间携带这些流的标识符，只能通过在设备上配置五元组确定随路测量的流。这些配置不仅需要使能网络中报文所经过路径的所有节点，而且网络的故障可能导致流的路径切换，这种不确定性使得基于五元组的随路测量功能需要在整网配置，这种配置的复杂性严重影响了IP FPM的部署、应用。

2016年左右，IETF提出了IOAM机制[21]，同时，业界也出现了INT（In-band Network Telemetry，带内网络遥测）机制[22]，这些工作推动了随路测量技术的进一步发展。IOAM最初只有Passport方法，后来又引入Postcard方法[23]，使得其随路测量技术更加完备。

与IP FPM不同，IOAM报文头设计之初就具有丰富的字段，这显然是IPv4无法承载的。为了支持IOAM功能，相应的封装机制也需要重新定义和标准化。相比其他封装方式，IPv6扩展报文头机制[24]更加成熟，是一种较为理想的选择。

不过，虽然IOAM具有较为完备的机制和标准，但是IOAM逐流、逐包信息上报的方式会给系统带来巨大挑战。反而是通过交替染色方法和IPv6的结合，可以使IPv6扩展报文头方便地携带比IPv4更多的信息，例如流标识符等。这样在进行随路测量时，流标识符可以随报文携带，无须额外地配置识别流，成功地解决了原来基于IPv4的交替染色方法配置复杂的问题。同时，由于上报数据量可控，这种方式真正能够得到规模部署和商用，IP随路测量技术终于进入了一个新的篇章。

2. IP OAM发展的经验教训

回顾IETF的IP OAM机制和标准的发展历程，并根据我在IETF多年工作的体验，可以说IETF一些重要的OAM的工作都没能达到预期效果，不仅是IP OAM，还包括相关的SNMP（Simple Network Management Protocol，简单网络管理协议）/MIB（Management Information Base，管理信息库）、NETCONF/YANG等的标准化工作。这样很容易使人形成一种印象，就是IETF不善于做这方面的工作。我根据自己的经历，总结了IETF工作存在的一些问题。

从组织层面上来看，IETF是一个较为松散的标准组织，坚持Bottom-Up（自底向上）的工作原则，这对IETF实行体系化的标准化工作带来了比较大的挑战。IP OAM涉及复杂的机制，需要有一个合理的顶层设计，同时要有一个强有力的组织保障任务的分解、实施。IETF的短板在IP OAM、SNMP/MIB以及NETCONF/YANG的标准化工作中表现非常明显，一个系统级的工作分布在几个工作组中进行，轻管理的工作方式加上顶层设计和协同的缺乏，使得OAM的机制和模型要么不够完备，要么是关键机制和模型迟迟不能标准化或者时常发生变化，由此严重影响对其有依赖的其他机制和模型的标准化进程。这些问题使IETF标准无法完全满足实际的应用需求，用户只能选择厂商的私有实现。即使有时千辛万苦做出了标准，但是时间窗已过，用户也不再有动力去引入这些机制和标准。

另外，与ITU-T相比，IETF缺乏足够的"电信基因"。IETF是伴随着互联网成长起来的。互联网的应用发展迅速，但是运维存在严重不足，并且在互联网成长的过程中，ITU-T支撑的传统电信网络是最大的一个竞争对手。这些造成了IETF的专家对于电信网络缺乏足够的理解，同时，IETF对于ITU-T存在排斥心理。

传统的电信网络人员在OAM方面具有更为丰富的经验，IETF欠缺专家经验，但是又不愿意采用ITU-T的标准，这些也影响了OAM技术在IETF的标准化进程。

从技术层面上来看，IP OAM技术体系发展缓慢的另一个重要原因是技术上存在挑战。IP的灵活性使得IP OAM要比传统电信基于P2P（Point-to-

Point，点到点）连接的OAM技术复杂很多，IP OAM和MPLS OAM技术面临一些典型的挑战，具体如下。

- 负载分担问题：包含ECMP（Equal-Cost Multiple Path，等价负载分担）和Trunk，因为存在路径的负载分担，如果使用带外OAM技术，可能会使得OAM报文和实际的业务报文经过的路径不一致，造成OAM检测结果与实际业务报文的体验不一致。
- 往返路径不一致问题：MPLS隧道是单向的，在这种情况下，例如，BFD检测报文正向由MPLS隧道传输，但是反向由IP路径传输，那么反向路径故障会触发正向路径上的流量错误切换路径。
- 倒数第二跳弹出问题：MPLS支持倒数第二跳弹出，这使得MPLS封装的业务报文在倒数第二跳弹出标签的情况下，尾节点无法根据标签进行流识别以及报文统计。
- MP2P（Multipoint-to-Point，多点到点）模式造成无法区分源：在MPLS LDP（Label Distribution Protocol，标签分发协议）或MPLS VPN场景中，下游分发的标签会被发送给多个上游，导致从不同源来的流不能通过标签进行流识别以及报文统计。
- 网络业务分层架构带来OAM的复杂性：业务的传输路径种类包括Native IP路径、MPLS隧道、MPLS隧道的嵌套/拼接、MPLS VPN传输、MPLS VPN的嵌套/拼接等，复杂的传输路径使得OAM检测更加复杂。

总结下来，IP本质是一种MP2MP（Multipoint-to-Multipoint，多点到多点）的协议模型，如果采用带外OAM的方法，总是会存在各种缺陷。因此，随路测量基本上成了真正能够解决IP OAM技术问题的唯一方法。在IP扩展性受限的时代，只能不断地基于带外OAM的方法进行修补、完善，直到IPv6增强创新时代的到来，IPv6的扩展性为从根本上解决IP OAM的技术问题开辟了新道路。

| 本章参考文献 |

[1] ITU-T. Operation, Administration and Maintenance (OAM) functions and mechanisms for ethernet-based networks[EB/OL]. (2019-08-29)[2024-09-30].

[2] MIZRAHI T, SPRECHER N, BELLAGAMBA E, et al. An overview of Operations, Administration, and Maintenance (OAM) tools[EB/OL]. (2014-06)[2024-09-30].

[3] CONTA A, DEERING S, GUPTA M. Internet Control Message Protocol (ICMPv6)

for the Internet Protocol Version 6 (IPv6) specification[EB/OL]. (2017-07-14) [2024-09-30].

[4] KATZ D, WARD D. Bidirectional Forwarding Detection (BFD)[EB/OL]. (2020-01-21)[2024-09-30].

[5] KOMPELLA K, SWALLOW G. Detecting Multi-Protocol Label Switched (MPLS) data plane failures[EB/OL]. (2006-02)[2024-09-30].

[6] ALI Z, FILSFILS C, MATSUSHIMA S, et al. Operations, Administration, and Maintenance (OAM) in segment routing over IPv6 (SRv6)[EB/OL]. (2022-06-23) [2024-09-30].

[7] MORTON A. Active and passive metrics and methods (with hybrid types in-between)[EB/OL]. (2016-05)[2024-09-30].

[8] HEDAYAT K, KRZANOWSKI R, MORTON A, et al. A Two-Way Active Measurement Protocol (TWAMP)[EB/OL]. (2020-01-21)[2024-09-30].

[9] CLAISE B, TRAMMELL B, AITKEN P. Specification of the IP Flow Information Export (IPFIX) protocol for the exchange of flow information[EB/OL]. (2013-09) [2024-09-30].

[10] SADASIVAN G, BROWNLEE N, CLAISE B. Architecture for IP flow information export[EB/OL]. (2009-03)[2024-09-30].

[11] FIOCCOLA G, CAPELLO A, COCIGLIO M, et al. Alternate-marking method for passive and hybrid performance monitoring[EB/OL]. (2018-01-29)[2024-09-30].

[12] BROCKNERS F, BHANDARI S, MIZRAHI T. Data fields for In situ Operations, Administration, and Maintenance (IOAM)[EB/OL]. (2022-05)[2024-09-30].

[13] SONG H, GAFNI B, BROCKNERS F, et al. In Situ Operations, Administration, and Maintenance (IOAM) direct exporting[EB/OL]. (2022-11-15)[2024-09-30].

[14] SONG H, QIN F, MARTINEZ-JULIA P, et al. Network telemetry framework[EB/OL]. (2022-05-27)[2024-09-30].

[15] ZHOU T, ZHENG G, VOIT E, et al. Subscription to distributed notifications [EB/OL]. (2024-04-28)[2024-09-30].

[16] ZHENG G, ZHOU T, GRAF T, et al. UDP-based transport for configured subscriptions[EB/OL]. (2024-07-04)[2024-09-30].

[17] GOOGLE. What is gRPC?[EB/OL]. (2024-09)[2024-09-30].

[18] SONG H, QIN F, CHEN H. Framework for in-situ flow information telemetry [EB/OL]. (2024-04-25)[2024-09-30].

[19] ETSI GR ENI 012. Reactive in-situ flow information telemetry[EB/OL]. (2022-03)

[2024-09-30].

[20] CHEN M, ZHENG L, MIRSKY G, et al. IP flow performance measurement framework[EB/OL]. (2016-09-18)[2024-09-30].

[21] BROCKNERS F, BHANDARI S, PIGNATARO C, et al. Data fields for in-situ OAM[EB/OL]. (2018-01-03)[2024-09-30].

[22] In-band Network Telemetry (INT) dataplane specification v2.1[EB/OL]. (2020-11-11)[2024-09-30].

[23] SONG H, GAFNI B, ZHOU T, et al. In-situ OAM direct exporting[EB/OL]. (2020-04-14)[2024-09-30].

[24] BHANDARI S, BROCKNERS F. IPv6 options for In situ Operations, Administration, and Maintenance (IOAM)[EB/OL]. (2023-09)[2024-09-30].

第 2 章
IPv6 随路遥测体系架构

IETF 对Telemetry技术进行了系统梳理，定义了网络遥测框架[1]。网络遥测框架定义了管理平面遥测、控制平面遥测、数据平面遥测、外部数据和事件遥测4个模块，以及各模块的功能组件和交互关系，以便进行网络运营应用的开发。随后IFIT框架使得随路遥测机制真正得以部署和应用。本章将介绍网络遥测框架以及IFIT框架。

| 2.1 网络遥测框架 |

网络遥测是一种获得深层次网络信息的方法，包括远程数据的产生、收集、关联和消费等环节。丰富的网络信息能够提高网络的运行效率，支撑自动化的网络管理。在实际的网络运维过程中部署网络遥测会遇到许多挑战，而网络遥测本身也涉及多种相关技术，因此需要一个统一的网络遥测框架。

2.1.1 网络遥测的定义

长期以来，网络运营商一直依赖SNMP[2]、CLI（Command Line Interface，命令行接口）或Syslog（系统日志）[3]来获得网络信息。RFC 7276中描述的一些OAM技术也可用于排除网络故障[4]。但这些传统技术不足以支持现有网络应用，原因如下。

- 大多数网络应用需要持续地监控网络，基于轮询的低频数据收集不适合这些网络应用。一种更好的选择是让数据源（例如转发芯片）直接主动推送基于订阅的流数据，从而提供足够的数据量和精度。
- 网络应用需要探测全面的数据，范围覆盖从数据包处理引擎到流量管理器，从线卡到主控板，从用户流到控制协议数据包，从设备配置到操作，从物理层到应用层。传统的OAM技术仅覆盖很小范围的数据，例如，SNMP仅处理来自MIB的数据。传统的网络设备无法提供所有必需的探测，因此需要更加开放和可编程的网络设备。

- 许多应用场景需要关联来自分布式网络设备、网络设备的不同组件或不同网络平面等多个源的全网络数据。传统的解决方案通常缺乏整合多个源的数据的能力。

- 一些传统的OAM技术（例如CLI和Syslog）缺乏标准化的数据模型。非结构化数据阻碍了工具的自动化和应用程序的可扩展性。标准化数据模型对于支持可编程网络至关重要。

- 尽管一些传统的OAM技术，例如SNMP Trap[5-6]、Syslog和sFlow（sampled Flow，采样流）[7]支持数据推送，但推送的数据仅限于预定义的管理平面警告（例如SNMP Trap）或采样的用户数据包（例如sFlow）。网络运营商需要任意来源、任意粒度、任意精度的数据，这超出了现有技术的能力。

- 传统的被动测量技术要么会消耗过多网络资源、产生大量冗余数据，要么存在测量结果不准确的问题。而传统的主动测量技术会干扰用户流量，并且其测量结果是间接的。能够从用户流量中直接按需收集数据的技术更有价值，现有的标准和技术［例如IPFIX、NetFlow、PSAMP（Packet Sampling，数据包采样）协议、IOAM和YANG Push等］已经部分解决了上述问题。这些标准和技术需要被识别出来，并适应新的框架。

随着自动化网络运维的兴起，网络遥测技术变得越来越重要。遥测，顾名思义，是一种远距离获取测量参数的技术，例如，在航天和地质领域可以通过遥测来获取卫星或者传感器的数据。当遥测应用到网络中时，可以在远端收集网络节点参数。网络遥测是一种自动化的网络测量和数据收集技术，支持测量并收集远端节点的信息，能够为信息分析系统提供可靠、实时、丰富的数据，是构建闭环网络业务控制系统的重要组成部分。

网络遥测的核心是网络数据，网络数据可以通过多种技术方法生成并获得，这些数据能够提供网络设备、数据平面、控制平面和管理平面等的各种网络状态和信息。通过多种数据分析技术对网络数据进行处理，可以实现网络服务保障、网络安全防护等目的。

任何可以从网络（包括数据平面、控制平面和管理平面）中提取的数据都可以被认为是遥测数据。遥测数据既可以是统计信息、事件记录和日志、状态快照、配置数据等，也可以是主动测量或被动测量的输出结果。这些数据既可以用于提高网络的可视性，也可以作为下一步动作决策的基础。在某些场景中，数据会先在网络中被加工，然后被送给数据的消费者，这种加工后的数据也可以被看作遥测数据。如果开销可以接受，少量、高质量的数据可能比大量、低质量的数据更有价值。

网络遥测既涉及数据本身，也涉及数据在产生、输出、收集和消费等过程中所应用的技术。相较传统的网络OAM，网络遥测具有更高的灵活性、可扩展性和准确性。

目前，多种网络遥测技术和协议（例如IPFIX和gRPC）已经得到广泛部署。网络遥测允许独立的实体从网络设备获取数据，实现数据可视化和数据分析，以支持网络监控和运维。网络遥测覆盖传统的网络OAM，并且范围更广。例如，网络遥测可以提供丰富的数据，支撑网络自动化，并克服传统OAM技术的缺点。网络遥测通常将机器而非运维人员假设成数据消费者，在这种情况下，网络遥测可以直接触发自动化的网络操作。相比之下，一些传统的OAM工具则被设计用于帮助运维人员监控和诊断网络，并指导其手动操作网络。

随着新的网络遥测技术不断涌现，网络遥测的几个特征已被广泛接受，具体如下。

- 流式数据推送：遥测数据收集器不是从网络设备轮询数据，而是通过订阅的方式，从网络设备中的数据源获得流式的数据推送。
- 数据量大：遥测数据由机器而不是人类处理。因此，数据量可能很大，并且需要优化实时的自动化处理流程。
- 具备规范性和统一性：遥测旨在满足整体网络的自动化需求。因此，需要规范数据的呈现形式并统一协议，以简化数据分析过程，提供跨网络异构设备和数据源的集成分析结果。
- 模型驱动：遥测数据预先建模，允许应用程序轻松配置和使用数据。
- 数据融合：单个应用的数据可以来自跨域、跨设备、跨层的多个数据源，这些数据源基于共同的名称或ID（Identifier，标识符），需要关联起来才能生效。
- 适应动态和交互式查询：网络遥测是在网络自动化的闭环控制中使用的，因此它需要连续运行，并适应来自网络控制器的动态和交互式查询。

此外，理想的网络遥测解决方案还可能具有以下特征或属性。

- 在网定制：可以在网络运行时定制生成的数据，以满足应用程序的特定需求。这需要可编程数据平面的支持，允许将具有自定义功能的探针部署在灵活的位置。
- 在网数据聚合和关联：网络设备和聚合点可以计算出哪些事件和数据需要存储、报告或丢弃，从而减少中央收集和处理点的负载。
- 在网处理：在一些情况下，没有必要或无法将所有信息收集到一个中心点进行处理，此时，数据处理可以在网络中完成，并在本地进行及时响应。

- 数据平面直接导出：数据平面转发芯片产生的数据可以被直接导出给数据消费者以提高效率，特别是当数据带宽较大且需要实时处理时。
- 带内数据收集：除了被动和主动数据收集方法之外，新的混合方法还允许在整条转发路径上直接收集所有目标流的数据。

网络遥测不应干扰正常的网络操作，以避免"观察者效应"（即观察行为对被观察对象造成一定影响）。也就是说，网络遥测不应该改变网络行为并影响转发性能。然而，大量遥测流量可能会导致网络拥塞。因此，需要考虑采用适当的隔离或流量工程技术，通过本地处理减少数据上报量，通过拥塞控制机制等方法确保遥测流量在超出网络容量时回退。

2.1.2　网络遥测的整体架构

将网络遥测应用于网络运维自动化，需要基于丰富且一致的网络数据。在许多情况下，仅限于单一来源且本质上是静态的数据不足以满足应用程序的遥测数据需求。因此，需要集成涉及多种技术和标准的多个数据源，同时需要有一个框架来对不同的遥测数据源进行分类和组织，定义网络遥测系统的不同组件及其交互，并帮助跨层协调和集成多种遥测方法，使不同的应用程序可以灵活地组合遥测数据，提供标准化和简化的接口。这样的框架将有利于网络运营应用的开发，具体原因如下。

- 未来的网络运维都依赖网络的全面可视化。如果可行的话，应使用集成、融合的机制和通用的遥测数据来为应用程序提供统一的支持。因此，协议和机制应整合为最小但全面的一套遥测框架，帮助规范技术开发。
- 网络可视化体现在多种视角。例如，设备视角以网络基础设施为监控对象，可以获取网络拓扑和设备状态；流量视角以流或数据包为监控对象，可以获取流量质量和路径。应用程序可能需要在操作期间切换其视角，它还可能需要将服务及其对用户体验的影响关联起来，从而获得全面的信息。
- 应用程序要求网络遥测具有弹性，以便有效利用网络资源并减小相关的处理对网络性能的影响。例如，日常网络监控应以较低的数据采样率覆盖整个网络，仅当出现问题或关键趋势时，再根据需要修改遥测数据源并提高遥测数据速率。
- 高效的数据聚合对于应用程序减少数据总量、提高分析准确性至关重要。遥测框架收集了各种遥测相关的技术，使得组装全面的网络遥测系统成为可能，并避免重复或冗余的工作。

RFC 9232中定义的网络遥测架构分为两层[1]。顶层网络遥测框架如图2-1所示，网络遥测可以应用于网络中的管理平面、控制平面和数据平面，也可以应用于网络外的其他源。因此，将网络遥测分为管理平面遥测、控制平面遥测、数据平面遥测以及外部数据和事件遥测4个模块，每个模块都有自己的网络应用程序接口。网络应用程序可以从这些模块获取数据，并应用数据分析和执行动作。架构的底层是网络遥测模块的功能组件，将在2.1.4节中详细介绍。

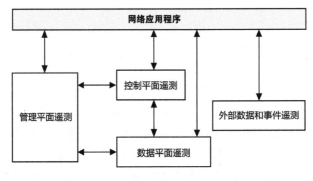

图2-1　顶层网络遥测框架

具有统一数据抽象的两层架构有助于准确定位协议或技术在网络遥测系统中的位置。

顶层网络遥测框架分类的基本原理在于，不同的遥测数据对象会涉及不同的数据源和导出位置。这些差异会影响网络的数据可编程和处理能力、数据编码和传输协议，以及所需的数据带宽和时延。例如，数据可以直接发送，也可以通过控制平面和管理平面代理发送。在某些情况下，网络控制器本身可能就是遥测数据的来源，将从网络设备收集的遥测数据进一步导出。应用于控制平面遥测和管理平面遥测的一些原理和分类，也可以应用于网络控制器。表2-1从6个维度列举了4个网络遥测模块的主要区别。

数据对象是每个模块的目标和源。由于数据源不同，便于导出数据的位置也不同。例如，数据平面遥测的数据主要源自转发硬件导出的数据，而控制平面遥测的数据主要源自控制CPU上运行的协议守护进程。为了方便和高效，最好从设备上靠近数据源的位置导出数据。可以导出数据的位置上的部件具有不同能力，需要选择不同的数据模型、数据编码以及数据传输协议来平衡性能和成本。例如，转发芯片吞吐量高，但处理复杂数据和维护状态的能力有限；

主控CPU能够处理复杂数据和维护状态，但处理高吞吐量数据的带宽有限。因此，适合每个模块的遥测协议可能不同，无法用一种通用协议来满足所有网络的遥测要求。

表 2-1　4 个网络遥测模块的主要区别

模块	数据对象	数据导出位置	数据模型	数据编码	数据应用协议	数据传输协议
管理平面遥测	配置和运行状态	主控 CPU	YANG、MIB、Syslog	GPB、JSON、XML	gRPC、NETCONF、RESTCONF	HTTP、HTTPS、TCP
控制平面遥测	控制协议、信令、RIB	主控 CPU、线卡 CPU	YANG、定制模型	GPB、JSON、XML、纯文本	gRPC、NETCONF、BMP	HTTP、HTTPS、TCP
数据平面遥测	流和分组 QoS、流量统计、缓冲区和队列状态、FIB、ACL	转发芯片、线卡 CPU	YANG、定制模型	GPB、纯文本	IPFIX、流镜像、gRPC、NetFlow、UDP 遥测	UDP
外部数据和事件遥测	终端、社会、环境	多样化	YANG、定制模型	GPB、JSON、XML、纯文本	gRPC	HTTP、HTTPS、TCP、UDP

注：GPB即Google Protocol Buffers，谷歌混合语言数据标准；JSON即JavaScript Object Notation，JavaScript 对象表示法；XML即eXtensible Markup Language，可扩展标记语言；RESTCONF 即 Representational State Transfer Configuration Protocol，描述性状态迁移配置协议；HTTP即Hypertext Transfer Protocol，超文本传送协议；HTTPS即Hypertext Transfer Protocol Secure，超文本传输安全协议；TCP即Transmission Control Protocol，传输控制协议；RIB即Routing Information Base，路由信息库；BMP即Border Gateway Protocol Monitoring Protocol，边界网关协议监控协议；QoS即Quality of Service，服务质量；FIB即Forward Information Base，转发信息库；ACL即Access Control List，访问控制列表。

真正的数据源和使用数据的应用之间的交互可能是间接的，一些数据可能通过设备内部传输。一个例子是，在管理平面遥测中，管理平面需要从数据平面获取数据，因为某些运行状态（例如接口状态和统计信息）只能从数据平面的数据源获得。另一个例子是，获取控制平面遥测数据可能需要具有访问数据平面FIB的能力。一个应用程序可能涉及多个平面，并同时与多个平面交互。例如，验证SLA遵从性的应用程序可能需要数据平面遥测和控制平面遥测。

2.1.3　网络遥测的模块

接下来详细介绍管理平面遥测、控制平面遥测、数据平面遥测以及外部数据和事件遥测这4个模块。

1. 管理平面遥测

管理平面遥测是网络设备的管理平面与NMS（Network Management System，网络管理系统）的交互，能够提供性能数据、网络日志数据、网络警告和缺陷数据、网络统计和状态数据等信息。管理平面遥测包括许多协议，例如经典的SNMP和Syslog。无论采用哪种协议，管理平面遥测都必须满足以下要求。

- 数据订阅方便：应用程序可以自由选择导出哪些数据以及导出数据的方式和频率（例如实时订阅或定期订阅）。
- 具有结构化数据：对于网络运维自动化，机器将代替人类进行网络数据理解。YANG等数据建模语言可以有效地描述结构化数据并规范数据编码和转换。
- 可进行高速数据传输：数据源需要高频地发送大量数据，这需要紧凑的编码格式或数据压缩方案，可通过减少数据量，提高数据传输效率来实现。用订阅模式替代查询模式，可以减少客户端和服务器之间的交互，有利于提高数据源的传输效率。
- 需要避免网络拥塞：应用程序必须通过拥塞控制机制或至少通过SLA隔离来避免遥测对网络业务的冲击。

2. 控制平面遥测

控制平面遥测是指对协议栈各层不同网络控制协议的健康状况进行监控。跟踪这些协议的运行状态有利于实时、细粒度地检测、定位，甚至预测各种网络问题，实现网络优化。控制平面遥测面临的一些特殊挑战如下。

- 如何将端到端KPI与特定层的KPI相关联。例如，IPTV（Internet Protocol Television，互联网电视）用户可以通过视频流畅度和清晰度来描述他们的体验。如果用户体验KPI异常或服务中断，需要逐级界定和查明问题，涉及协议所在的层级和具体的协议（例如网络层的IS-IS（Intermediate System to Intermediate System，中间系统到中间系统）或BGP（Border Gateway Protocol，边界网关协议））最终找到故障设备和故障根因。
- 如何提高故障排除和网络优化效率。传统的基于OAM的控制平面KPI测量方法包括Ping、Traceroute、Y.1731[8]等，这些方法仅衡量KPI而不是反映这些协议的实际运行状态，从而降低了效率，不能有效地进行控制平面故障排除和网络优化。

- 需要更加丰富的控制平面监控工具。BMP是控制平面遥测的一个例子，主要用于BGP路由监控，可以实现BGP对等体分析、自治系统分析、前缀分析、安全分析等丰富的应用。然而，对其他层、其他协议的监控，以及跨层、跨协议的KPI关联仍处于起步阶段，例如IGP（Interior Gateway Protocol，内部网关协议）监控不如BMP监控广泛。

3. 数据平面遥测

有效的数据平面遥测依赖网络设备开放的数据。数据的质量、数量和及时性等必须满足一些严格的要求，这给提供第一手数据来源的网络设备数据平面提出了一些颇具难度的要求，具体如下。

- 网络设备数据平面的主要功能是对用户流量进行处理和转发，虽然网络可视性很重要，但遥测只是辅助功能，应当尽量不妨碍正常的流量处理和转发，即转发行为不应改变，并且需要在转发性能和遥测之间进行权衡。
- 网络应用程序需要来自各种数据源的数据，实现端到端的可视性。然而，无论是带内测量还是带外测量带来的庞大的数据量，都不可以耗尽网络带宽。
- 网络设备数据平面必须以尽可能小的时延提供实时的数据。较大的处理、传输、存储和分析时延会影响控制环路的有效性，甚至使数据变得无用。
- 数据应该是结构化的、有标签的，并且易于应用程序解析和使用的。同时，应用程序所需的数据类型可能会有很大差异。网络设备数据平面需要提供足够的灵活性和可编程性，从而为应用程序提供精确的数据。
- 需要避免网络拥塞的解决方案。

虽然上述要求不是数据平面特有的，但由于资源和灵活性有限，这些要求对于数据平面来说更加难以满足。数据平面的可编程性对于网络遥测非常重要。较新的数据平面转发芯片配备了先进的遥测功能，并支持灵活定制遥测功能。

数据平面遥测依赖性能测量机制。从使用的角度来看，可以从多种维度对性能测量进行分类，具体如下。

- 主动、被动和混合：具体定义参考1.1节中的相关描述。
- 带内和带外：具体定义参考1.1节中的相关描述。
- 端到端和网内：端到端测量从网络终端主机开始，也于网络终端主机结束；网内测量作用在网络中，并且对网络终端主机透明。如果有需要，网内测量也可以轻松地扩展到网络终端主机。
- 数据类型：测量可以是基于流的、基于路径的以及基于节点的。数据对象可以是数据包、流记录、测量值、设备状态等。

4. 外部数据和事件遥测

网络系统边界之外发生的事件也是网络遥测数据的一个重要来源，将网络内部遥测数据、外部事件与网络系统的需求相关联，可以优化网络运维。与其他遥测数据来源一样，外部数据和事件必须满足严格的要求，特别是实时性，这对于将外部事件信息正确纳入网络管理应用程序来说非常重要。外部数据和事件遥测面临的挑战如下。

- 外部事件检测器可以是硬件（例如物理传感器）或软件（例如可以分析信息流的数据源），因此，传输的数据在支持不同形态的检测器的同时，需要具有通用的、可扩展的模式。
- 外部事件检测器的主要功能是通知，因此对实时性的要求很高。消息需要按照不同的优先级插入控制平面队列，例如，可以为重要的源和事件分配较高的优先级，为次要的源和事件分配较低的优先级。
- 外部事件检测器使用的数据模型必须具备兼容性和可扩展性，能够应用于当前和未来的设备及应用程序。
- 由于需要和服务提供商的网络边界之外的实体进行通信，可能需要经过互联网，因此发生拥塞的风险更高，必须采取适当的对策。

2.1.4 网络遥测模块的功能组件

每个网络遥测模块都可以进一步分为5个不同的功能组件，如图2-2所示。

数据查询、分析和存储组件是数据的接收端网络管理系统的一部分。一方面，该组件负责发布数据需求，可以是一次性的数据查询，也可以是事件或流式数据的订阅；另一方面，该组件接收、存储和处理从网络设备返回的数据，这个过程中的数据分析可以是交互式的，以发起进一步的数据查询。该组件可以是集中式的，也可以是分布式的，并且涉及一个或多个实例。

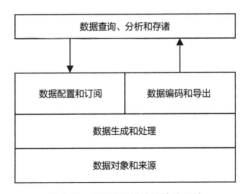

图 2-2　网络遥测模块的功能组件

数据配置和订阅组件用于管理设备上的数据查询，可以决定应用程序获取所需数据的协议和通道。该组件还负责配置可能无法从数据源直接获得的数据。订阅数据可以通过模型、模板或程序等来描述。

数据编码和导出组件用于确定如何将遥测数据传送到数据查询、分析和存储组件上。数据编码和传输协议可能因数据导出位置不同而有差异。

数据生成和处理组件用于从原始数据源捕获、过滤、处理和格式化数据。这可能涉及在网络设备的快速路径或慢速路径上的在网计算和处理。

数据对象和来源组件用于决定设备中配置的监控对象和原始数据源。数据源通常只提供需要进一步处理的原始数据，每个数据源都可以被视为一个探针，一些数据源可以动态设置，而另一些数据源则是静态存在的。

2.1.5　网络遥测的数据获取机制

广义上讲，可以通过订阅和查询两种方式获取网络数据。订阅是发布者和订阅者之间的一种契约，初始设置完成后，订阅的数据将自动发送给订阅者，直到订阅到期。订阅有两种形式，一是预定义，二是根据订阅者的特定需求配置和定制。当客户端期望按需获得来自网络设备的反馈时，可以使用查询。查询的数据可以是从某个特定数据源直接提取的，也可以是对原始数据进行合成和处理得到的。查询非常适合交互式网络遥测应用程序。一般来说，可以在需要时使用查询，但在许多情况下，订阅数据的效率更高，并且可以降低客户端检测到变更的时延。从数据消费者的角度来看，遥测数据消费者可以通过订阅或查询的方式获取4种来自网络设备的数据，具体如下。

- 简单数据：可以从网络设备中的某些数据存储或静态探针中稳定获得的数据。
- 衍生数据：一个或多个网络设备中的原始数据，在网络中合成或处理得到的数据。数据处理功能可以静态或动态地加载到网络设备中。
- 事件触发数据：因某些事件的发生而可以有条件获取的数据。例如，接口在启动或关闭时导致运行状态变更，这些数据可以通过订阅主动推送，也可以通过查询被动轮询。对事件进行建模的方法有很多，包括使用FSM（Finite State Machine，有限状态机）或ECA（Event-Condition-Action，事件-条件-动作）[9]。
- 流式数据：连续生成的时间序列数据。例如，每秒导出一个接口数据包计数。流式数据可以反映实时网络状态和指标，需要大量带宽和处理能力。流式数据总是主动地推送给订阅者。

上述遥测数据并不相互冲突，反而通常是相互关联的。衍生数据由简单数据组成；事件触发数据可以是简单数据，也可以是衍生数据；流式数据可以基于一些重复发生的事件产生。网络遥测数据的关系如图2-3所示。

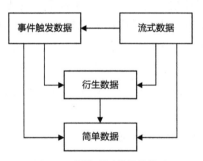

图 2-3　网络遥测数据的关系

订阅通常处理事件触发数据和流式数据，查询通常处理简单数据和衍生数据，但其他处理方式也是有可能使用的。网络遥测技术主要针对事件触发数据或流式数据的订阅，以及衍生数据的查询。

| 2.2　IFIT 框架 |

为了高效地实现规范化的IP网络随路遥测，IETF提出了随路遥测的一个实现框架——IFIT。IFIT包括随路测量、智能选流、数据上报抑制、动态网络探针以及自动化部署等在内的一套完整的技术，使得随路遥测机制真正得以部署和应用。

2.2.1　IFIT 的随路测量模式

IFIT支持多种随路测量方法，例如IOAM和交替染色。根据对所收集数据的处理方式不同，这些方法存在Passport和Postcard两种基本模式，其数据处理过程如图2-4所示。

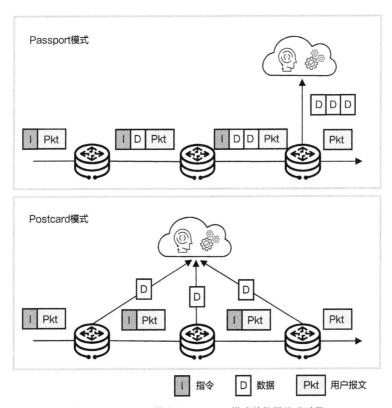

图 2-4　Passport 模式和 Postcard 模式的数据处理过程

对于Passport模式，测量域的头节点需要为被测量报文添加一个包含数据收集指令的TIH（Telemetry Information Header，遥测指令头）。中间节点根据数据收集指令，逐跳收集沿途数据，并将数据记录在报文里。在测量域的尾节点处，上报所有收集的沿途数据，并剥离指令头和数据，还原用户报文。Passport模式就好像一个周游世界的游客，每经过一个国家，就在护照上盖上出入境的戳。

Postcard模式和Passport模式的区别在于，测量域中的每个节点在收到包含指令头的用户报文时，不会将采集的数据记录在报文里，而是生成一个上报报文，将采集的数据发送给收集器。Postcard模式就好比游客到了一个景点，就寄一张明信片回家。

Passport模式和Postcard模式各有优劣，适用于不同的场景，两种模式的对比如表2-2所示。

表 2-2　Passport 模式和 Postcard 模式的对比

模　式	优　点	缺　点	典型技术
Passport	·逐跳数据关联，避免收集器工作。 ·只需要尾节点上报数据，上报开销小	·无法定界丢包。 ·报文头随跳数的增加而不断膨胀（Tracing模式）	IOAM Trace
Postcard	·可以检测到丢包位置。 ·报文头长度固定且很短。 ·硬件实现容易	需要收集器将报文与路径节点产生的数据关联起来	交替染色、IOAM DEX（Direct Export，直接导出）

2.2.2　IFIT 框架结构与核心功能

随路测量虽然有诸多好处，但是在实际的网络部署中也存在诸多挑战。

·随路测量需要在网络设备上指定被监控的流对象，并分配对应的监控资源用于插入数据收集指令、收集数据、剥离指令和数据等。受限于处理能力，网络设备只能监控有限规模的流对象，这对随路网络测量的大规模部署提出了挑战。

·随路测量会在设备数据平面引入额外的处理任务，可能影响正常的转发性能。随之产生的"观察者效应"，使得网络测量的结果不能够真正反映测量对象的状态。

·逐包监控会产生大量的测量数据，全部上报这些数据会占用大量的网络传输带宽。考虑到数据的分析器可能需要处理网络中成百上千的转发设备，海量的数据接收、存储和分析等将给服务器造成极大的冲击。

·预定义的数据集仅能提供有限的数据，且不能满足未来多变的数据需求，需要有一种方式，能够实现灵活、可扩展的数据定义，并将所需的数据交付给数据分析的应用。

IFIT被设计用以应对上述挑战。图2-5描述了IFIT参考框架结构，包括应用和管理系统、控制器以及支持IFIT的转发设备。为了满足不同应用的测量需求，IFIT可以灵活集成多种数据平面测量技术和数据导出技术，为网络OAM提供全面的性能信息。例如，针对不同类型的信息数据，可以选择IOAM或交替染色方法来收集信息，并且可以从交替染色方法的端到端模式切换到逐跳模式进行故障定位。在对遥测数据进行处理和分析之后，分析结果可以用于指示控制器修改IFIT域中设备的配置，并调整IFIT收集的数据。因此，该过程是动态的、可交互的。

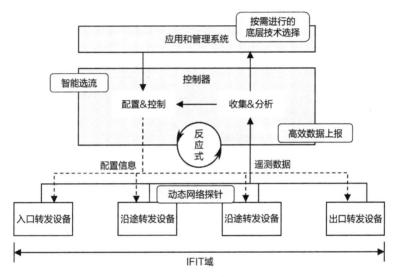

图 2-5　IFIT 参考框架结构

IFIT包含智能选流、高效数据上报、动态网络探针以及按需进行的底层技术选择4项核心功能，下面将逐一进行详细介绍。

1. 智能选流

在很多情况下，硬件资源是有限的，不可能对网络中的所有流量进行逐包监控和数据收集，这不仅会影响设备的正常转发，还会消耗大量的网络带宽。因此，一种可行的方式是选择一部分流量进行重点监控。

智能选流采用一种从粗到细、以时间换空间的模式，辅助用户选出感兴趣的流量。用户可以根据自己的意图，在网络中部署智能选流策略，这些策略或基于采样技术，或基于预测，但通常只需要较小的资源开销。

例如，如果用户的意图是对前100个大流量进行重点监控，一种典型的智能选流策略是基于Count-Min Sketch技术[10]，该技术使用多次哈希算法，避免了存储流ID，只存储计数值，从而可以利用非常小的内存空间，获得很高的识别准确率。控制器根据智能选流的结果生成ACL，并将其下发到设备上，从而实现对大流量的重点监控。

智能选流的功能组件如图2-6所示，各组件的能力如下。

- 流选择组件定义了选择监控目标流的策略。流具有不同的粒度，一般来说，流可以由IP报文头的五元组定义，还可以基于接口级别、隧道级别、协议级别等进行聚合。
- 数据包选择组件定义了从目标流中选择数据包的策略。该策略可以是基于采样间隔、采样概率或某些数据包特征的。
- 数据选择组件定义了要收集的数据集，可以针对每个数据包或每个流进行更改。

图 2-6　智能选流的功能组件

2. 高效数据上报

逐包随路测量可以捕获网络中细微的动态变化。然而，不可避免的是，这些报文包含大量的冗余信息，直接全量上报会消耗大量的网络带宽，同时给数据分析造成极大的负担，特别是当一个分析器需要管理上万个网络节点的时候。

实现高效数据上报的一种方法是使用二进制的数据传输编码。当前基于NETCONF的网络管理信息通常使用XML格式的文本编码。然而，文本编码会占用大量网络带宽，不适合基于流的随路网络测量信息上报。采用二进制的编码（例如GPB）将会有效地减少数据上报量。

采用数据过滤机制也是减少数据上报量的重要方法。网络设备利用自身的处理能力，对数据按照条件进行过滤，并将其转化成事件，通知上层的应用。以对流路径的跟踪为例，在实际网络中，通常使用基于流的负载均衡，流的路径不会轻易改变，而路径的改变可以被认为是一种异常信号。大量重复的路径数据（包括每一跳的节点和出入接口等）是正常的数据，无须进行冗余上报，可以被网络设备直接过滤，仅需将新发现的流路径或者发生变更的流路径上报，即可减少数据上报量。

对于实时性要求不高的数据，网络设备还可以先将一段时间内的数据缓存，再应用压缩算法批量上报。这样不仅可以减少数据上报量，还可以降低数据上报的频率，从而减小数据收集的压力。

高效数据上报的功能组件如图2-7所示，各组件的能力如下。

- 数据编码组件定义了对遥测数据进行编码的方法。
- 数据批处理组件定义了导出前在设备端缓冲的批量数据的大小。
- 导出协议组件定义了用于遥测数据导出的协议。
- 数据压缩组件定义了压缩原始数据的算法。
- 重复数据删除组件定义了去除原始数据中冗余数据的算法。
- 数据过滤组件定义了过滤所需数据的策略。
- 数据计算组件定义了对原始数据进行预处理并生成新数据的策略。
- 数据聚合组件定义了组合和合成数据的过程。

图 2-7　高效数据上报的功能组件

3. 动态网络探针

一方面，由于数据平面的资源（例如数据存储空间和指令空间）都比较有限，很难持续提供绝对全量的数据监控和上报；另一方面，应用对于数据的需求量是变化的。例如，长期平稳运行时，只需要执行少量的巡检；而当发现潜在风险的时候，需要进行精确的实时监控。在这种情况下，如果将所有的网络测量功能都部署和运行在数据平面上，会消耗很多资源，影响数据转发，而且也无法带来太大的收益。因此，需要提供一种动态加载机制，按需加载网络测量功能，利用有限的资源来满足多种业务需求。

动态网络探针是一种动态、可加载的网络测量技术，支持按需在设备上加载或卸载网络测量功能，以实现在满足业务需求的情况下尽量减少数据平面的资源消耗。例如，当用户希望对某一条流的性能进行具体的逐跳诊断测量时，可以通过配置或动态编程的方式，使设备加载对应的测量功能，以执行逐跳诊断测量；而当用户不需要此功能时，可以将其从设备上卸载，释放占用的指令空间和数据存储空间。

动态网络探针的功能组件如图2-8所示，各组件的能力如下。

- 主动数据包过滤组件：通过动态更新数据包过滤策略（包括流选择和操作）来定义动态网络探针，在大多数硬件中都可用。
- YANG模型组件：通过动态部署，实现不同的数据处理和过滤功能。
- 硬件功能组件：某些硬件允许在运行时通过预留流水线和函数桩等机制，将基于硬件的函数动态加载到转发路径中。
- 软件功能组件：使可动态加载的软件功能在适用的CPU中实现。

图 2-8　动态网络探针的功能组件

　　动态网络探针技术为IFIT提供了足够的灵活性和可扩展性，丰富的智能选流和高效数据上报功能都可以动态地加载到设备上。

4. 按需进行的底层技术选择

　　IFIT拥有多种底层数据采集和导出技术，可以灵活适应不同的网络条件和应用需求。例如，根据感兴趣的数据类型，IFIT可以选择Passport模式或Postcard模式来收集数据，如果应用程序需要追踪数据包丢失的位置，则应支持从Passport模式切换到Postcard模式。IFIT进一步将多种数据平面监控和测量技术集成在一起，并提供全面的数据平面遥测解决方案，根据应用程序的需求和实时的遥测数据分析结果，部署新的配置和操作。

　　按需进行的底层技术选择的功能如图2-9所示，图中列出了候选的随路遥

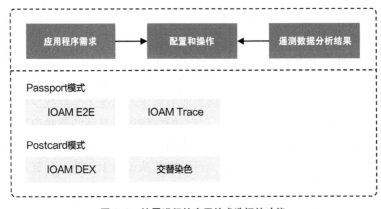

图 2-9　按需进行的底层技术选择的功能

测技术。该功能位于逻辑上集中的控制器中，将所有控制和配置指令动态地分发给域中合适的节点。配置和操作的决策基于应用程序输入的需求和实时遥测数据分析结果。

2.2.3　IFIT 自动化部署

IFIT应用支持灵活和动态的部署，可以通过网络节点和控制器之间的遥测信息交换，形成闭环自动化。如图2-10所示，IFIT自动化部署方案结合了YANG Push、IGP、PCEP（Path Computation Element Communication Protocol，路径计算单元通信协议）和BGP及其扩展。

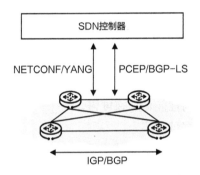

注：SDN即Software Defined Network，软件定义网络。
　　BGP-LS即BGP-Link State，边界网关链路状态协议。

图 2-10　IFIT 自动化部署方案

YANG Push[11-14]是一种支持闭环自动化的MDT（Model Driven Telemetry，模型驱动遥测）。应用程序可以通过基于NETCONF订阅标准的YANG模型来获取所需的特定数据项，也可以通过NETCONF和RESTCONF等网络管理协议配置网络节点进行随路测量。draft-ydt-ippm-alt-mark-yang使用YANG模型定义了具有交替染色功能的数据模型，支持通过NETCONF对指定流应用交替染色方法[15]；draft-ietf-ippm-ioam-yang使用YANG模型定义了IOAM功能的数据模型，它支持IOAM的所有选项[16]。

为了方便IFIT自动化部署随路遥测，需要获取网络中节点和链路的随路遥测能力，包括支持的随路测量方法以及选项等。draft-wang-lsr-igp-extensions-ifit[17]、draft-wang-idr-bgpls-extensions-ifit[18]和draft-ietf-idr-bgp-ifit-capabilities[19]分别定义了IGP、BGP-LS和BGP的随路遥测能力信息扩展，分别用于分发和上报节点或链路的随路遥测能力信息，以及通告BGP路由下一跳节点的随路遥测能力信息。

　　IFIT自动化部署需要控制器对已部署的隧道使能SLA监控，从而快速检测SLA违规或性能下降，并改变隧道部署。draft-ietf-idr-sr-policy-ifit[20]和draft-ietf-pce-pcep-ifit[21]分别定义了对BGP SR（Segment Routing，分段路由）Policy和PCEP的扩展，用来分发随路遥测能力信息。这样，在实例化隧道路径时可以自动启用随路遥测功能。

| 设计背后的故事 |

1. NTF的由来

　　自2018年起，我们开始对Telemetry技术进行研究。个人认为，IP网络运维困难在很大程度上与运维数据相关，主要存在以下3个方面的问题。
- 网络设备上报的数据量不足。
- 网络设备上报数据的性能低、速度慢。
- 网络设备上报的数据种类不全。

　　Telemetry当时作为一项新兴技术，可以提供高速的数据上报通道，因此我们将Telemetry视为一种可能解决这些问题的重点课题展开研究。Telemetry的研究首先面临的一个比较大的困扰就是，虽然Telemetry是一个非常热门的话题，但是涉及的技术庞杂，概念体系并不清晰，甚至存在混淆。例如，有人将Telemetry等同于gRPC，也有人将其等同于INT，实际上，它们根本就是不同的技术。为了保证研究平稳有序地进行，我们认为当务之急就是要建立一个系统的技术体系框架。于是，我们对Telemetry不同层面和不同维度的技术进行了系统梳理，构建了NTF，并向IETF OPSAWG（Operations and Management Area Working Group，操作与管理领域工作组）提交了草案[22]。NTF定义了3个层面的网络遥测模块，分别如下。
- 管理平面遥测：基于gRPC/NETCONF等采集网络管理数据。
- 数据平面遥测：采集通过交替染色和IOAM等机制获得的数据平面数据，一般通过IPFIX等协议上报。
- 控制平面遥测：基于BMP等上报控制协议数据。

　　后来，根据工作组的建议又增加了外部数据和事件遥测，使得网络遥测框架更加完整。同时，该草案对Telemetry相关术语进行了定义，并对不同的技术进行了分类。通过这个草案，可以较为清晰地了解网络遥测框架体系及其与IETF不同工作组推动的相关技术的区别与联系。

事实上，IETF并不太倾向于做用例（Use Case）和框架（Framework）之类草案的标准化工作，更希望聚焦互通所需协议的具体设计和标准化工作，这在一定程度上也是受了当时Spring工作组的影响。在初期，Spring工作组定义了许多用例和需求（Requirement）类型的草案，这些草案被认为数量众多但是用处有限，于是后来IETF路由域专门开会说明不提倡制定这些类型的草案。然而，IETF按照工作组运作的方式也存在问题，很容易将一个整体方案切割成不同部分并分散在不同工作组，这对于一些不清楚工作组关联关系的人员来说会很容易形成错觉，如同盲人摸象。为了解决这种问题，提出一些框架类型的草案就显得尤为必要，这也是我们推动NTF草案的动机。因为Telemetry技术的重要性以及体系化的必要性，NTF草案最终也被工作组接纳，并发展成为RFC。

2. IFIT的缘起

我们在研究数据平面遥测的时候，着重参考了一篇IOAM草案。在这篇草案中，IOAM定义了Tracing、Proof of Transit和Edge-to-Edge这3个选项[23]。在研究过程中，我们发现IOAM Tracing选项存在很多限制，包括IOAM Trace模式导致报文长度增加、IOAM导致设备上报海量数据给分析器等，这些问题都需要解决方案。因此，我们引入了Postcard模式的随路测量、交替染色、智能选流以及数据上报抑制等技术。这样使得我们对数据平面遥测的研究远远超出了对IOAM技术本身的研究，但是由此形成的可商用的随路遥测完整解决方案并没有一个明确的名称。开始大家并没有意识到这个问题，然而，因为没有确定的、一致认可的术语定义，技术讨论过程变得非常复杂，甚至会造成混乱。有的时候大家争论得面红耳赤，最后才发现讨论的方案和原本以为的IOAM技术完全无关，为此我专门召集了一次会议讨论、确定名称。考虑到在研究小组内有多名成员正在减肥或有成功减肥的经历，而fit又恰有"健康"之意，所以在多个备选的缩略语中我们很快就锁定了IFIT。IP网络的运维一直是一件令人痛苦的事情，在业界也经常被诟病。网络服务越来越先进，但是网络运维的方式还是很传统，效率非常低。通过对IFIT的研究，我们希望能够有更好的IP运维技术和方案，让网络变得更加健康。

统一了名称，我们在讨论中就有了更多的共同语言，讨论的效率也得到了提高。后来我在网易公开课中学习美国麻省理工学院的AI（Artificial Intelligence，人工智能课程），授课教授在一堂课中提到了Rumpelstiltskin原理："Once you can name something, you get power over it."（一旦给某种事物命名后，你就拥有了控制它的力量。）有了IFIT的经历，我更能感同身受。

3. POF与动态网络探针

动态网络探针是IFIT技术框架中比较特别的一个技术。这个技术的创意来自当时华为美国研发中心（简称美研所）的宋浩宇博士。因为随路测量获取信息非常灵活，不论技术和标准怎样定义，都有可能面临扩展，所以需要引入一种机制，以改变数据平面的逻辑，获取新定义的信息。在对SDN进行研究的过程中，宋博士很早就在ACM SIGCOMM（Association for Computing Machine Special Interest Group on Data Communication，美国计算机协会数据通信专业组）发表了关于POF（Protocol Oblivious Forwarding，协议无关转发）机制的论文[24]。这篇论文被认为是SDN技术的一个重要发展，旨在定义一种比基于OpenFlow的流表编程[25]更加灵活地实现数据平面编程的机制，用于满足网络功能扩展的需求。在POF架构中，POF交换机并没有协议的概念，它仅在POF控制器的指导下通过{offset, length}来定位数据、匹配并执行对应的操作，从而完成数据处理。此举使得交换机可以在不论协议的情况下完成对数据的处理，在支持新协议时无须对交换机进行升级或购买新设备，仅需通过控制器下发对应流表项即可，大大加快了网络创新的进程。这个机制对后来发展的PIF（Protocol Independent Forwarding，协议独立转发）机制[26]和P4（指代Programming Protocol-independent Packet Processors，编程协议无关的包处理器）机制[27]都有重要的影响。POF机制提出以后需要有一个很好的应用实例，但事实上，需要灵活改变数据平面的应用实例非常有限，数据平面遥测是非常有希望的一个。因为有共同研究POF工作的渊源，在我们和宋博士联合研究数据平面遥测的过程中，他提出了动态网络探针的思路，用于实现随路测量机制的灵活定制，且无须更换或升级硬件和芯片。因此，动态网络探针在一定程度上可以被看作POF机制在数据平面遥测领域的应用。后来，在IFIT技术发展的过程中，我们多次遇到随路测量信息以及封装方式发生变化的场景。得益于华为长期坚持在网络处理器芯片研究上的投入，现网路由器设备基本上依靠软件版本的升级就可以满足这些变化的需求，大大降低了随路遥测部署应用的成本，缩短了周期，这充分体现了技术的价值。

| 本章参考文献 |

[1] SONG H, QIN F, MARTINEZ-JULIA P, et al. Network telemetry framework[EB/OL]. (2022-05-27)[2024-09-30].

[2] PRESUHN R, CASE J, MCCLOGHRIE K, et al. Version 2 of the protocol operations for the Simple Network Management Protocol (SNMP)[EB/OL]. (2002-10)[2024-09-30].

[3] GERHARDS R. The syslog protocol[EB/OL]. (2009-03)[2024-09-30].

[4] MIZRAHI T, SPRECHER N, BELLAGAMBA E, et al. An overview of Operations, Administration, and Maintenance (OAM) tools[EB/OL]. (2014-06)[2024-09-30].

[5] KAVASSERI R. Event MIB[EB/OL]. (2000-10)[2024-09-30].

[6] CHISHOLM S, ROMASCANU D. Alarm Management Information Base (MIB)[EB/OL]. (2004-09)[2024-09-30].

[7] PHAAL P, PANCHEN S, MCKEE N. InMon corporation's sFlow: a method for monitoring traffic in switched and routed networks[EB/OL]. (2001-09)[2024-09-30].

[8] ITU-T. Operation, Administration and Maintenance (OAM) functions and mechanisms for Ethernet-based networks[EB/OL]. (2019-08-29)[2024-09-30].

[9] WU Q, BRYSKIN I, BIRKHOLZ H, et al. A YANG data model for ECA policy management[EB/OL]. (2021-02-19)[2024-09-30].

[10] CORMODE G, MUTHUKRISHNAN S. An improved data stream summary: the Count-Min Sketch and its applications[J]. Journal of Algorithms, 2005, 55(1): 58-75.

[11] VOIT E, CLEMM A, PRIETO A, et al. Subscription to YANG notifications[EB/OL]. (2019-09)[2024-09-30].

[12] VOIT E, CLEMM A, PRIETO A, et al. Dynamic subscription to YANG events and datastores over netconf[EB/OL]. (2019-09)[2024-09-30].

[13] CLEMM A, VOIT E. Subscription to YANG notifications for datastore updates[EB/OL]. (2019-09)[2024-09-30].

[14] VOIT E, RAHMAN R, NILSEN-NYGAARD E, et al. Dynamic subscription to YANG events and datastores over restconf[EB/OL]. (2019-11)[2024-09-30].

[15] GRAF T, WANG M, FIOCCOLA G, et al. A YANG data model for the alternate marking method[EB/OL]. (2024-09-02)[2024-09-30].

[16] ZHOU T, GUICHARD J, BROCKNERS F, et al. A YANG data model for in-situ OAM[EB/OL]. (2024-03-01)[2024-09-30].

[17] WANG Y, ZHOU T, QIN F, et al. IGP extensions for In-situ Flow Information Telemetry (IFIT) capability advertisement[EB/OL]. (2021-01-29)[2024-09-30].

[18] WANG Y, ZHOU T, LIU M, et al. BGP-LS extensions for In-situ Flow Information Telemetry (IFIT) capability advertisement[EB/OL]. (2021-01-14)[2024-09-30].

[19] FIOCCOLA G, PANG R, WANG S, et al. Advertising In-situ Flow Information Telemetry (IFIT) capabilities in BGP[EB/OL]. (2024-07-05)[2024-09-30].

[20] QIN F, YUAN H, YANG S, et al. BGP SR policy extensions to enable IFIT[EB/OL]. (2024-04-19)[2024-09-30].

[21] YUAN H, WANG X, YANG P, et al. Path Computation Element Communication Protocol (PCEP) extensions to enable IFIT[EB/OL]. (2024-07-05)[2024-09-30].

[22] SONG H, LI Z, MARTINEZ-JULIA P, et al. Network telemetry framework[EB/OL]. (2019-09-07)[2024-09-30].

[23] BROCKNERS F, BHANDARI S, PIGNATARO C, et al. Data fields for in-situ OAM[EB/OL]. (2018-01-03)[2024-09-30].

[24] SONG H. Protocol-oblivious forwarding: unleash the power of SDN through a future-proof forwarding plane[C]//Proceedings of the Second ACM SIGCOMM Workshop on Hot Topics in Software Defined Networking. Hong Kong, China: ACM, 2013: 127-132.

[25] ONF. OpenFlow switch specification[EB/OL]. (2015-03-26)[2024-09-30].

[26] ONF. Protocol independent forwarding[EB/OL]. (2014-09-15)[2024-09-30].

[27] THE LINUX FOUNDATION PROJECTS. P4 open source programming language[EB/OL]. (2024-09)[2024-09-30].

第 3 章
IPv6 随路遥测的数据平面

IPv6 随路遥测使用的随路测量技术包括交替染色和IOAM等方法，本章将主要介绍这两种方法在数据平面的工作原理。

| 3.1　交替染色方法 |

IPv6随路遥测交替染色方法通过在IPv6扩展报文头中插入交替染色指令，并使得业务流经的节点按照指令选项进行遥测信息的统计和上报，以实现随路的流量丢包、时延和抖动测量[1]。

3.1.1　交替染色方法的测量原理

如图3-1所示，业务报文从PE1进入网络，从PE2离开网络，交替染色方法按照一定的周期交替性地将测试报文头中的丢包（L）染色位和时延（D）染色位置0或置1来实现对报文的标记，从而对该网络进行丢包和时延测量。

从PE1到PE2方向的交替染色丢包统计过程如下。

①PE1在入口端标记每个业务报文的L染色位为0或者1，每个周期翻转一次，并统计该周期内标记的报文数为$T[i]$。

②PE2在出口端统计每个周期内对应的0或1的报文数$R[i]$，为避免报文乱序影响统计结果，需要将测量周期适当延长，具体的周期选择可以参考3.1.2节。

③计算第i个周期内的丢包数=$T[i]$-$R[i]$，第i个周期内的丢包率=$(T[i]$-$R[i])/T[i]$。

PE1和PE2之间的交替染色时延统计过程如下。

①PE1在入口端将某一报文的D染色位置1，并获取时间戳$t1$。

②PE2在出口端接收到经网络转发的D染色位置1的业务报文，并获取时间戳$t2$。

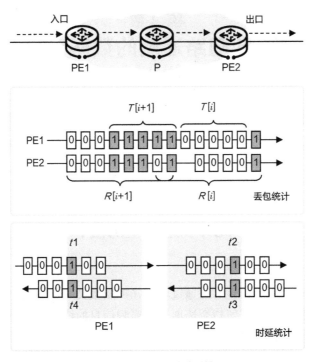

图3-1　交替染色方法的测量原理

③计算PE1至PE2的单向时延=$t2-t1$，同理可得PE2至PE1的单向时延=$t4-t3$，双向时延=$(t2-t1)+(t4-t3)$。

通过这种方式，交替染色方法可以主动感知网络和应用的细微变化，真实地反映网络和应用的丢包、时延情况。

交替染色方法支持端到端和逐跳两种测量模式，端到端模式适用于需要对业务进行整体质量监控的检测场景，逐跳模式则适用于需要对低质量业务进行逐跳定界或对VIP业务进行按需逐跳监控的检测场景。

在端到端模式下，需要在头、尾节点使能交替染色方法并在头节点部署交替染色检测实例以触发检测，从而实现丢包、时延检测功能。在这种情况下，仅头、尾节点感知交替染色方法检测并上报遥测数据，中间节点不参与，如图3-2所示。

在逐跳模式下，需要在头节点部署交替染色检测实例以触发检测，并在业务流途经的每个节点上均使能交替染色方法，如图3-3所示。

在实际应用中，两种模式一般是组合使用的。当端到端检测的结果达到阈值时会自动触发逐跳检测，这样可以真实还原业务流转发路径，并对故障点进行快速定界定位，同时，可以减少检测资源的消耗，并避免海量数据的上报，实现部署开销的最小化。

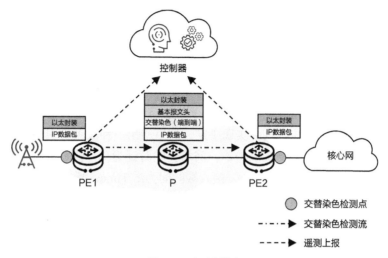

图 3-2　端到端模式

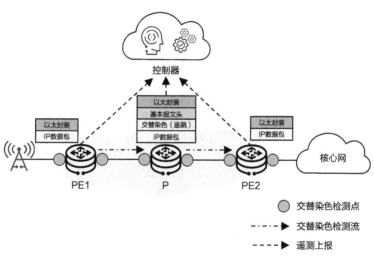

图 3-3　逐跳模式

3.1.2　交替染色方法的测量周期选择

由交替染色方法的测量原理可知，在部署交替染色方法时，需要参与的节点达到时间同步，以形成统一的时间基准。同时，需要妥善地设置测量周期，以保证测量周期内的报文都被统计到。

时间同步可以采用NTP（Network Time Protocol，网络时间协议）或PTP（Precision Time Protocol，精确时间协议）来实现。目前，NTP的同步精度为50 ms，如果测量周期为秒级，仅通过NTP就能保证测量的准确性。如果是纳秒级的时延测量，则需要部署高精度的PTP。关于时间同步技术的详细介绍可参考附录B，此处不再展开。

为了保证测量的准确统计，测量时需要确保在该特征周期最后一个报文到达之后，且下一个相同特征周期的第一个报文到达之前，取得接收端的统计。具体的获取接收统计的时机由实现决定，这里给出一种参考实现。假设随路遥测路径上的节点时间同步误差为Δ，网络传输时延为D_t，传输乱序抖动为D_j，周期为T。发送端时间为T_Time，接收端时间为R_Time，标准时间为Time，发送端计数为Q_T，接收端计数为Q_R。

如图3-4所示，在理想情况下，发送端和接收端的时间同步误差为0，各时间轴与标准时间完全一致，发送端在第N个周期结束时（$T\_Time[N]$=Time[N]）获得发送计数$Q_T[N]$，但接收端报文因网络时延会在标准时间轴上较发送端落后（D_t+D_j）。我们设定在接收端（$R\_Time[N]$+2T/3）处获取$Q_R[N]$，只要获取$Q_R[N]$的时间$t2$晚于该周期最后一个报文到达的时间$t1$（$t2>t1$），即$D_t+D_j<$2T/3，就可以保证$Q_R[N]$计数的准确性。

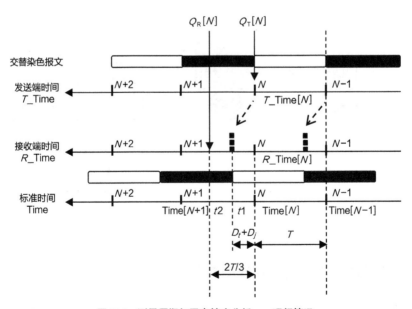

图3-4　测量周期与同步精度分析——理想情况

如图3-5所示，一种最坏情况可能是，发送端较标准时间落后Δ，接收

端较标准时间超前 Δ 。对于第 N 个周期的统计，发送端依然在本地时间 $T\_$ $\text{Time}[N]$ 处得到 $Q_\text{T}[N]$，其实际是（$\text{Time}[N]+\Delta$）；接收端的 $R\_\text{Time}[N]$ 实际是（$\text{Time}[N]-\Delta$），相对于 $T\_\text{Time}[N]$ 提前了 2Δ，即整个接收端测量区间，N 在时间轴上相对发送端右移了 2Δ，这可能导致该周期的接收计数还未完成就进行了计数值获取，从而出现错误。

解决方法是依然在接收端的（$R\_\text{Time}[N]+2T/3$）处获取 $Q_\text{R}[N]$，只要获取 $Q_\text{R}[N]$ 的时间 $t2$，晚于该周期最后一个报文到达的时间 $t1$（$t2>t1$），即 $2\Delta+D_t+D_j<2T/3$，就可以保证 $Q_\text{R}[N]$ 计数的准确性。

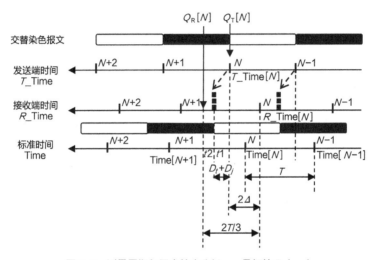

图 3-5　测量周期与同步精度分析——最坏情况（一）

如图 3-6 所示，另外一种最坏情况可能是，发送端较标准时间超前 Δ，接收端较标准时间落后 Δ。对于第 N 个周期的统计，发送端依然在本地时间 $T\_$ $\text{Time}[N]$ 处得到 $Q_\text{T}[N]$，其实际是（$\text{Time}[N]-\Delta$）；接收端的 $R\_\text{Time}[N]$ 实际是（$\text{Time}[N]+\Delta$），相对于 $T\_\text{Time}[N]$ 推后了 2Δ，即整个接收端测量区间 N 在时间轴上相对发送端左移了 2Δ，这可能导致接收端还在获取上一周期计数时，该周期的数据已经到来，从而出现计数错误。

解决方法是依然在接收端的（$R\_\text{Time}[N]+2T/3$）处获取 $Q_\text{R}[N]$，相应地，在（$R\_\text{Time}[N-1]+2T/3$）处获取 $Q_\text{R}[N-1]$。则该周期的第一个报文到达的时间 $t2$ 晚于获取 $Q_\text{R}[N-1]$ 的时间 $t1$（$t2>t1$），即 $(T-2\Delta)+(T+D_t+D_j)>T+2T/3$，也即 $2\Delta-(D_t+D_j)<T/3$，就可以保证 $Q_\text{R}[N]$ 计数的准确性。

NTP 的时间同步误差为 50 ms，测量节点间业务流的传输时延一般为 5～20 ms，假设乱序最大时延为 200 ms。综合上述最坏情况对 T 的限制条件，T 取 1 s 或 1 s

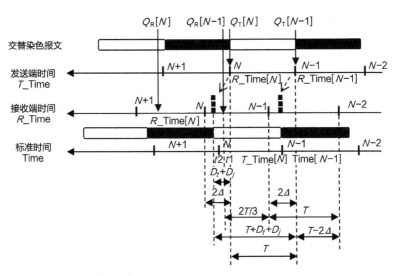

图 3-6　测量周期与同步精度分析——最坏情况（二）

以上即可确保测量的准确性。另外，考虑到软件调度处理时延的安全处理时间间隔，建议性能测量周期长度选择如表3-1所示，默认测量周期建议为3 s。

表 3-1　性能测量周期长度选择

网络时间同步 最大偏差 / ms	最大容忍乱序 时延 / ms	网络最大传输 时延 / ms	设备软件最大 调度时延 / ms	设备最小处理 安全间隔 / ms	最小建议测量 周期 / s
50	200	20	100	100	1
50	200	20	1000	100	3
50	200	20	1500	100	5
50	200	20	3000	100	10

3.1.3　交替染色方法的测量信息封装

IPv6定义了灵活的扩展报文头机制[2]。在IPv6中，可选的网络层信息被编码在单独的扩展报文头中，这些扩展报文头可以放在数据包的IPv6报文头和上层报文头之间，每个扩展报文头由不同的NH（Next Header，下一报文头）值标识，交替染色信息可以作为一种选项封装在IPv6扩展报文头中。目前定义了交替染色信息封装在IPv6 HBH（Hop-by-Hop Options Header，逐跳选项扩展报文头）或DOH（Destination Options Header，目的选项扩展报文头）中，和封装在SRH（Segment Routing Header，段路由扩展报文头）中的方式，下面分别进行描述。

1. 交替染色信息封装在IPv6 HBH或DOH中

RFC 9343定义了如何使用交替染色方法来测量IPv6网络的性能指标[3]。其原理是将交替染色方法应用于IPv6中，以逐跳和端到端两种模式测量数据包的丢失、时延和时延变化等，从而准确定位IPv6网络中的问题。在RFC 9343中定义了一种用于交替染色方法测量的IPv6选项，该选项可以封装在HBH或者DOH中。其中，需要逐跳处理的交替染色信息封装在HBH中，只需要目的端处理的交替染色信息封装在DOH中。IPv6交替染色信息选项格式如图3-7所示。

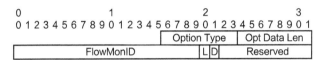

图 3-7　IPv6 交替染色信息选项格式

IPv6交替染色信息选项各字段的说明如表3-2所示。

表 3-2　IPv6 交替染色信息选项各字段的说明

字段名	长度	说明
Option Type	8 bit	选项类型，RFC 9343 定义交替染色信息选项类型值为0x12。根据 RFC 8200 中的定义，该选项类型的最高 2 位为 00，表示对于不支持该选项的 IPv6 处理节点，需要略过该选项并继续处理报文头；该选项的第 3 高位为 0，表示选项数据在转发过程中不能被修改[2]
Opt Data Len	8 bit	选项数据长度。不包括 Option Type 和 Opt Data Len，单位为 Byte
FlowMonID	20 bit	流唯一标识符。由测量头节点或者集中控制器生成，分配者需要保证该值的唯一性
L	1 bit	丢包染色位
D	1 bit	时延染色位
Reserved	10 bit	保留字段

另外，draft-zhou-ippm-enhanced-alternate-marking定义了交替染色方法的增强处理方法——增强交替染色（Enhanced Alternate Marking）[4]，通过在交替染色信息选项的保留字段中分配一个5 bit的NH字段，以及增加可选的扩展数据域，增强交替染色方法对大规模网络的适应能力，提升交替染色方法面向未来的扩展能力。IPv6增强交替染色信息选项格式如图3-8所示。

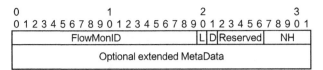

图 3-8　IPv6 增强交替染色信息选项格式

IPv6增强交替染色信息选项各字段的说明如表3-3所示。

表 3-3　IPv6 增强交替染色信息选项各字段的说明

字段名	长度	说明
FlowMonID	20 bit	流唯一标识符。由测量头节点或者集中控制器生成，分配者需要保证该值的唯一性
L	1 bit	丢包染色位
D	1 bit	时延染色位
Reserved	5 bit	保留字段
NH	5 bit	NH值为0时被保留用于兼容。建议值为1～15时保留做私有或者试验用途，值为16～31时在IETF中定义
Optional extended MetaData	可变长度	可选的扩展元数据

当前，draft-zhou-ippm-enhanced-alternate-marking定义了NH值为16的可选扩展数据格式，如图3-9所示。

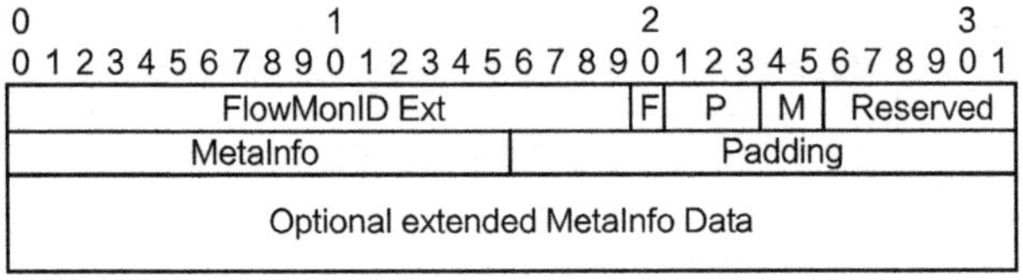

图 3-9　NH 值为 16 的可选扩展数据格式

NH值为16的可选扩展数据各字段的说明如表3-4所示。

表 3-4　NH 值为 16 的可选扩展数据各字段的说明

字段名	长度	说明
FlowMonID Ext	20 bit	扩展流标识符。用于减少FlowMonID冲突，一般表示节点ID
F	1 bit	流方向标识符。置1表示从头节点到尾节点的正向流（相应的，从尾节点到头节点方向的流为反向流）

字段名	长度	说明
P	3 bit	测量周期标识符。取值含义如下。 • 0b000：1 s。 • 0b001：10 s。 • 0b010：30 s。 • 0b011：60 s。 • 0b100：300 s
M	2 bit	测量方式标识符。实际部署时，IPv6 HBH存在不可部署的场景，此时，可以用DOH承载交替染色测量信息，并通过该字段识别逐跳、端到端模式。取值含义如下。 • 0b00：保留字段。 • 0b01：端到端模式。 • 0b10：逐跳模式。 • 0b11：保留字段
Reserved	6 bit	保留字段
MetaInfo	16 bit	标识扩展的元数据的位图
Padding	16 bit	封装对齐填充位
Optional extended MetaInfo Data	可变长度	根据MetaInfo扩展的数据信息。具体格式如后文中时间戳数据、反向自动建流控制信息等所示

其中，MetaInfo被用作一个标识是否存在更多增强能力信息数据的位图，其各字段的说明如表3-5所示。

表 3-5　MetaInfo 各字段的说明

字段名	说明
Bit0	置1表示6 Byte的时间戳将附在MetaInfo后面，该时间戳将覆盖Padding字段。时间戳用于测量逐包时延，其中前2 Byte表示整数秒值，后4 Byte表示纳秒部分
Bit1	置1表示MetaInfo后携带更详细的控制字段，占用4 Byte，格式参考后文中的"反向自动建流控制信息格式"
Bit2	置1表示MetaInfo后携带序列号，占用4 Byte，用于测量乱序

如果有多个MetaInfo的位置位，对应的扩展MetaInfo数据需要按对应的位顺序排列放置到报文中。

Bit0置1对应的增强能力信息数据为时间戳数据，其格式如图3-10所示。

0 1 2 3
0 1 2 3 4 5 6 7 8 9 0 1 2 3 4 5 6 7 8 9 0 1 2 3 4 5 6 7 8 9 0 1
Timestamp (s)
Timestamp (ns)

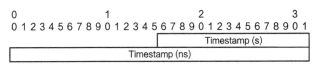

图 3-10 时间戳数据格式

其中，Timestamp（s）用于存储时间戳中的整数秒值，它将覆盖MetaInfo后面的Padding字段；Timestamp（ns）用于存储时间戳中的纳秒部分。这个时间戳由封装了交替染色信息的节点填充，并且一直被携带到解封装节点，以便所有中间节点可以将其与本地时间进行比较，从而测量单向时延。

Bit1置1对应的增强能力信息数据为反向自动建流控制信息，其格式如图3-11所示。

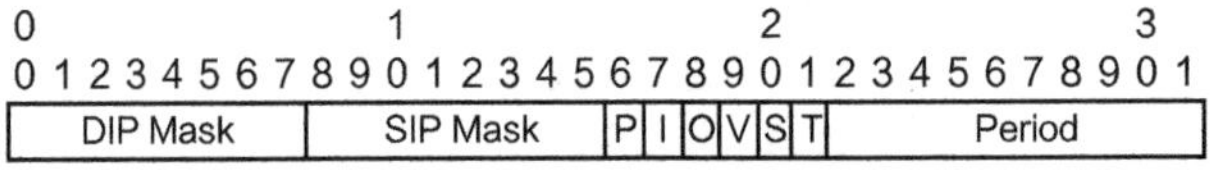

0 1 2 3
0 1 2 3 4 5 6 7 8 9 0 1 2 3 4 5 6 7 8 9 0 1 2 3 4 5 6 7 8 9 0 1
DIP Mask
SIP Mask
P
I
O
V
S
T
Period

图 3-11 反向自动建流控制信息格式

在实际部署中，可以只在集中设备（例如汇聚设备）上配置需要进行交替染色测量的实例信息。边缘设备开启交替染色测量后，在收到携带交替染色信息的报文时，如果控制信息中的V字段置1，则从报文中提取IP地址、端口号等信息，并结合反向自动建流控制信息中的IP地址掩码长度、测量周期，以及是否需要匹配协议号、端口号等信息，自动建立反向交替测量实例，从而极大地简化部署配置。

反向自动建流控制信息各字段的说明如表3-6所示。

表 3-6 反向自动建流控制信息各字段的说明

字段名	长度	说明
DIP Mask	8 bit	正向流的目的IP地址的掩码长度
SIP Mask	8 bit	正向流的源IP地址的掩码长度
P	1 bit	协议号匹配标记。置1表示反向建流规则中需要匹配对应正向流的协议号
I	1 bit	源端口号匹配标记。置1表示反向建流规则中源端口号需要匹配对应正向流的目的端口号
O	1 bit	目的端口号匹配标记。置1表示反向建流规则中目的端口号需要匹配对应正向流的源端口号
V	1 bit	反向流监控标记。置1表示需要建立反向流监控。在使能了自动建立反向流的节点上，当感知到正向流中V字段置1，节点主动根据正向流及携带的控制信息建立对应反向流规则，并且自动分配反向流ID

续表

字段名	长度	说明
S	1 bit	DSCP（Differentiated Services Code Point，区分服务码点）匹配标记。置1表示反向建流规则中需要匹配对应正向流的DSCP
T	1 bit	置1表示检测路径包含从NNI（Network to Network Interface，网络侧接口）到NNI；置0表示检测路径包含从UNI（User-Network Interface，用户-网络接口）到UNI
Period	10 bit	测量数据的周期，单位为s

这里举一个例子进行说明。假设正向建流规则为：SIP（源IP地址）为 2001:DB8:1:1:1:1::1，SIP Mask（源IP地址掩码）长度为96，DIP（目的IP地址）为2001:DB8:2:2:2::1，DIP Mask（目的IP地址掩码）长度为80，协议号为16，源端口号为100，目的端口号为200。如果自动反向建流的规则需要匹配正向流的IP地址及相应掩码、协议号、源端口号以及目的端口号，那么相应的反向自动建流控制信息为：DIP Mask=80，SIP Mask=96，P=1，I=1，O=1，V=1。此时，设备自动建立的反向建流规则为：SIP为2001:DB8:2:2:2::1，SIP Mask长度为80，DIP为2001:DB8:1:1:1:1::1，DIP Mask长度为96，协议号为16，源端口号为200，目的端口号为100。

Bit2置1对应的增强能力信息数据为序列号，使用序列号除了可以检测丢包之外，还可以检测乱序报文。序列号格式如图3-12所示。

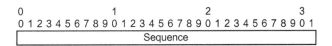

图 3-12　序列号格式

这里以DOH为例，通过DOH携带NH值为16的增强交替染色信息的IPv6报文格式如图3-13所示。

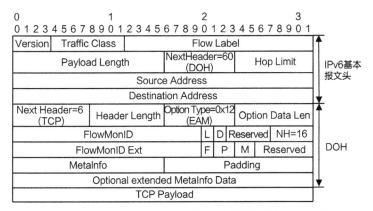

图 3-13　通过 DOH 携带 NH 值为 16 的增强交替染色信息的 IPv6 报文格式

2. 交替染色信息封装在SRH中

在SRv6网络[5]中，定义了SRH携带数据包需要经过的网络路径以及相关附加信息[6]。携带SRH的IPv6报文格式如图3-14所示。

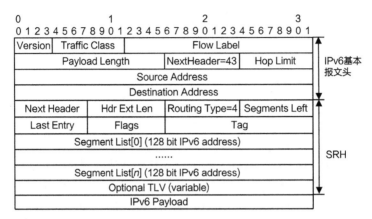

图 3-14　携带 SRH 的 IPv6 报文格式

其中，SRH各字段的说明如表3-7所示。

表 3-7　SRH 各字段的说明

字段名	长度	说明
Next Header	1 Byte	标识紧跟在SRH之后的报文头类型。常见的几种类型如下。 • 4：IPv4封装。 • 6：TCP。 • 17：UDP。 • 41：IPv6封装。 • 43：IPv6-Route，IPv6路由扩展报文头。 • 58：ICMPv6（Internet Control Message Protocol version 6，第6版互联网控制报文协议）。 • 59：Next Header为空
Hdr Ext Len	1 Byte	SRH报文头的长度。指不包括前8 Byte的SRH的长度，单位为8 Byte
Routing Type	1 Byte	标识路由头类型，SRH类型的取值为4
Segments Left	1 Byte	剩余的Segment数目，简称SL
Last Entry	1 Byte	段列表最后一个元素的索引
Flags	1 Byte	预留的标记位，用于特殊的处理，例如OAM
Tag	2 Byte	标识同组报文
Segment List[n]	128 bit	段列表中的第n个Segment，Segment是IPv6地址形式

字段名	长度	说明
Optional TLV	可变长度	可选TLV（Type-Length-Value，类型-长度-值）部分，例如 Padding TLV和HMAC（Hash-based Message Authentication Code，散列消息认证码）TLV

这里的Optional TLV可以用来携带交替染色信息。与RFC 9343中描述的将交替染色信息放在HBH或DOH扩展报文头的方法相比，这种方法可以支持指定的SRv6节点处理交替染色信息，因此能够支持按需部署交替染色方法，以及按需升级节点以支持交替染色方法。draft-fz-spring-srv6-alt-mark定义了在SRv6 SRH中携带交替染色信息的实现方式，并具体描述了交替染色方法SRH TLV对象格式[7]，如图3-15所示。该方式已有多个厂家实现，可以作为一种参考实现，以保证各厂家实施实例之间的互通性。

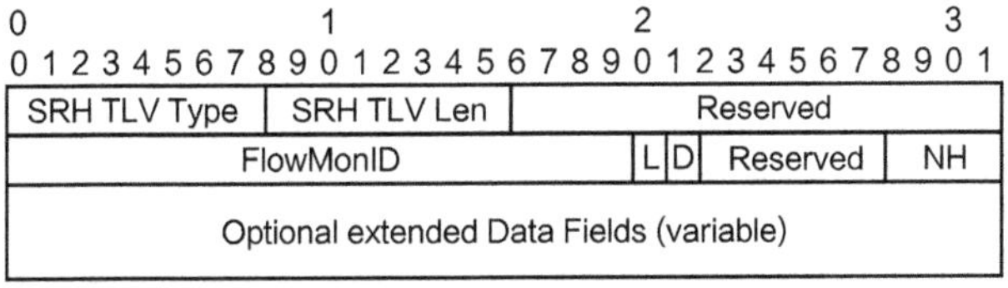

图3-15　交替染色方法 SRH TLV 对象格式

交替染色方法SRH TLV对象各字段的说明如表3-8所示。

表3-8　交替染色方法 SRH TLV 对象各字段的说明

字段名	长度	说明
SRH TLV Type	8 bit	SRH TLV的类型。交替染色信息TLV类型的建议值是130
SRH TLV Len	8 bit	TLV数据域的长度。不包括SRH TLV Type和SRH TLV Len，单位为Byte
Reserved	16 bit	保留字段
FlowMonID	20 bit	流唯一标识符。由测量头节点或者集中控制器生成，分配者需要保证该值的唯一性
L	1 bit	丢包染色位
D	1 bit	时延染色位
Reserved	6 bit	保留字段
NH	4 bit	扩展数据域标识符。值为0时表示不携带可选的扩展数据
Optional extended Data Fields	可变长度	根据NH的设置，可能存在的变长可选扩展数据域

当前，draft-fz-spring-srv6-alt-mark定义了NH值为9的可选扩展数据格式，如图3-16所示。

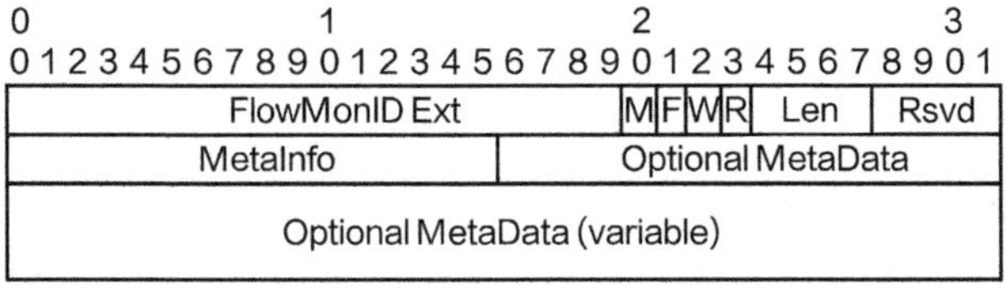

图 3-16　NH 值为 9 的可选扩展数据格式

NH值为9的可选扩展数据各字段的说明如表3-9所示。

表 3-9　NH 值为 9 的可选扩展数据各字段的说明

字段名	长度	说明
FlowMonID Ext	20 bit	扩展流标识符。用于减少FlowMonID冲突，一般用于表示节点ID
M	1 bit	测量模式。置1表示端到端测量，置0表示逐跳测量
F	1 bit	置1表示测量的原始报文是一个分片的报文
W	1 bit	置1表示正向流，置0表示反向流
R	1 bit	保留字段
Len	4 bit	可选扩展数据域的长度，即整个NH值为9的可选扩展数据格式结构的长度，单位为Byte
Rsvd	4 bit	保留字段
MetaInfo	16 bit	扩展的元数据的位图，用于标识更多的增强能力信息
Optional MetaData	可变长度	可选的元数据

其中，MetaInfo和Optional MetaData的定义，分别与draft-zhou-ippm-enhanced-alternate-marking中MetaInfo和Optional extended MetaInfo Data的定义相同。

通过SRH TLV对象携带增强交替染色信息的IPv6报文格式如图3-17所示。

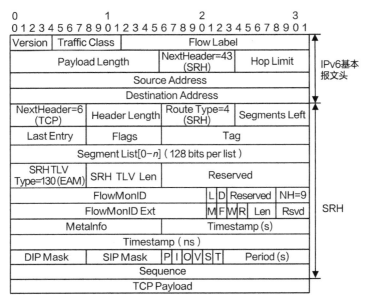

图 3-17　通过 SRH TLV 对象携带增强交替染色信息的 IPv6 报文格式

| 3.2　IOAM 方法 |

IPv6随路遥测IOAM方法通过定义一系列的测量指令和数据格式，记录和收集报文转发过程中的测量信息，以实现随路测量。

3.2.1　IOAM 方法的测量原理

IOAM中的"I"对应"In-situ"，是指OAM测量数据在业务数据包中携带，而不是通过专门用于OAM的数据包发送。IOAM有效解决了Ping或Traceroute等主动探测技术存在的测量精度不足的问题，它的应用场景如下。

- 证明某一组流量确实采用了预定义的路径进行转发。
- 实现多路径转发流量在多条路径上的详细流量统计。
- 避免网络设备对单独的测试报文与常规的数据报文进行不同处理。

IOAM定义了一系列的测量指令和数据格式来实现随路测量，其参考模型[8]如图3-18所示。

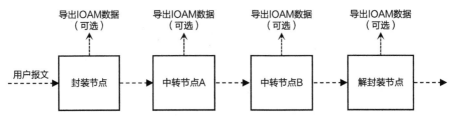

图 3-18　IOAM 实现随路测量的参考模型

IOAM聚焦于有限域[9]，网络中使用IOAM的部分称为IOAM域。IOAM域由封装节点、中转节点以及解封装节点组成。

IOAM节点类型基于IOAM命名空间定义，同一个节点在不同的命名空间中可以表示不同的节点类型。IOAM封装节点将IOAM选项类型封装到指定的数据报文中，IOAM中转节点根据IOAM选项类型更新IOAM数据字段，IOAM解封装节点从数据报文中移除所有IOAM选项类型，并将报文发送到目的地。同时，每个节点根据具体的IOAM选项类型，按需将IOAM数据上报给控制分析设备。

同交替染色方法一样，IOAM进行随路测量也需要参与的各设备保持时间同步。关于时间同步技术的详细介绍可参考附录B。

IOAM根据不同的应用场景定义了多种选项，具体如下。

- 逐跳跟踪（Per-Hop Tracing）选项：用于逐跳记录数据包经过的路径以及数据包在每个IOAM节点的时延、抖动等信息。其具体实现方式又分为在IOAM封装节点预分配所有节点选项数据空间的预分配跟踪选项和逐跳申请节点选项数据空间的增量跟踪选项。
- 传输证明（Proof of Transit）选项：用于验证数据包是否经过预定的路径。
- 端到端（Edge-to-Edge）选项：用于测量数据包端到端的性能数据。
- 直接导出（Direct Export）选项：通过控制每个IOAM测量节点直接上报IOAM数据，避免逐跳累计IOAM数据到数据报文中，减小测量的带宽和处理开销。

3.2.2　IOAM 的选项封装

RFC 9486定义了IOAM的IPv6封装方式，将IOAM选项信息封装在HBH或DOH中[10]。IPv6 IOAM选项格式如图3-19所示。

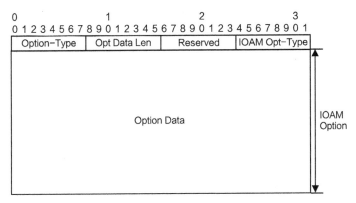

图 3-19　IPv6 IOAM 选项格式

IPv6 IOAM选项各字段的说明如表3-10所示。

表 3-10　IPv6 IOAM 选项各字段的说明

字段名	长度	说明
Option-Type	1 Byte	选项类型。 • 0x11表示Option Data不能被改变，当IOAM Opt-Type为端到端或直接导出时使用。 • 0x31表示Option Data可以被改变，当IOAM Opt-Type为预分配跟踪、增量跟踪或传输证明时使用
Opt Data Len	1 Byte	选项数据长度。不包括Option-Type和Opt Data Len，单位为Byte
Reserved	1 Byte	保留字段
IOAM Opt-Type	1 Byte	IOAM选项类型。在RFC 9197中定义了选项类型0~3[11]，在RFC 9326中定义了选项类型4[12]，分别如下。 • 0：IOAM预分配跟踪选项类型。 • 1：IOAM增量跟踪选项类型。 • 2：IOAM传输证明选项类型。 • 3：IOAM端到端选项类型。 • 4：IOAM直接导出选项类型
Option Data	可变长度	和IOAM选项类型相关的变长选项数据

下面分别对各种IOAM选项进行详细介绍。

1. IOAM逐跳跟踪选项

IOAM逐跳跟踪选项收集数据包经过的每个IOAM节点的OAM信息，并在数据包通过时将其存储在用户数据包中。IOAM逐跳跟踪选项的用途如下。

• 收集IOAM封装节点和IOAM解封装节点之间不同数据包在负载分担网络中所经过的不同路径的信息，这些信息可以用来优化负载分担算法，以提升网络资源的使用效率。

- 收集IOAM封装节点和IOAM解封装节点之间特定数据包或数据包集经过的路径，以及路径中不同节点上数据报文的时延和抖动数据。

IOAM逐跳跟踪选项根据实现方式的不同，又分为IOAM预分配跟踪选项和IOAM增量跟踪选项两种。IOAM预分配跟踪选项在IOAM封装节点预分配所有节点选项数据空间；IOAM增量跟踪选项可以逐跳申请节点选项数据空间。基于性能考虑，通常在基于软件实现IOAM时采用IOAM预分配跟踪选项，在基于硬件实现IOAM时采用IOAM增量跟踪选项，具体的实现方式由用户根据实际情况选择。IOAM预分配跟踪选项和IOAM增量跟踪选项的格式一样，如图3-20所示。

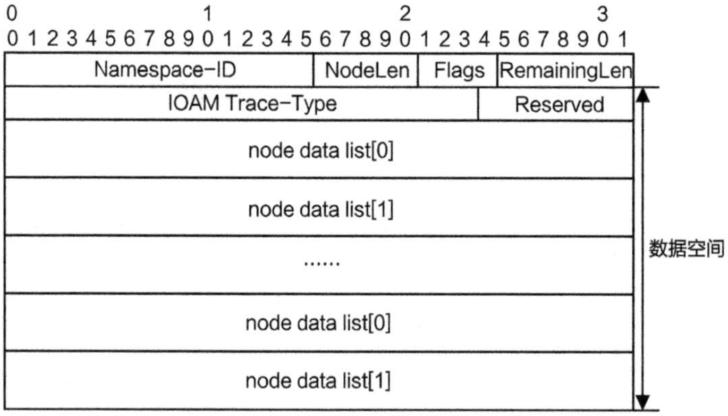

图 3-20　IOAM 逐跳跟踪选项格式

IOAM逐跳跟踪选项各字段的说明如表3-11所示。

表 3-11　IOAM 逐跳跟踪选项各字段的说明

字段名	长度	说明
Namespace-ID	16 bit	IOAM命名空间标识符。只有本地配置的Namespace-ID与报文中的Namespace-ID相同时才会进行IOAM处理，0x0000为默认命名空间ID，所有IOAM节点都要支持该ID
NodeLen	5 bit	节点数据长度。支持IOAM功能的每个节点添加到选项中的数据长度，单位为4 Byte
Flags	4 bit	标记位。Bit0置1表示当前数据区已经填满，后续的IOAM节点不需要对IOAM数据区进行处理
RemainingLen	7 bit	剩余长度。该字段用于标识预分配的数据区剩余可供IOAM节点填写的数据区长度

续表

字段名	长度	说明
IOAM Trace-Type	24 bit	标识node data list中包含的数据类型。此字段每一位代表一种数据类型，每个节点数据字段的打包顺序同IOAM Trace-Type中字段的位序一致，字段每一位的具体定义如下。 • Bit0：置1表示node data list中存储的数据为短模式，包含跳数（Hop_Lim，复制自业务报文的IPv6报文头中的Hop Limit，长度为1 Byte）和节点标识符（node_id，长度为3 Byte）。 • Bit1：置1表示node data list中存储的数据为短模式，包含入接口标识符（ingress_if_id，长度为2 Byte）和出接口标识符（egress_if_id，长度为2 Byte）。 • Bit2：置1表示node data list中存储的数据为时间戳中的整数秒值，长度为4 Byte。 • Bit3：置1表示node data list中存储的数据为时间戳中的非整数秒值，长度为4 Byte。 • Bit4：置1表示node data list中存储的数据为传输时延，长度为4 Byte。 • Bit5：置1表示node data list中存储的数据为短模式，是长度为4 Byte的IOAM特定命名空间数据，其格式由用户自定义。 • Bit6：置1表示node data list中存储的数据为队列深度，长度为4 Byte。 • Bit7：置1表示node data list中存储的数据为校验和，长度为4 Byte。 • Bit8：置1表示node data list中存储的数据为宽模式，包含跳数（长度为1 Byte）和节点标识符（长度为7 Byte）。 • Bit9：置1表示node data list中存储的数据为宽模式，入接口标识符和出接口标识符（长度分别为4 Byte）。 • Bit10：置1表示node data list中存储的数据为宽模式，是长度为8 Byte的IOAM特定命名空间数据，其格式由用户自定义。 • Bit11：置1表示node data list中存储的数据为缓存占用率，长度为4 Byte。 • Bit12～Bit21：保留字段。 • Bit22：置1表示node data list中存储的可变长度的用户自定义数据。 • Bit23：保留字段
Reserved	8 bit	保留字段，固定为0
node data list[n]	可变长度	IOAM Trace-Type定义的节点数据存放区域

2. IOAM传输证明选项

在实际的网络运行过程中，当用户订阅了不同的增值业务，如流量清洗、流量加速等，为了验证这些业务的有效性，用户需要确认数据报文经过的路径。IOAM传输证明选项定义了数据包标识和逐节点迭代操作的一组信息，可以用来确认数据报文是否经过了预设路径。IOAM传输证明选项格式如图3-21所示。

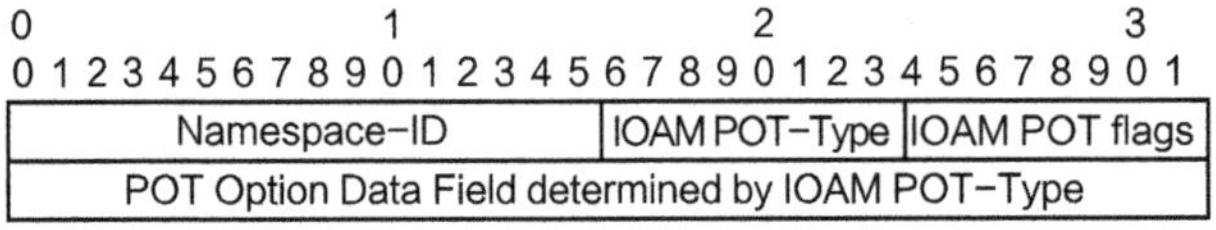

图 3-21　IOAM 传输证明选项格式

IOAM传输证明选项各字段的说明如表3-12所示。

表 3-12　IOAM 传输证明选项各字段的说明

字段名	长度	说明
Namespace-ID	2 Byte	定义与表3-11中Namespace-ID字段的定义相同
IOAM POT-Type	1 Byte	标识传输证明选项数据类型
IOAM POT flags	1 Byte	标记位，暂未定义
POT Option Data Field determined by IOAM POT-Type	4 Byte	可选的传输证明选项数据。数据类型由IOAM POT-Type决定

其中，RFC 9197定义了IOAM POT-Type值为0的类型，表示传输证明选项数据是一个16 Byte的字段，用于携带与传输证明过程相关的数据[11]。IOAM POT-Type值为0的选项格式如图3-22所示。

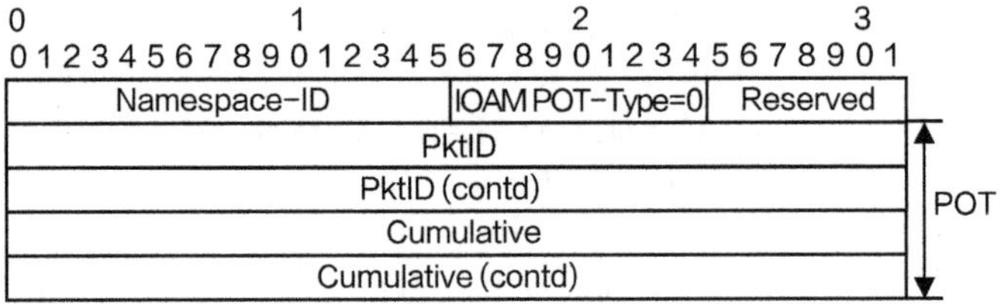

图 3-22　IOAM POT-Type 值为 0 的选项格式

IOAM POT-Type值为0的选项各字段的说明如表3-13所示。

表 3-13　IOAM POT-Type 值为 0 的选项各字段的说明

字段名	长度	说明
Namespace-ID	2 Byte	定义与表3-11中Namespace-ID字段的定义相同
IOAM POT-Type	1 Byte	IOAM 传输证明选项类型，取值为0

续表

字段名	长度	说明
Reserved	1 Byte	保留字段
PktID	8 Byte	报文标识符，分配机制由具体实现决定
Cumulative	8 Byte	路径证明信息，由具体实现决定

在IOAM的尾节点验证Cumulative字段与预期的值是否一致，就可以实现路径验证功能。

3. IOAM端到端选项

IOAM端到端选项用于测量业务流量端到端的性能数据。IOAM端到端测量在IOAM封装节点封装IOAM选项数据，在IOAM解封装节点解析、上报IOAM选项数据。IOAM端到端选项格式如图3-23所示。

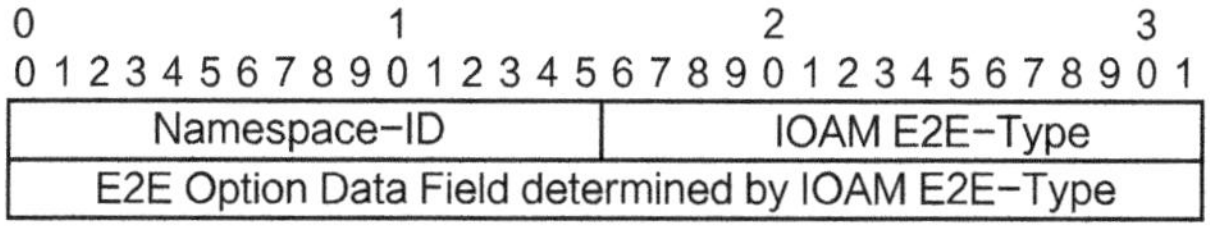

图 3-23　IOAM 端到端选项格式

IOAM端到端选项各字段的说明如表3-14所示。

表 3-14　IOAM 端到端选项各字段的说明

字段名	长度	说明
Namespace-ID	2 Byte	定义与表3-11中Namespace-ID字段的定义相同
IOAM E2E-Type	2 Byte	标识封装的可选端到端项数据类型。此字段每一位代表一种数据类型，每个节点数据字段的打包顺序同IOAM Trace-Type中字段的位序一致，字段每一位的具体定义如下。 • Bit0（最高有效位）：置1表示E2E Option Data Field determined by IOAM E2E –Type（简称E2E Option Data）中的8 Byte序列号字段有效。 • Bit1：置1表示E2E Option Data中的4 Byte报文序列号字段有效。 • Bit2：置1表示E2E Option Data中的报文进入IOAM域的4 Byte的时间戳中的整数秒值字段有效。 • Bit3：置1表示E2E Option Data中的报文进入IOAM域的4 Byte的时间戳中的非整数秒值字段有效。 • Bit4~Bit15：保留字段。 置0表示相应的报文字段无效

续表

字段名	长度	说明
E2E Option Data Field determined by IOAM E2E-Type	可变长度	可选的端到端选项数据。数据类型由IOAM E2E-Type决定。通过报文序列号字段可以统计端到端的丢包和乱序，通过时间戳字段可以统计端到端的时延信息

4. IOAM直接导出选项

以上介绍的几种IOAM选项，都是在IOAM封装节点封装IOAM报文头，在IOAM解封装节点上报IOAM选项数据，这会导致IOAM选项数据累加到数据报文上，带来较大的带宽和处理开销。

RFC 9326定义了一种利用Postcard模式实现随路测量的方式，即IOAM直接导出选项[12]。该方式通过控制每个IOAM测量节点直接上报IOAM数据，从而避免逐跳累加IOAM选项数据，减小测量的带宽和处理开销，具有更好的可部署性。IOAM直接导出选项架构如图3-24所示。

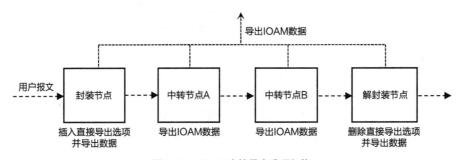

图3-24 IOAM直接导出选项架构

IOAM封装节点在数据报文中封装直接导出选项信息，数据报文经过的每个IOAM中转节点根据直接导出选项的指示将IOAM数据导出，并上报给控制分析设备进行集中分析和呈现。IOAM直接导出选项格式如图3-25所示。

```
0                   1                   2                   3
0 1 2 3 4 5 6 7 8 9 0 1 2 3 4 5 6 7 8 9 0 1 2 3 4 5 6 7 8 9 0 1
+-------------------------------+-------------+-----------------+
|       Namespace-ID            |    Flags    | Extension-Flags |
+-------------------------------+-------------+-----------------+
|          IOAM Trace-Type                    |    Reserved     |
+---------------------------------------------+-----------------+
|                     Flow ID (Optional)                        |
+---------------------------------------------------------------+
|                Sequence Number (Optional)                     |
+---------------------------------------------------------------+
```

图3-25 IOAM直接导出选项格式

IOAM直接导出选项各字段的说明如表3-15所示。

表 3-15　IOAM 直接导出选项各字段的说明

字段名	长度	说明
Namespace–ID	2 Byte	定义与表3-11中Namespace–ID字段的定义相同
Flags	1 Byte	标记位，暂未定义
Extension–Flags	1 Byte	标识携带扩展信息指示的位图。 • Bit0：置1表示可选的流标识符字段有效。 • Bit1：置1表示可选的报文序列号字段有效
IOAM Trace–Type	3 Byte	标识需要输出的IOAM跟踪数据。定义与表3-11中IOAM Trace–Type字段的定义相同
Reserved	1 Byte	保留字段
Flow ID	4 Byte	可选的流标识符。当有多个IOAM测量节点上报数据时，控制器基于Flow ID计算对应流的测量数据
Sequence Number	4 Byte	可选的报文序列号。该字段从0开始，每统计一个报文，序列号加1

| 设计背后的故事 |

1. 为什么MPLS落伍了？

MPLS是一项重要的IP技术创新，在电信网络IP化过程中起到至关重要的作用。通过扩展，MPLS可以支持VPN、TE（Traffic Engineering，流量工程）、FRR（Fast Reroute，快速重路由）等重要特性，满足了多业务承载、服务质量保证、高可靠性等电信级网络的需求。为了能实现更好的OAM功能，MPLS也做了很多创新，特别是MPLS-TP。MPLS-TP同样包含性能测量技术，但采用的还是带外测量方法，IP网络的灵活性使得这些技术依然面临挑战。为了应对这些挑战，MPLS-TP被施加了部分限制，例如，MPLS LSP不可以使用倒数第二跳弹出、不可以使用负载分担等。这些都使得MPLS-TP的应用场景受限。

解决这些问题的方法最终指向了随路测量技术，只有采用随路测量，才能解除先前面临的各种限制。在这种情况下，MPLS的可扩展性面临了前所未有的挑战。之前，MPLS的扩展可以采用标签这种结构化的数据，通过标签栈扩展数据平面信息空间，但是随路测量需要携带的元数据很难用结构化的标签来携带。我们在研究随路测量的过程中很早就意识到了这个问题，为此申请了MPLS扩展报文头专利，并向MPLS工作组提交了草案[13]，希望能够把IPv6扩展报文头机制借鉴过来，放在MPLS标签栈之后、载荷之前，用于扩展携带随路测量信息等元数据。同时期我们也在进行SRv6的研究开发，所以很自然地需要对比MPLS扩展报文头和IPv6扩展报文头两种机制，从而确定未来的技术选择。经过全面的比较、分析，我们认为MPLS扩展报文头机制虽然可以满足灵活扩展的需求，但是来得太晚了。MPLS诞生之初没有定义这样的扩展机制设计，现在引入MPLS扩展报文头，一个致命问题就是兼容性差。MPLS的实现都是假定载荷之前是MPLS标签栈，如果使用了MPLS扩展报文头，这个假定就被打破了。本来MPLS报文转发可以只依赖标签栈最上层的标签，但是为了更好地实现负载分担等，大多数设备厂家的实现都是通过读取整个MPLS标签栈，甚至还要深入读取其后载荷的IPv4和IPv6报文头。这样就会使得MPLS的扩展报文头机制影响已有的MPLS转发。因为无法兼容，所以引入MPLS扩展报文头机制就必须进行全网升级，这对现有的海量MPLS网络来说难度太大。而使用IPv6扩展报文头机制，由于IPv6和IPv4不兼容，反而有利于在同一个网络中的IPv4/MPLS（虚）平面之外同时部署一个IPv6/SRv6（虚）平面，这两个平面几乎不会相互影响。而且，IPv6设计之初就定义了IPv6扩展报文头的向前兼容机制，也就是说，旧的IPv6设备如果不能识别IPv6报文中IPv6扩展报文头的选项信息，那么可以依据该选项类型定义中特定位的置位将其作为普通的IPv6报文转发。这意味着，带有新扩展的IPv6报文能够穿越现有的IPv6设备，实现新扩展功能的增量部署和演进，大大减小新技术的导入难度，更有利于其发展。

IPv6扩展报文头无疑比MPLS标签栈具有更强大的扩展能力，但是这种扩展报文头机制在过去的几十年里应用非常有限，其中一个非常重要的原因就是网络转发硬件能力的限制。对于硬件转发而言，具有固定长度报文头的报文更容易被处理，达到理想的转发性能，然而处理具有变长报文头的报文则会比较困难，会导致报文转发性能急剧下降。近些年来，网络硬件能力取得了很大突破，特别是可编程芯片等技术的发展，使得处理变长报文头的报文依然能够达到理想的转发性能，这为使用IPv6扩展报文头机制扩展网络功能扫清了技术障碍。

从MPLS到IPv6扩展报文头的发展可以看到，曾经IP技术的扩展存在挑战，MPLS技术由于其硬件依赖友好，它的扩展使网络服务得到发展，然而当需要再进一步发展时，MPLS技术也遇到了瓶颈。而随着网络软硬件技术能力的突破，IPv6扩展显得更具竞争力。时移世易，只有深入洞察产业变化，调整发展策略，顺势而为，才能持续打造优质网络，为用户提供更好的服务体验。

2. 为什么SRH中要定义TLV？

IPv6随路测量和SRv6 SRH标准中的相关定义有着重要的关联。SRv6 SRH标准[14]中定义了指示SRv6路径的Segment List，还定义了可选的SRH TLV。在

SRv6 SRH标准推动过程中，一些技术专家认为SRH TLV没有用，坚决要求去掉。为了保留SRH TLV，随路测量作为一个重要的用例被提了出来，即对指定的节点和链路进行随路测量需要通过SRH TLV封装对应的指令。传统的IPv6专家也对此质疑：IPv6标准规范[2]中已经定义过DOH1和DOH2，分别位于RH的前面和后面，需要最终目的节点处理的指令放在DOH2中，需要路由扩展报文头中指定的节点或链路处理的指令放在DOH1中，也就是说DOH1可以携带对指定节点或链路进行处理的指令，没有必要再引入SRH TLV携带这些指令。我们同样对此提出了一个疑问：如果支持IOAM Trace选项，因为要记录经过各个节点和链路的IOAM信息，就会导致放在SRH前面的DOH1的长度不断增加，网络设备需要在IPv6报文头不断后移的SRH中获取指示节点或链路的Segment用于指导转发，这样会严重影响转发性能或者无法获取SRH中的Segment以指导转发。为了避免这样的问题，需要使用SRH TLV携带IOAM的指令以及记录的IOAM信息。在这种情况下，SRH中Segment List在IPv6报文头中的位置基本上保持不变，使得更为重要的指示路径的信息能够优先被处理，而指定节点或链路的IOAM信息可以记录在SRH TLV中。当网络设备转发性能不足以支持IOAM记录信息，或者出现MTU（Maximum Transmission Unit，最大传输单元）超限等问题时，可以停止记录IOAM信息。这个用例比较有说服力，经过各方努力，SRH TLV得以保留，并最终发布成为RFC。

| 本章参考文献 |

[1] FIOCCOLA G, COCIGLIO M, MIRSKY G, et al. Alternate-marking method[EB/OL]. (2022-12)[2024-09-30].

[2] DEERING S, HINDEN R. Internet Protocol, Version 6 (IPv6) specification[EB/OL]. (2017-07)[2024-09-30].

[3] FIOCCOLA G, ZHOU T, COCIGLIO M, et al. IPv6 application of the alternate-marking method[EB/OL]. (2022-12)[2024-09-30].

[4] ZHOU T, FIOCCOLA G, LIU Y, et al. Enhanced alternate marking method[EB/OL]. (2024-05-27)[2024-09-30].

[5] FILSFILS C, CAMARILLO P, LEDDY J, et al. Segment Routing over IPv6 (SRv6) network programming[EB/OL]. (2021-02)[2024-09-30].

[6] FILSFILS C, DUKES D, PREVIDI S, et al. IPv6 Segment Routing Header (SRH)[EB/

OL]. (2020−03)[2024−09−30].

[7] FIOCCOLA G, ZHOU T, COCIGLIO M, et al. Application of the alternate marking method to the segment routing header[EB/OL]. (2024−08−09)[2024−09−30].

[8] BROCKNERS F, BHANDARI S, BERNIER D, et al. In situ Operations, Administration, and Maintenance (IOAM) deployment[EB/OL]. (2023−04)[2024−09−30].

[9] CARPENTER B, LIU B. Limited domains and internet protocols[EB/OL]. (2020−07) [2024−09−30].

[10] BHANDARI S, BROCKNERS F. IPv6 options for In situ Operations, Administration, and Maintenance (IOAM)[EB/OL]. (2023−09)[2024−09−30].

[11] BROCKNERS F, BHANDARI S, MIZRAHI T. Data fields for In Situ Operations, Administration, and Maintenance (IOAM)[EB/OL]. (2022−05)[2024−09−30].

[12] SONG H, GAFNI B, BROCKNERS F, et al. In Situ Operations, Administration, and Maintenance (IOAM) direct exporting[EB/OL]. (2022−11−15)[2024−09−30].

[13] SONG H, ZHOU T, ANDERSSON L, et al. MPLS network actions using post-stack extension headers[EB/OL]. (2023−10−11)[2024−09−30]. draft−song−mpls−extension−header−13.

[14] FILSFILS C, DUKES D, PREVIDI S, et al. IPv6 Segment Routing Header (SRH)[EB/OL]. (2020−03)[2024−09−30].

第 4 章
IPv6 随路遥测的控制平面

部署IPv6随路遥测时，需要控制平面协议对节点及链路的随路测量能力（例如支持的测量方式等）进行通告协商，以便参与随路遥测的各节点在对测量方式等信息达成一致的基础上实现互通。另外，还可以通过控制平面协议扩展实现随路遥测实例的自动化部署，从而减轻部署负担。本章将介绍IPv6随路遥测控制平面协议扩展，包括IGP、BGP-LS、BGP、BGP SR Policy以及PCEP协议的扩展。

IETF定义了随路遥测的一个实现框架IFIT，为了简化描述，后文直接使用IFIT表示随路遥测的协议扩展。

| 4.1 IGP 随路遥测扩展 |

IGP是用于网络自治域内的路由协议。节点的随路遥测能力信息可以通过IGP的扩展进行传递和同步，从而使自治域内的节点对随路测量的能力、测量方式等信息达成一致，进而支持合适的随路遥测实例的部署。常用的IPv6 IGP包括IS-IS[1]和OSPFv3（Open Shortest Path First version 3，开放最短路径优先版本3）[2]。draft-wang-lsr-igp-extensions-ifit定义了基于IGP的随路遥测能力扩展机制[3]，下面先描述IGP随路遥测能力信息的定义，然后介绍如何通过具体的IGP进行传递。

4.1.1 IGP 随路遥测能力信息的定义

基于IGP的随路遥测能力信息由一个或多个二元组组成，其格式如图4-1所示。

```
0 1 2 3 4 5 6 7 8 9 0 1 2 3 4 5 6 7 8 9 0 1 2 3 4 5 6 7 8 9 0 1
┌─────────────────────────┬─────────────────────────────┐
│     Namespace-ID_1      │  Option-Type enabled Flag_1  │
├─────────────────────────┼─────────────────────────────┤
│     Namespace-ID_2      │  Option-Type enabled Flag_2  │
├─────────────────────────┼─────────────────────────────┤
│         ......          │            ......            │
└─────────────────────────┴─────────────────────────────┘
```

图 4-1 IGP 随路遥测能力信息格式

IGP随路遥测能力信息各字段的说明如表4-1所示。

表 4-1　IGP 随路遥测能力信息各字段的说明

字段名	长度	说明
Namespace-ID	2 Byte	IOAM 命名空间标识符。只有本地配置的 Namespace-ID 与报文中的 Namespace-ID 相同时才会进行 IOAM 处理，0x0000 为默认命名空间 ID，所有 IOAM 节点都要支持该 ID
Option-Type enabled Flag	2 Byte	选项类型使能标记

IGP随路遥测能力信息Option-Type enabled Flag格式如图4-2所示。

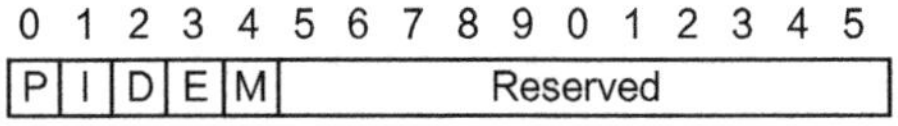

```
0 1 2 3 4 5 6 7 8 9 0 1 2 3 4 5
P I D E M           Reserved
```

图 4-2　IGP 随路遥测能力信息 Option-Type enabled Flag 格式

IGP随路遥测能力信息Option-Type enabled Flag各字段的说明如表4-2所示。

表 4-2　IGP 随路遥测能力信息 Option-Type enabled Flag 各字段的说明

字段名	长度	说明
P	1 bit	标识 IOAM 的预分配跟踪选项能力，置 1 表示网络节点支持 IOAM 的预分配跟踪选项
I	1 bit	标识 IOAM 的增量跟踪选项能力，置 1 表示网络节点支持 IOAM 的增量跟踪选项
D	1 bit	标识 IOAM 的直接导出选项能力，置 1 表示网络节点支持 IOAM 的直接导出选项
E	1 bit	标识 IOAM 的端到端选项能力，置 1 表示网络节点支持 IOAM 的端到端选项
M	1 bit	标识交替染色能力，置 1 表示网络节点支持处理使用 RFC 9341 中定义的交替染色方法进行染色的报文
Reserved	11 bit	保留字段，它们必须在传输时设置为 0，在接收时被忽略

4.1.2　基于 IS-IS 进行随路遥测能力通告

RFC 7981定义了IS-IS路由器能力TLV（IS-IS Router Capability TLV）用于通告节点的路由器能力信息[4]。随路遥测能力也是节点的路由器能力信息之一，可以使用IS-IS路由器能力TLV进行通告。draft-wang-lsr-igp-extensions-ifit定义了IS-IS节点随路遥测能力子TLV（Node IFIT Capability sub-TLV），作为IS-IS路由器能力TLV的子TLV进行封装发布，其格式如图4-3所示。

0 1 2 3
0 1 2 3 4 5 6 7 8 9 0 1 2 3 4 5 6 7 8 9 0 1 2 3 4 5 6 7 8 9 0 1
Type
Length
Node-IFIT-Capability

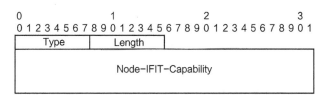

图 4-3　IS-IS 节点随路遥测能力子 TLV 格式

IS-IS节点随路遥测能力子TLV各字段的说明如表4-3所示。

表 4-3　IS-IS 节点随路遥测能力子 TLV 各字段的说明

字段名	长度	说明
Type	1 Byte	IS-IS 节点随路遥测能力子 TLV 的类型
Length	1 Byte	IS-IS 节点随路遥测能力子 TLV 的长度
Node-IFIT-Capability	可变长度	IS-IS 节点随路遥测能力信息，格式参考图 4-1，长度为 4 Byte 的倍数

当节点的不同链路的随路遥测能力不一致时，需要通告不同链路的随路遥测能力。draft-wang-lsr-igp-extensions-ifit定义的IS-IS链路随路遥测能力子TLV（Link IFIT Capability sub-TLV）用于携带具体链路的随路遥测能力信息[3]，其格式如图4-4所示。

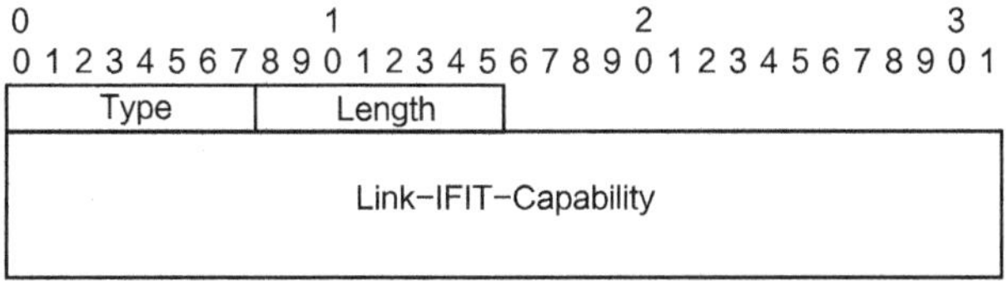

0 1 2 3
0 1 2 3 4 5 6 7 8 9 0 1 2 3 4 5 6 7 8 9 0 1 2 3 4 5 6 7 8 9 0 1
Type
Length
Link-IFIT-Capability

图 4-4　IS-IS 链路随路遥测能力子 TLV 格式

IS-IS链路随路遥测能力子TLV各字段的说明如表4-4所示。

表 4-4　IS-IS 链路随路遥测能力子 TLV 各字段的说明

字段名	长度	说明
Type	1 Byte	IS-IS 链路随路遥测能力子 TLV 的类型
Length	1 Byte	IS-IS 链路随路遥测能力子 TLV 的长度
Link-IFIT-Capability	可变长度	IS-IS 链路随路遥测能力信息，格式参考图 4-1，长度为 4 Byte 的倍数

链路随路遥测能力子TLV可以作为IS-IS的22、23、25、141、222以及223号TLV的子TLV进行传递，这些IS-IS TLV的含义如表4-5所示。

表 4-5 与链路随路遥测能力子 TLV 相关的 IS-IS TLV 的含义

TLV 类型	含义	相关标准
22 号	扩展中间系统可达性（Extended Intermediate Systems Reachability）TLV	RFC 5305[5]
23 号	中间系统邻居属性（IS Neighbor Attribute）TLV	RFC 5311[6]
25 号	二层捆绑链路成员属性（L2 Bundle Member Attributes）TLV	RFC 8668[7]
141 号	AS 间可达信息（Inter-AS Reachability Information）TLV	RFC 9346[8]
222 号	多拓扑中间系统可达性（Multi Topology-IS Neighbor）TLV，相对于 22 号 TLV，增加了拓扑 ID 信息	RFC 5120[9]
223 号	多拓扑中间系统邻居属性（MT IS Neighbor Attribute）TLV，相对于 23 号 TLV，增加了拓扑 ID 信息	RFC 5311[6]

4.1.3 基于 OSPFv3 进行随路遥测能力通告

OSPFv3 协议使用不透明的 RI LSA（Router Information Link State Advertisement，路由器信息链路状态公告）来通告可选的路由器能力信息[10]，节点的随路遥测能力可以作为 OSPFv3 的 RI LSA 的 TLV 进行通告。OSPFv3 节点随路遥测能力 TLV 格式如图 4-5 所示。

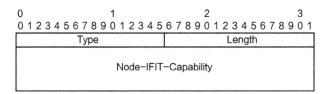

图 4-5 OSPFv3 节点随路遥测能力 TLV 格式

OSPFv3 节点随路遥测能力 TLV 各字段的说明如表 4-6 所示。

表 4-6 OSPFv3 节点随路遥测能力 TLV 各字段的说明

字段名	长度	说明
Type	2 Byte	OSPFv3 节点随路遥测能力 TLV 的类型
Length	2 Byte	OSPFv3 节点随路遥测能力 TLV 的长度
Node-IFIT-Capability	可变长度	OSPFv3 节点随路遥测能力信息，格式参考图 4-1，长度为 4 Byte 的倍数

当节点的不同链路的随路遥测能力不一致时，需要通告不同链路的随路遥

测能力。OSPFv3扩展LSA中的E-Router-LSA，通过可扩展的Router-Link TLV字段来传递OSPFv3域中路由器链路的信息[11]，Link IFIT sub-TLV作为Router-Link TLV的子TLV可以携带链路的随路遥测能力进行通告。OSPFv3链路随路遥测能力子TLV格式如图4-6所示。

0
1
2
3
0 1 2 3 4 5 6 7 8 9 0 1 2 3 4 5 6 7 8 9 0 1 2 3 4 5 6 7 8 9 0 1
Type
Length
Link-IFIT-Capability

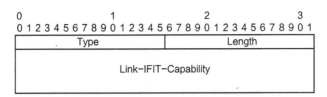

图 4-6　OSPFv3 链路随路遥测能力子 TLV 格式

OSPFv3链路随路遥测能力子TLV各字段的说明如表4-7所示。

表 4-7　OSPFv3 链路随路遥测能力子 TLV 各字段的说明

字段名	长度	说明
Type	2 Byte	OSPFv3 链路随路遥测能力子 TLV 的类型
Length	2 Byte	OSPFv3 链路随路遥测能力子 TLV 的长度
Link-IFIT-Capability	可变长度	OSPFv3 链路随路遥测能力信息，格式参考图 4-1，长度为 4 Byte 的倍数

4.2　BGP-LS 随路遥测扩展

BGP-LS定义了通过BGP扩展上报网络链路状态和流量工程信息的机制[12]。随路遥测能力信息作为节点以及节点上链路的能力信息，也可以通过BGP-LS上报到外部实体（例如控制器）上。

BGP-LS随路遥测能力信息由一个或多个二元组组成，它的格式如图4-7所示，各字段的说明和IGP随路遥测能力信息的一致，可参考表4-1。

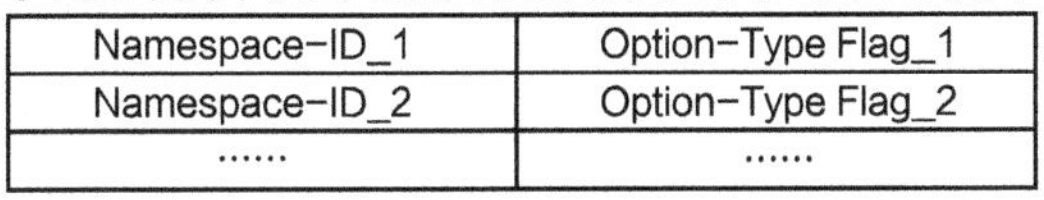

0 1 2 3 4 5 6 7 8 9 0 1 2 3 4 5 6 7 8 9 0 1 2 3 4 5 6 7 8 9 0 1
Namespace-ID_1
Option-Type Flag_1
Namespace-ID_2
Option-Type Flag_2
……
……

图 4-7　BGP-LS 随路遥测能力信息格式

draft-wang-idr-bgpls-extensions-ifit扩展了BGP-LS的节点和链路能力TLV，用于实现随路遥测能力信息的上报[13]。BGP-LS节点随路遥测能力TLV格式如图4-8所示。

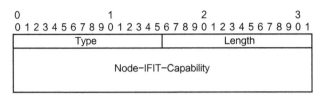

图 4-8 BGP-LS 节点随路遥测能力 TLV 格式

BGP-LS节点随路遥测能力TLV各字段的说明如表4-8所示。

表 4-8 BGP-LS 节点随路遥测能力 TLV 各字段的说明

字段名	长度	说明
Type	2 Byte	BGP-LS 节点随路遥测能力信息的类型
Length	2 Byte	BGP-LS 节点随路遥测能力信息的长度
Node-IFIT-Capability	可变长度	BGP-LS 节点随路遥测能力信息，格式参考图 4-7，长度为 4 Byte 的倍数

BGP-LS链路随路遥测能力TLV格式如图4-9所示。

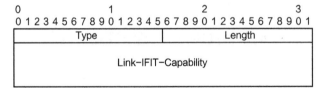

图 4-9 BGP-LS 链路随路遥测能力 TLV 格式

BGP-LS链路随路遥测能力TLV各字段的说明如表4-9所示。

表 4-9 BGP-LS 链路随路遥测能力 TLV 各字段的说明

字段名	长度	说明
Type	2 Byte	BGP-LS 链路随路遥测能力信息的类型
Length	2 Byte	BGP-LS 链路随路遥测能力信息的长度
Link-IFIT-Capability	可变长度	BGP-LS 链路随路遥测能力信息，格式参考图 4-7，长度为 4 Byte 的倍数

| 4.3　BGP 随路遥测扩展 |

draft-ietf-idr-bgp-ifit-capabilities定义了基于BGP扩展的随路遥测能力通告方式，用于通告节点支持的随路遥测能力[14]。当网络节点使用BGP进行路由传播，并且随路遥测头节点和尾节点都部署BGP时，可以使用BGP进行随路遥测能力通告。

BGP VPN场景的随路遥测及能力通告如图4-10所示，其中，CE1和CE2为用户边缘节点，PE1和PE2为供应商边缘节点，RR（Route Reflector，路由反射器）/P为供应商核心节点。PE1和PE2之间部署了BGP，PE1和PE2通过BGP随路遥测能力扩展协商，对随路测量的能力和方式达成一致。对于从CE1发送到CE2的业务流，当报文到达PE1时，PE1会根据其特征匹配到对应的随路遥测实例，并根据部署策略和能力协商结果为其封装对应的随路遥测信息，然后继续向目的地转发业务流报文。当业务流报文达到PE2时，PE2会根据协商的测量方式解封装PE1封装的随路遥测信息，并将业务流报文转发给CE2。

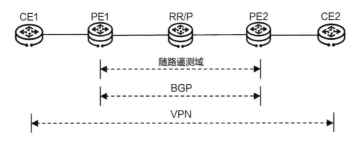

注：CE即Customer Edge，用户边缘。
　　PE即Provider Edge，供应商边缘。

图 4-10　BGP VPN 场景的随路遥测及能力通告

BGP随路遥测能力通过BGP的NHC（Next Hop Dependent Characteristics，下一跳依赖特征）属性携带通告。NHC属性是draft-ietf-idr-entropy-label中定义的一个可选的、可传递的属性[15]，其格式如图4-11所示。

```
 0                   1                   2                   3
 0 1 2 3 4 5 6 7 8 9 0 1 2 3 4 5 6 7 8 9 0 1 2 3 4 5 6 7 8 9 0 1
+-----------------------------+-------------+-----------------+
|  Address Family Identifier  |    SAFI     |  Next Hop Len   |
+-----------------------------+-------------+-----------------+
|            Network Address of Next Hop (variable)           |
+------------------------------------------------------------+
|               Characteristic TLVs (variable)               |
+------------------------------------------------------------+
```

图 4-11　BGP NHC 属性格式

BGP NHC属性各字段的说明如表4-10所示。

表4-10　BGP NHC 属性各字段的说明

字段名	长度	说明
Address Family Identifier	2 Byte	地址族标识符。该字段与 SAFI 字段一起标识了下一跳地址的网络层协议、下一跳地址的编码方式，以及网络层可达性信息的语义
SAFI	1 Byte	子地址族标识符
Next Hop Len	1 Byte	下一跳地址长度，单位为 Byte
Network Address of Next Hop	可变长度	下一跳 IP 地址
Characteristic TLVs	可变长度	特征 TLV

BGP NHC属性中的特征TLV定义了具体的特征信息，其格式如图4-12所示。NHC属性特征与具体的路由下一跳关联，当路由的下一跳变更时，NHC属性的特征TLV将被修改或删除，以反映新的下一跳能力。

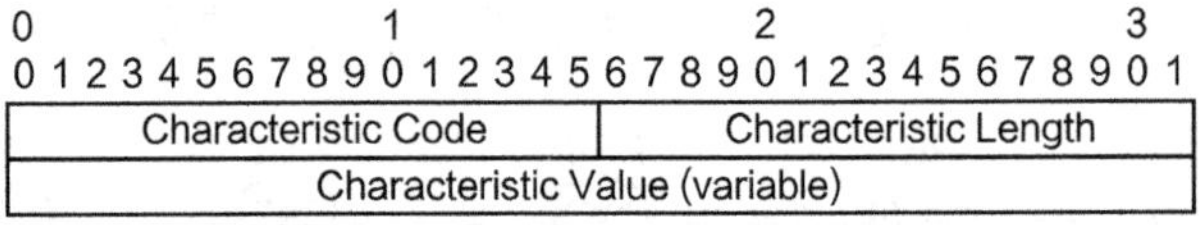

图 4-12　BGP NHC 属性的特征 TLV 格式

BGP NHC属性的特征TLV各字段含义的说明如表4-11所示。

表4-11　BGP NHC 属性的特征 TLV 各字段的说明

字段名	长度	说明
Characteristic Code	2 Byte	特征编码，待 IANA（Internet Assigned Numbers Authority，因特网编号分配机构）分配
Characteristic Length	2 Byte	特征长度，标识 Characteristic Value 字段的长度，单位为 Byte
Characteristic Value	可变长度	由特征编码决定的特征值

BGP随路遥测特征TLV作为BGP NHC属性的一种特征TLV，包含在BGP更新消息中，表示发布BGP更新消息的BGP下一跳支持通告的随路遥测能力，这里的BGP下一跳即随路遥测解封装节点的IPv6地址。BGP随路遥测特征TLV格式如图4-13所示。

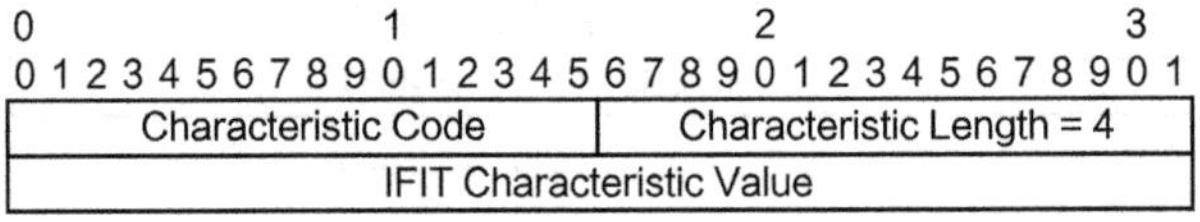

图 4-13　BGP 随路遥测特征 TLV 格式

BGP随路遥测特征TLV各字段的说明如表4-12所示。

表 4-12　BGP 随路遥测特征 TLV 各字段的说明

字段名	长度	说明
Characteristic Code	2 Byte	随路遥测特征编码，值待 IANA 分配
Characteristic Length	2 Byte	特征长度，值为 4，单位为 Byte
IFIT Characteristic Value	4 Byte	随路遥测特征值

BGP随路遥测特征格式如图4-14所示。

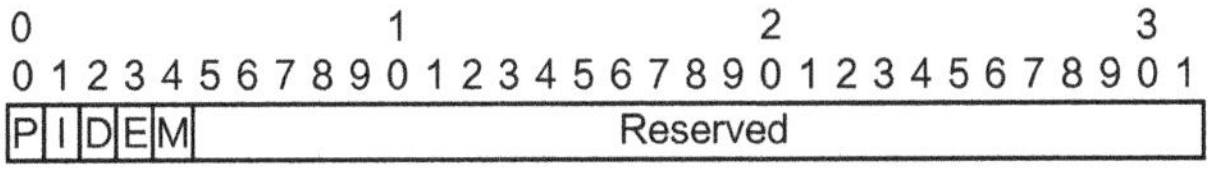

图 4-14　BGP 随路遥测特征格式

BGP随路遥测特征各字段的说明与表4-2相同，仅Reserved字段长度改为27 bit。

|4.4　BGP SR Policy 随路遥测扩展|

SR Policy[16]是由一个或多个段列表和必要的路径属性组成的候选SR路径，它允许对具有特定引流意图的段的有序列表进行实例化。为了方便在下发SR Policy的同时根据需要自动部署随路遥测，draft-ietf-idr-sr-policy-ifit定义了部署随路遥测实例相关的属性[17]，用于在应用SR Policy时自动启用随路遥测相关功能，从而快速检测SR Policy的服务性能情况，方便及时调整服务部署，进行业务的自动化闭环控制。

随路遥测属性是一些包含随路遥测方法和配置参数的控制信息，通过draft-ietf-idr-segment-routing-te-policy定义的SR Policy SAFI（Subsequent Address Family Identifier，子地址族标识符）中的隧道封装属性（Tunnel Encapsulation Attribute）封装下发[18]。携带随路遥测属性的BGP SR Policy信息结构如图4-15所示。

```
SR Policy SAFI NLRI: <Distinguisher, Policy-Color, Endpoint>
Attributes:
    Tunnel Encapsulation Attribute (23)
        Tunnel Type: SR Policy (15)
            Binding SID
            SRv6 Binding SID
            Preference
            Priority
            Policy Name
            Policy Candidate Path Name
            Explicit NULL Label Policy (ENLP)
            IFIT Attributes
            Segment List
                Weight
                Segment
                Segment
                ......
            ......
```

图 4-15 携带随路遥测属性的 BGP SR Policy 信息结构

BGP SR Policy随路遥测属性格式如图4-16所示。

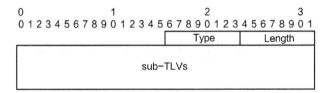

图 4-16 BGP SR Policy 随路遥测属性格式

BGP SR Policy随路遥测属性各字段的说明如表4-13所示。

表 4-13 BGP SR Policy 随路遥测属性各字段的说明

字段名	长度	说明
Type	1 Byte	BGP SR Policy 随路遥测属性的类型
Length	1 Byte	BGP SR Policy 随路遥测属性的长度，即子 TLV 的长度，单位为 Byte。如果长度字段为 0，说明不存在子 TLV 字段，则意味着随路遥测不会被启用
sub-TLVs	可变长度	BGP SR Policy 随路遥测属性的子 TLV。根据使用的随路遥测技术不同，可分别定义相应的子 TLV，当前已定义的子 TLV 包括 IOAM 相关的子 TLV 和交替染色子 TLV，具体如下。 • IOAM预分配跟踪选项子 TLV。 • IOAM增量跟踪选项子TLV。 • IOAM直接导出选项子TLV。 • IOAM端到端选项子TLV。 • 增强交替染色子TLV

BGP SR Policy随路遥测属性的子TLV字段可以一次封装一个或多个，如果存在两个冲突的子TLV（例如IOAM预分配跟踪选项子TLV和IOAM增量跟踪选项子TLV）或者同一类型的子TLV出现多次，则意味着这些随路遥测方法不可用。可以通过设置空的随路遥测属性子TLV来终止随路遥测。为了保证兼容性，不能识别的随路遥测属性选项可以忽略。

下面对已定义的各类子TLV进行详细介绍。

1. IOAM预分配跟踪选项子TLV

BGP SR Policy随路遥测属性中携带IOAM预分配跟踪选项子TLV，表示使能对应SR Policy的IOAM预分配跟踪功能，用于指导IOAM封装节点预分配端到端记录的数据空间，并在数据包经过的IOAM节点进行测量数据收集和处理，以确保数据包在IOAM域内所走的整条路径的可跟踪和可视化。IOAM预分配跟踪选项子TLV格式如图4-17所示。

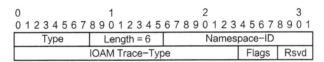

图 4-17　IOAM 预分配跟踪选项子 TLV 格式

IOAM预分配跟踪选项子TLV各字段的说明如表4-14所示。

表 4-14　IOAM 预分配跟踪选项子 TLV 各字段的说明

字段名	长度	说明
Type	8 bit	IOAM 预分配跟踪选项子 TLV 类型，值待分配
Length	8 bit	IOAM 预分配跟踪选项子 TLV 长度，值为 6，单位为 Byte
Namespace-ID	16 bit	命名空间标识符，定义参考表 3-11 的 Namespace-ID 字段
IOAM Trace-Type	24 bit	IOAM 跟踪类型，定义参考表 3-11 的 IOAM Trace-Type 字段
Flags	4 bit	标记位，定义参考表 3-11 的 Flags 字段
Rsvd	4 bit	保留字段，固定为 0

2. IOAM增量跟踪选项子TLV

IOAM增量跟踪选项子TLV同IOAM预分配跟踪选项子TLV的唯一区别是，各IOAM节点需要增量分配自己需要写入的IOAM跟踪信息的数据空间。IOAM增量跟踪选项子TLV的消息定义整体与IOAM预分配跟踪选项子TLV的消息定义相同。

3. IOAM直接导出选项子TLV

BGP SR Policy随路遥测属性中携带IOAM直接导出选项子TLV，表示使能对应SR Policy的IOAM直接导出功能，用于触发IOAM数据直接导出到收集器（数据将不被封装到正在传输的数据包中）。IOAM直接导出选项子TLV格式如图4-18所示。

0 1 2 3
0 1 2 3 4 5 6 7 8 9 0 1 2 3 4 5 6 7 8 9 0 1 2 3 4 5 6 7 8 9 0 1
Type
Length = 12
Namespace-ID
Flags
IOAM Trace-Type
Rsvd
Flow ID

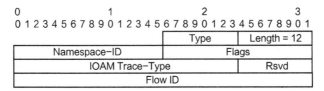

图 4-18　IOAM 直接导出选项子 TLV 格式

IOAM直接导出选项子TLV各字段的说明如表4-15所示。

表 4-15　IOAM 直接导出选项子 TLV 各字段的说明

字段名	长度	说明
Type	1 Byte	IOAM 直接导出选项子 TLV 类型，值待分配
Length	1 Byte	IOAM 直接导出选项子 TLV 长度，值为 12，单位为 Byte
Namespace-ID	2 Byte	命名空间标识符，定义参考表 3-15 的 Namespace-ID 字段
Flags	2 Byte	标记位，定义参考表 3-15 的 Flags 字段
IOAM Trace-Type	3 Byte	IOAM 跟踪类型，定义参考表 3-15 的 IOAM-Trace-Type 字段
Rsvd	1 Byte	保留字段，固定为 0
Flow ID	4 Byte	流标识符，定义参考表 3-15 的 Flow ID 字段

4. IOAM端到端选项子TLV

BGP SR Policy随路遥测属性中携带IOAM端到端选项子TLV，表示使能对应SR Policy的IOAM端到端测量功能。在端到端测量方式中，IOAM封装节点（IOAM域头节点）在数据报文中封装IOAM选项信息，IOAM解封装节点（IOAM域尾节点）解析并处理IOAM选项信息，中间节点不参与IOAM过程。IOAM端到端选项子TLV格式如图4-19所示。

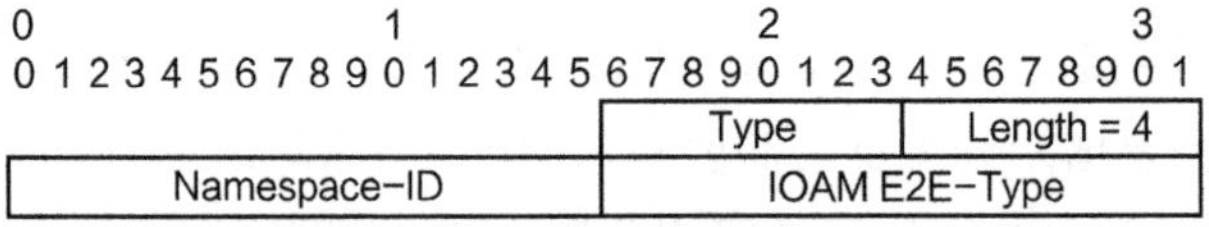

0 1 2 3
0 1 2 3 4 5 6 7 8 9 0 1 2 3 4 5 6 7 8 9 0 1 2 3 4 5 6 7 8 9 0 1
Type
Length = 4
Namespace-ID
IOAM E2E-Type

图 4-19　IOAM 端到端选项子 TLV 格式

IOAM端到端选项子TLV各字段的说明如表4-16所示。

表 4-16　IOAM 端到端选项子 TLV 各字段的说明

字段名	长度	说明
Type	1 Byte	IOAM 端到端选项子 TLV 类型，值待分配
Length	1 Byte	IOAM 端到端选项子 TLV 长度，值为 4，单位为 Byte
Namespace-ID	2 Byte	命名空间标识符，定义参考表 3-14 的 Namespace-ID 字段
IOAM E2E-Type	2 Byte	IOAM 端到端类型，定义参考表 3-14 的 IOAM E2E-Type 字段

5. 增强交替染色子TLV

BGP SR Policy随路遥测属性中携带增强交替染色子TLV，表示使能对应SR Policy的增强交替染色测量功能。增强交替染色子TLV格式如图4-20所示。

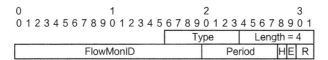

图 4-20　增强交替染色子 TLV 格式

增强交替染色子TLV各字段的说明如表4-17所示。

表 4-17　增强交替染色子 TLV 各字段的说明

字段名	长度	说明
Type	8 bit	增强交替染色子 TLV 的类型，值待分配
Length	8 bit	增强交替染色子 TLV 的长度，值为 4，单位为 Byte
FlowMonID	20 bit	流唯一标识符，定义参考表 3-3 的 FlowMonID 字段
Period	8 bit	测量周期，单位为 s
H	1 bit	逐跳测量标记，置 1 表示逐跳测量
E	1 bit	端到端测量标记，置 1 表示端到端测量
R	2 bit	保留字段，固定为 0

|4.5 PCEP 随路遥测扩展|

PCEP[19]是PCC（Path Computation Client，路径计算终端）和PCE（Path Computation Element，路径计算单元）之间的通信协议，它定义了一组消息和对象，用于端到端的最优路径计算和管理。

PCE可以工作在无状态和有状态两种模式[20]。无状态PCE仅提供路径计算服务，不保存路径信息也不维护路径信息；有状态PCE除提供路径计算服务外，还维护路径信息，为PCC提供路径创建、删除和优化等功能。

draft-ietf-pce-pcep-ifit定义了基于PCEP的随路遥测扩展机制[21]，PCC可以表明其支持的随路遥测能力，以及在有状态PCE模式下，PCE可以通过该扩展在PCC上为特定路径部署随路遥测。

4.5.1 PCEP 随路遥测能力扩展

在PCEP初始化阶段，PCEP发言者（Speaker，可以是PCE或PCC）应通告其对随路遥测能力的支持。PCEP发言者在OPEN消息中OPEN对象的可选TLV中携带随路遥测能力信息，以通告其对随路遥测能力的支持情况[22]。PCEP随路遥测能力TLV格式如图4-21所示。

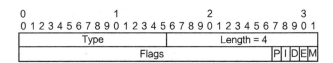

图 4-21　PCEP 随路遥测能力 TLV 格式

PCEP随路遥测能力TLV各字段的说明如表4-18所示。

表 4-18　PCEP 随路遥测能力 TLV 各字段的说明

字段名	长度	说明
Type	16 bit	PCEP 随路遥测能力信息类型，值待分配
Length	16 bit	PCEP 随路遥测能力信息长度，值为4，单位为 Byte
Flags	27 bit	标记位，暂未分配，它们必须在传输时被设置为0，在接收时被忽略
P	1 bit	IOAM 预分配跟踪选项使能标识符。如果 PCC 设置该值为1，表示 PCC 支持该选项；如果 PCE 设置该值为1，表示 PCE 支持该选项。P 必须在 PCC 和 PCE 上同时设置才能完成 IOAM 预分配跟踪功能的实例化，即允许 PCE 在 PCC 上部署该功能

续表

字段名	长度	说明
I	1 bit	IOAM 增量跟踪选项使能标识符。如果 PCC 设置该值为 1，表示 PCC 支持该选项；如果 PCE 设置该值为 1，表示 PCE 支持该选项。I 必须在 PCC 和 PCE 上同时设置才能完成 IOAM 增量跟踪功能的实例化，即允许 PCE 在 PCC 上部署该功能
D	1 bit	IOAM 直接导出选项使能标识符。如果 PCC 设置该值为 1，表示 PCC 支持该选项；如果 PCE 设置该值为 1，表示 PCE 支持该选项。D 必须在 PCC 和 PCE 上同时设置才能完成 IOAM 直接导出功能的实例化，即允许 PCE 在 PCC 上部署该功能
E	1 bit	IOAM 端到端选项使能标识符。如果 PCC 设置该值为 1，表示 PCC 支持该选项；如果 PCE 设置该值为 1，表示 PCE 支持该选项。E 必须在 PCC 和 PCE 上同时设置才能完成 IOAM 端到端功能的实例化，即允许 PCE 在 PCC 上部署该功能
M	1 bit	交替染色选项使能标识符。如果 PCC 设置该值为 1，表示 PCC 支持该选项；如果 PCE 设置该值为 1，表示 PCE 支持该选项。M 必须在 PCC 和 PCE 上同时设置才能完成交替染色功能的实例化，即允许 PCE 在 PCC 上部署该功能

PCEP随路遥测能力通告在使用时应遵循下述约定。

- 如果PCEP通信中的一方或双方发言者未在其OPEN对象（用于建立PCEP会话的消息）中包含随路遥测能力TLV，则不能使用PCEP扩展来获得PCC的随路遥测能力信息。
- 不识别PCEP随路遥测能力信息的PCEP发言者将忽略这些TLV。

4.5.2　PCEP 随路遥测属性扩展

对于有状态PCE，PCE通过PCEP随路遥测属性扩展在PCC上为指定路径部署随路遥测。PCEP随路遥测属性作为LSPA（Label Switched Path Attributes，标签交换路径属性）对象的TLV携带，在指示PCC设备实例化路径的同时，使能指定的随路遥测属性。随路遥测属性可以通过PCInitiate、PCUpd和PCRpt消息中的TLV携带，这些PCEP消息的含义分别如下。

- PCInitiate，即路径计算初始化消息，是PCE向PCC发送的PCEP消息，用于实例化或删除LSP。对于PCE发起的启用了随路遥测功能的LSP，随路遥测属性必须携带在PCInitiate消息的LSPA对象中。
- PCUpd，即路径计算更新请求消息，是PCE向PCC发送的PCEP消息，用于更新LSP参数。对于PCE发起的启用了随路遥测功能的LSP，随路遥测属性必须携带在PCUpd消息的LSPA对象中，指示PCC更新随路遥测参数。
- PCRpt，即路径计算状态报告消息，是PCC向PCE发送的PCEP消息，用于报告一条或多条路径的状态。

PCEP随路遥测属性TLV格式如图4-22所示。

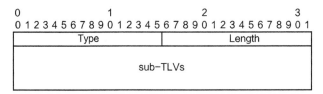

图 4-22　PCEP 随路遥测属性 TLV 格式

PCEP随路遥测属性TLV各字段的说明如表4-19所示。

表 4-19　PCEP 随路遥测属性 TLV 各字段的说明

字段名	长度	说明
Type	2 Byte	PCEP 随路遥测属性的类型，值待分配
Length	2 Byte	PCEP 随路遥测属性的长度，即子 TLV 的长度，单位为 Byte
sub-TLVs	可变长度	PCEP 随路遥测属性的子 TLV，根据使用的随路遥测技术不同，可分别定义相应的子 TLV，当前已定义的子 TLV 包括 IOAM 相关的子 TLV 和交替染色子 TLV，具体如下。 • IOAM预分配跟踪选项子TLV。 • IOAM增量跟踪选项子TLV。 • IOAM直接导出选项子TLV。 • IOAM端到端选项子TLV。 • 增强交替染色子TLV

PCEP随路遥测属性子TLV的定义和4.4节中BGP SR Policy随路遥测属性子TLV的基本一致，此处不赘述。

| 设计背后的故事 |

IFIT-AM（IFIT Alternate Marking, IFIT交替染色）方案在实际部署、应用的过程中遇到了兼容性问题：业务流所经过路径上的节点或链路可能不支持IFIT-AM，会导致IPv6随路遥测存在问题。特别是尾节点如果不支持IFIT-AM，可能会导致携带IFIT-AM信息的报文被丢弃，引发网络故障。

上述问题触发了我们思考IPv6随路遥测自动化部署的解决方案。一种简单、有效的方法是通过协议获取网络节点和链路的IPv6随路遥测能力信息，这样在部署IPv6随路遥测的时候就可以进行SRv6路径沿途节点和链路的IPv6随路遥测能力检查，保证IPv6随路遥测部署有效。我们讨论出两种具体技术方案。

方案1：通过gRPC或NETCONF等集中式协议，将节点或链路的IPv6随路遥测能力信息上报控制器。

方案2：通过IGP、BGP等分布式协议的扩展，将节点或链路的IPv6随路遥测能力信息通告给其他网络节点以及上报控制器。

大家普遍认为方案1实现起来更简单。虽然我们优先选择了方案1，但是吸取在IETF上的经验教训，我一直对方案1持保留意见，主要原因如下。

- 方案1需要定义通过gRPC或NETCONF传递的数据的模型。从IETF定义YANG模型标准的实践来看，这类模型的标准化工作一直做得都不是很好，不利于网络设备与第三方控制器的对接。相比之下，通过BGP-LS扩展上报网络设备能力的标准化程度更高，在网络设备和第三方控制器对接方面也有着更为成功的实践。

- 如果采用方案1，那么必须得有控制器统一采集信息。然而，网络中不一定存在控制器，网络设备与第三方控制器对接也可能存在问题，控制器发生故障有可能无法与网络设备对接。在这些场景中，必须依赖分布式协议，如通过IGP、BGP扩展通告获取节点和链路的IPv6随路遥测能力信息。这样，在控制器缺失或对接存在问题等情况下，也可以在部署IPv6随路遥测时进行路径能力检查。

基于上述原因，我们向IETF提交了IGP、BGP等分布式协议的扩展通告节点和链路IPv6随路遥测能力信息的草案，以及BGP-LS扩展上报节点和链路IPv6随路遥测能力信息的草案。不过，在推动IGP扩展节点和链路IPv6随路遥测能力信息的标准化过程中，遭到了传统IGP专家的反对。最重要的理由就是IGP扩展的信息应该用于路由计算，而节点和链路的IPv6随路遥测能力信息并不用于路由计算，不适合用IGP扩展。开始时我很难理解，IGP有更多的发展机会，为什么这些IGP专家要反对呢？后来经过更加深入的交流，了解到这些传统IGP专家一直对于BGP做路由功能以外的各种扩展持反对意见，并因此要避免IGP出现同样的情况。在IETF协议标准化的过程中，需求驱动发展和传统边界守护出现矛盾的范例屡见不鲜，IPv6随路遥测控制平面协议的标准化也有待进一步发展。

| 本章参考文献 |

[1] HOPPS C. Routing IPv6 with IS-IS[EB/OL]. (2008-10)[2024-09-30].

[2] COLTUN R, FERGUSON D, MOY J, et al. OSPF for IPv6[EB/OL]. (2008-07)
[2024-09-30].

[3] WANG Y, ZHOU T, QIN F, et al. IGP extensions for In-situ Flow Information Telemetry
(IFIT) capability advertisement[EB/OL]. (2021-01-29)[2024-09-30].

[4] GINSBERG L, PREVIDI S, CHEN M. IS-IS extensions for advertising router
information[EB/OL]. (2016-10)[2024-09-30].

[5] LI T, SMIT H. IS-IS extensions for traffic engineering[EB/OL]. (2008-10)[2024-
09-30].

[6] MCPHERSON D, GINSBERG L, PREVIDI S, et al. Simplified extension of Link
State PDU (LSP) space for IS-IS[EB/OL]. (2009-02)[2024-09-30].

[7] GINSBERG L, BASHANDY A, FILSFILS C, et al. Advertising layer 2 bundle
member link attributes in IS-IS[EB/OL]. (2019-12)[2024-09-30].

[8] CHEN M, GINSBERG L, PREVIDI S, et al. IS-IS extensions in support of inter-
Autonomous System (AS) MPLS and GMPLS traffic engineering[EB/OL]. (2023-02)
[2024-09-30].

[9] PRZYGIENDA T, SHEN N, SHETH N. M-ISIS: Multi Topology (MT) routing in
Intermediate System to Intermediate Systems (IS-ISs)[EB/OL]. (2008-02)[2024-
09-30].

[10] LINDEM A, VASSEUR JP, AGGARWAL R, et al. Extensions to OSPF for advertising
optional router capabilities[EB/OL]. (2016-02)[2024-09-30].

[11] LINDEM A, ROY A, GOETHALS D, et al. OSPFv3 Link State Advertisement (LSA)
extensibility[EB/OL]. (2018-04)[2024-09-30].

[12] GREDLER H, MEDVED J, PREVIDI S, et al. North-Bound distribution of Link-
State and Traffic Engineering (TE) information using BGP[EB/OL]. (2016-03)
[2024-09-30].

[13] WANG Y, ZHOU T, LIU M, et al. BGP-LS extensions for In-situ Flow Information
Telemetry (IFIT) capability advertisement[EB/OL]. (2021-01-14)[2024-09-30].

[14] FIOCCOLA G, PANG R, WANG S, et al. Advertising In-situ Flow Information
Telemetry (IFIT) capabilities in BGP[EB/OL]. (2024-07-05)[2024-09-30].

[15] DECRAENE B, SCUDDER J G, KOMPELLA K, et al. BGP next hop dependent

characteristics attribute[EB/OL]. (2024-09-26)[2024-09-30].

[16] FILSFILS C, TALAULIKAR K, VOYER D, et al. Segment routing policy architecture[EB/OL]. (2022-07)[2024-09-30].

[17] QIN F, YUAN H, YANG S, et al. BGP SR policy extensions to enable IFIT[EB/OL]. (2024-04-19)[2024-09-30].

[18] PREVIDI S, FILSFILS C, TALAULIKAR K, et al. Advertising segment routing policies in BGP[EB/OL]. (2023-10-23)[2024-09-30].

[19] VASSEUR JP, LE ROUX JL. Path Computation Element (PCE) Communication Protocol (PCEP)[EB/OL]. (2009-03)[2024-09-30].

[20] FARREL A, VASSEUR JP, ASH J. A Path Computation Element (PCE)-based architecture[EB/OL]. (2006-08)[2024-09-30].

[21] YUAN H, WANG X, YANG P, et al. Path Computation Element Communication Protocol (PCEP) extensions to enable IFIT[EB/OL]. (2024-07-05)[2024-09-30].

[22] IANA. Path Computation Element Protocol (PCEP) numbers[EB/OL]. (2024-09) [2024-09-30].

第 5 章
IPv6 随路遥测的信息上报

IPv6 随路遥测信息基于Telemetry技术上报[1-2]。本章将介绍 gRPC、UDP遥测和IPFIX这3种信息上报方式。

| 5.1 基于 gRPC 的信息上报 |

5.1.1 gRPC 协议

gRPC[3]是最初由谷歌（Google）创建的开源高性能远程过程调用框架，可以作为数据传输协议与Telemetry技术配合使用，实现实时、高速、精确的网络设备运行状态监控。gRPC实现了远程过程调用的通信处理机制，从而使得通信双方聚焦在业务本身，提升了开发效率。gRPC协议栈分层结构如图5-1所示。

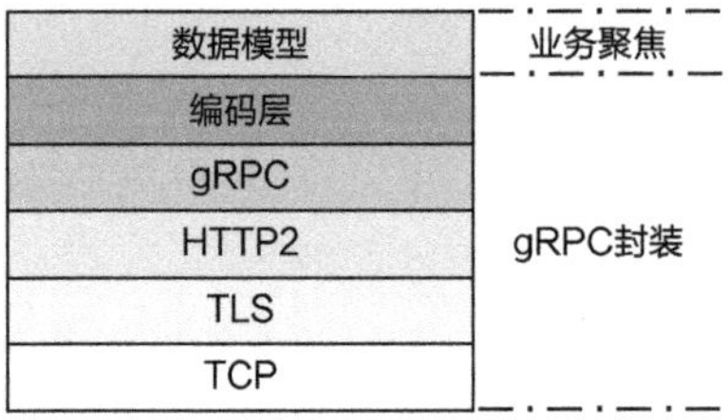

图 5-1　gRPC 协议栈分层结构

gRPC协议栈分层结构各层的说明如表5-1所示。

表 5-1　gRPC 协议栈分层结构各层的说明

层次	说明
TCP	通信协议层，gRPC 基于 TCP 建立连接
TLS	可选的通信加密层，gRPC 基于 TLS（Transport Layer Security，传输层安全协议）加密通信通道

续表

层次	说明
HTTP2	gRPC 承载在 HTTP2 上，利用了 HTTP2 的双向流、流控、头部压缩、单连接上的多路复用请求等能力
gRPC	远程过程调用层，定义了远程过程调用的协议交互格式
编码层	gRPC 通过编码格式承载数据，包括 GPB 编码格式和 JSON 编码格式。 · GPB编码格式[4]是一种与语言无关、与平台无关、扩展性好的，用于通信协议、数据存储的二进制序列化结构数据格式。gRPC对接时，需要通过.proto文件（即文件扩展名为proto，后文简称为proto文件）定义gRPC订阅参数，以及gRPC承载的消息。GPB通过proto文件描述编码使用的字典（即数据结构描述）。控制器可以利用Protoc等工具软件根据proto文件自动生成代码，实现与设备的对接。 · JSON编码格式[5-6]是一种基于ECMAScript的轻量级数据交换格式，采用完全独立于程序设计语言的文本格式来存储和表示数据，层次结构简洁、清晰，既易于阅读和编写，也易于代码生成和解析。 在遥测数据量较大的情况下，基于JSON的上报方式在效率和性能方面都不如基于GPB的上报方式。IPv6随路遥测推荐使用GPB编码格式，因此对JSON编码格式不展开介绍
数据模型	业务模块的数据模型，通信双方需要了解彼此的数据模型，才能正确调用信息。数据模型通过 proto 文件定义和交互

gRPC采用服务器/客户端模式，使用HTTP2传输报文，其部署模型如图5-2所示。

图 5-2　gRPC 部署模型

gRPC的工作机制如下。

①服务器通过监测指定的服务器端口，等待客户端的连接请求。

②用户通过执行客户端程序登录服务器。

③客户端调用proto文件提供的gRPC方法发送请求消息。

④服务器回复应答消息。

网络设备在实际部署gRPC时分为Dial-in和Dial-out两种对接模式。Dial-in模式中网络设备作为gRPC服务器，控制器作为gRPC客户端。由控制器主动向设备发起gRPC连接，获取需要采集的数据信息或下发配置。Dial-in模式适用于小规模网络，以及控制器需要向设备下发配置的场景。

Dial-in模式支持以下操作。

· Subscribe：高速采集设备的接口流量统计、CPU和内存数据等信息。

· Get：获取设备的运行状态和运行配置。

• Capabilities：获取设备能力数据。

• Set：向设备下发配置。

Dial-out模式中，网络设备作为gRPC客户端，控制器作为gRPC服务器。设备主动和控制器建立gRPC连接，将设备上配置的订阅数据推送给控制器。Dial-out模式适用于网络设备较多的场景，由设备主动向控制器提供设备数据信息。

基于gRPC的遥测流程如下（均以华为产品的实现为例，使用名称以huawei-开头的proto文件作为参考）。

① 配置订阅：在网络设备上订阅数据源，完成数据采集。订阅方式包括静态订阅和动态订阅两种。

　 - 静态订阅：在网络设备上通过命令行配置订阅数据源，完成数据采集，并配置传输协议为gRPC。该订阅方式通过huawei-grpc-dialout.proto文件定义RPC接口。

　 - 动态订阅：在网络设备上通过命令行配置gRPC服务的相关功能后，由采集器下发动态配置到设备，完成数据采集。该订阅方式通过huawei-grpc-dialin.proto文件定义RPC接口。

② 推送采样数据：网络设备依据控制器下发的配置要求，将采集完成的数据上报给控制器进行接收和存储。

网络设备根据huawei-telemetry.proto文件定义的编码格式（例如Encoding_GPB）、采样路径、采样时间戳等信息，以及具体业务（例如huawei-ifit.proto）的编码数据结构，将采集到的信息通过GPB编码格式进行编码后推送给控制器。

③ 读取处理数据：控制器读取并处理上报的遥测数据。

控制器根据huawei-telemetry.proto文件定义的编码格式进行解码和处理。当使用GPB编码格式时，由huawei-telemetry.proto文件中的sensor_path字段标识对应具体的业务proto文件，例如，sensor_path取值为huawei-ifit:ifit/huawei-ifit-statistics:flow-statistics/flow-statistic时，其数据结构定义在huawei-ifit.proto文件中，控制器根据huawei-ifit.proto定义的数据结构解析huawei-telemetry.proto文件定义的data_gpb字段，获取设备的测量信息。

5.1.2　gRPC 遥测信息上报

IPv6随路遥测建议采用GPB编码格式上报。基于GPB编码格式上报遥测信息时，控制器和网络设备之间需要使用proto文件进行对接以便解码。遥测信息上报需要3类proto文件：RPC接口定义proto文件（例如 huawei-grpc-dialout. proto）、Telemetry数据头定义proto文件（例如 huawei-telemetry.proto）和业务数据proto文件（例如 huawei-ifit.proto）。proto文件由用户自定义，只需要通信双方达成一致即可。下面以静态订阅方式为例给出几类proto文件的示例。

1. huawei-grpc-dialout.proto

huawei-grpc-dialout.proto定义了RPC接口，其内容及含义如示例5-1所示。

示例 5-1　huawei-grpc-dialout.proto

```
syntax = "proto3";              //proto版本定义为v3
package xxx_dialout;            //本包名称为xxx_dialout
service gRPCDataservice {       //服务名称为gRPCDataservice
    rpc dataPublish(stream serviceArgs) returns(stream serviceArgs) {};
//方法为dataPublish，双向流，提供数据推送方法。输入参数是serviceArgs数据流
}
message serviceArgs {           //消息格式描述
    int64 ReqId = 1;            //请求ID
    oneof MessageData {
        bytes data = 2;            //携带GPB编码格式的采样数据
        string data_json = 4;      //携带JSON编码格式的采样数据
        bytes packed_data = 5;     //携带GPB编码格式的采样数据，用于打包GPB数据
        string packed_data_json = 6;
//携带JSON编码格式的采样数据，用于打包JSON数据
    }
    string errors = 3;         //产生错误时的描述信息
}
```

2. huawei-telemetry.proto

huawei-telemetry.proto定义了Telemetry采样数据上报时的数据头，包括采样路径、采样时间戳等重要信息，其内容及含义如示例5-2所示。

示例 5-2　huawei-telemetry.proto

```
syntax = "proto3";                       //proto版本定义为v3
package telemetry;                       //本包名称为telemetry
message TelemetryPacked {
    repeated Telemetry telemetry = 1;
}
message Telemetry {                       //Telemetry消息结构定义
    string node_id_str = 1;              //设备名称
    string subscription_id_str = 2;      //静态配置订阅时的订阅名称
    string sensor_path = 3;              //订阅路径
    string proto_path = 13;              //采样路径对应在proto文件中的message路径
```

```
    uint64 collection_id = 4;                  //采样轮次
    uint64 collection_start_time = 5;          //本轮上报的开始时间
    uint64 msg_timestamp = 6;                  //生成本消息的时间戳
    TelemetryGPBTable data_gpb = 7;            //承载的数据由TelemetryGPBTable定义
    uint64 collection_end_time = 8;            //本轮上报的结束时间
    uint32 current_period = 9;
//采样精度，单位是ms。取0表示Onchange采样，实时上报变更
    string except_desc = 10;        //异常描述信息，采样异常时用于上报异常信息
    string product_name = 11;       //产品名称
    enum Encoding {
      Encoding_GPB = 0;                 //GPB编码格式
      Encoding_JSON = 1;                //JSON编码格式
    };
  Encoding encoding = 12;
//编码格式。编码格式为GPB时，data_gpb字段有效，否则data_str字段有效
    string data_str = 14;                   //编码格式非GPB时有效，否则为空
    string ne_id = 15;      //网元唯一标识符，在网关场景下用于标识数据属于哪个网元
    string software_version = 16;       //软件版本号
    string mac_address = 17;
//系统MAC（Media Access Control，媒体访问控制）地址
    string esn = 18;
//设备ESN（Equipment Serial Number，设备序列号）编号
}
message TelemetryGPBTable {                     //TelemetryGPBTable消息结构定义
  repeated TelemetryRowGPB row = 1;
//数组定义，标识数据是TelemetryRowGPB结构的重复
  repeated DataPath delete = 2;              //删除数据路径
  Generator generator = 3;        //数据源描述，用于可靠性要求较高的OnChange+业务
}
message Generator {
    uint64 generator_id = 1;
//数据源标识符。支持多个数据源并发提供数据，各自维护可靠性
    uint32 generator_sn = 2;        //消息序列号。每个数据源上报的消息序列号是连续的，
//当存在不连续取值时，表示存在数据不同步的情况。取值范围为0x0到0xFFFFFFFF
    bool generator_sync = 3;        //数据源同步标识符。该字段为true时表示正在做
//OnChange全量数据同步。另外，该字段为true且不包含数据时，表示同步完成
}
message TelemetryRowGPB {
    uint64 timestamp = 1;           //采样当前实例的时间戳
    Path path = 2;                  //数据树节点，仅包含数据路径和关键字段信息
    bytes content = 11;
//承载的采样实例数据，需要结合sensor_path字段，才可以判断此处会用哪个proto文件编码
}
message DataPath {
    uint64 timestamp = 1;           //采样当前实例的时间戳
```

```
    Path path = 2;                          //数据树节点，仅包含数据的路径和key字段信息
}
message Path {
    repeated PathElem node = 1;             //数据树节点，仅包含数据的路径和key字段信息
}
message PathElem {
    string name = 1;                        //数据树节点名称
    map<string, string> key = 2;            //数据树节点的key字段名称和取值映射表
}
```

采样数据的解析示例如表5-2所示。

表 5-2　采样数据的解析示例

GPB 编码解析前	GPB 编码解析后

`{`
`  1:"HUAWEI"`
`  2:"s4"`
`  3:"huawei-ifit:ifit/huawei-ifit-`
`statistics:flow-statistics/flow-`
`statistic"`
`  4:46`
`  5:1515727243419`
`  6:1515727243514`
`  7{`
`    1[{`
`      1: 1515727243419`
`      2{`
`        ...`
`      }`
`    }]`
`  }`
`  8:1515727243419`
`  9:10000`
`  10:"OK"`
`  11:"Product",`
`  12:0`
`}`
	`{`
	`  "node_id_str":"HUAWEI",`
	`  "subscription_id_str":"s4",`
	`  "sensor_path":"huawei-ifit:ifit/huawei`
	`-ifit-statistics:flow-statistics/flow-`
	`statistic",`
	`  "collection_id":46,`
	`  "collection_start_time":"2018/1/12`
	`11:20:43.419",`
	`  "msg_timestamp":"2018/1/12 11:20:`
	`43.514",`
	`  "data_gpb":{`
	`    "row":[{`
	`      "timestamp":"2018/1/12 11:20:43.419",`
	`      "content":{`
	`        ...`
	`      }`
	`    }]`
	`  },`
	`  "collection_end_time":"2018/1/12`
	`11:20:43.419",`
	`  "current_period":10000,`
	`  "except_desc":"OK",`
	`  "product_name":"Product",`
	`  "encoding":Encoding_GPB`
	`}`

3. huawei-ifit.proto

业务数据文件如huawei-ifit.proto，描述具体的业务，如随路遥测的数据格式，其内容及含义如示例5-3所示。

示例5-3　huawei-ifit.proto

```
syntax = "proto3";         //proto版本定义为v3
package huawei_ifit;       //本包名称为huawei_ifit
message ifit {             //IFIT消息结构定义
  message Global {         //全局消息结构定义
    bool enable = 1 [json_name = "enable"];         //IFIT使能标记
    uint32 node_id = 2 [json_name = "node-id"];     //节点ID
  }
  Global global = 1 [json_name = "global"];         //全局消息数据
  message FlowStatistics {     //流统计类消息结构定义
    message FlowStatistic {    //流统计消息结构定义
      uint64 flow_id = 1 [json_name = "flow-id"];   //流标识符
      enum Direction {                              //流方向枚举定义
        INVALID_ENUM_VALUE_Direction = 0;
        Direction_INGRESS = 1;
        Direction_TRANSITX_INPUT = 2;
        Direction_TRANSITX_OUTPUT = 3;
        Direction_EGRESS = 4;
        Direction_EGRESSX_TOX_CPU = 5;
        Direction_EGRESSX_NORMALX_DROP = 6;
        Direction_INGRESSX_OUTPUT = 7;
        Direction_EGRESSX_INPUT = 8;
        Direction_EGRESSX_BUM = 9;
      };
      Direction direction = 2 [json_name = "direction"];    //流方向
      enum AddressFamily {    //IP地址族枚举定义
        AddressFamily_IPV4 = 0;
        AddressFamily_IPV6 = 1;
      };
      AddressFamily address_family = 3 [json_name = "address-family"];
//IP地址族
      string source_ip = 4 [json_name = "source-ip"];       //源IP地址
      string destination_ip = 5 [json_name = "destination-ip"];
//目的IP地址
      uint32 source_mask = 6 [json_name = "source-mask"];   //源IP地址掩码
      uint32 destination_mask = 7 [json_name = "destination-mask"];
//目的IP地址掩码
      uint32 source_port = 8 [json_name = "source-port"];   //源端口号
      uint32 destination_port = 9 [json_name = "destination-port"];
//目的端口号
      uint32 protocol = 10 [json_name = "protocol"];        //协议类型
      string vpn_name = 11 [json_name = "vpn-name"];        //VPN名称
      uint32 if_index = 12 [json_name = "if-index"];        //接口索引
      uint32 error_info = 13 [json_name = "error-info"];    //错误码
      uint32 interval = 14 [json_name = "interval"];        //测量周期时间, 单位为s
```

```
    uint64 period_id = 15 [json_name = "period-id"];        //测量周期号, 使
//用当前时间, 即UTC (Coordinated Universal Time, 协调世界时) + 闰秒补偿时间, 减
//去1970年1月1日0:0:0得到的结果 (单位为ms), 除以配置的测量周期 (单位为ms), 结果
取整
    uint64 packet_count = 16 [json_name = "packet-count"]; //包统计数量
    uint64 byte_count = 17 [json_name = "byte-count"];      //字节统计数量
    uint32 timestamp_second = 18 [json_name = "timestamp-second"];
//时间戳中的整数秒值
    uint32 timestamp_nanosecond = 19 [json_name = "timestamp-nanosecond"];
//时间戳中的纳秒部分
    string tunnel_if_index = 20 [json_name = "tunnel-if-index"];
//隧道接口索引
    uint32 ttl = 21 [json_name = "ttl"];    //被测量报文的TTL (Time To Live, 存活时间)
    uint32 dscp = 22 [json_name = "dscp"];       //被测量报文的DSCP
    ...
  }
    repeated FlowStatistic flow_statistic = 1 [json_name = "flow-
statistic"];    //流统计数据, 可以多条统计打包
  }
  FlowStatistics flow_statistics = 2 [json_name = "flow-statistics"];
//流统计类数据
  ...
}
```

基于IP五元组的随路遥测消息实例解析如示例5-4所示, 该示例中不包括 RPC头的内容。

示例 5-4　基于 IP 五元组的随路遥测消息实例解析

```
{
  "node_id_str":"HUAWEI",
  "subscription_id_str":"subscript",
  "sensor_path":"huawei-ifit:ifit/huawei-ifit-statistics:flow-statistics/flow-
statistic",
  "proto_path":"huawei_ifit.Ifit",
  "collection_id":29,
  "collection_start_time":"2020-02-20 23:41:16.647",
  "msg_timestamp":"2020-02-20 23:41:16.721",
  "data_gpb":{
    "row":[{
      "timestamp":"2020-02-20 23:41:16.647",
      "content":"{
        "flow-statistics":{
          "flow-statistic":[{
            "flow-id":"1179649",
            "direction":"Direction_INGRESS",
```

```
              "address-family":"AddressFamily_IPV4",
              "source-ip":"10.1.1.1",
              "destination-ip":"10.1.1.2",
              "source-mask":24,
              "destination-mask":24,
              "source-port":0,
              "destination-port":0,
              "protocol":255,
              "vpn-name":"vpn1",
              "if-index":8,
              "error-info":0,
              "interval":10,
              "period-id":"158221327",
              "packet-count":"82237",
              "byte-count":"9046070",
              "timestamp-second":1582213260,
              "timestamp-nanosecond":43014419,
              "ttl":255,
              "dscp":255
            }]
          }
        }"
    }],
    "generator":{
      "generator_id":0,
      "generator_sn":0,
      "generator_sync":false
    }
  },
  "collection_end_time":"2020-02-20 23:41:16.647",
  "current_period":0,
  "encoding":"Encoding_GPB"
}
```

其中关键字段的说明如表5-3所示。

表5-3 基于 IP 五元组的随路遥测消息实例关键字段的说明

字段名	数据类型	说明
node_id_str	字符串	设备名称
subscription_id_str	字符串	Telemetry 订阅名称
sensor_path	字符串	订阅路径，指定具体的采样业务
proto_path	字符串	proto 文件路径
collection_id	整数	采样轮次

续表

字段名	数据类型	说明
collection_start_time	YYYY–MM–DD、HH:MM:SS	采集开始时间戳
msg_timestamp	YYYY–MM–DD、HH:MM:SS	消息时间戳
data_gpb	—	承载的消息内容。当消息编码格式为 GPB 时，通过 data_gpb 字段承载
flow–id	整数	检测流 ID
direction	字符串	实例方向
address–family	字符串	地址类型
source–ip	点分十进制格式	源 IP 地址
destination–ip	点分十进制格式	目的 IP 地址
source–mask	整数	源 IP 地址掩码
destination–mask	整数	目的 IP 地址掩码
source–port	整数	源端口号
destination–port	整数	目的端口号
protocol	整数	协议类型
vpn–name	字符串	VPN 名称
if–index	整数	接口索引
error–info	整数	错误信息对应的错误码
interval	整数	检测周期，单位为 s
period–id	整数	周期 ID
packet–count	整数	包统计数量
byte–count	整数	字节统计数量
timestamp–second	整数	时间戳中的整数秒值
timestamp–nanosecond	整数	时间戳中的纳秒部分
ttl	整数	生存时间
dscp	整数	区分服务码点
generator	—	数据源信息，包括 3 个部分。 • generator_id：数据源ID，为整数。 • generator_sn：消息序列号，为整数。 • generator_sync：数据源同步标识符，为布尔值
collection_end_time	YYYY–MM–DD, HH:MM:SS	采集结束时间戳
current_period	整数	采样周期，单位为 ms，取 0 表示 Onchange 采样，实时上报变更

续表

字段名	数据类型	说明
encoding	枚举值	编码格式，本示例中为 GPB

| 5.2 基于 UDP 遥测的信息上报 |

5.2.1 UDP 遥测协议

UDP遥测协议[7]为基于YANG Push[8-9]的模型订阅机制，提供连续、高速的上报能力。相比于gRPC，UDP传输机制在以下2个方面存在优势。

· UDP传输机制基于UDP实现，能够减轻数据收集器维护大量TCP连接的负担，特别是在网络规模较大的情况下，可以有效提高性能。

· UDP传输机制不需要维护连接状态，可以很容易地通过硬件直接实现UDP封装和发送，能够进一步提高性能。

UDP遥测协议栈分层结构如图5-3所示。

图 5-3 UDP 遥测协议栈分层结构

UDP遥测协议栈分层结构各层的说明如表5-4所示。

表 5-4 UDP 遥测协议栈分层结构各层的说明

层次	说明
UDP	基于 UDP 建立通信连接
消息头	UDP 遥测消息头层
通知消息	编码后的消息内容层，常用编码格式包括 GPB、JSON 等

1. UDP遥测消息头

UDP遥测消息头格式如图5-4所示。

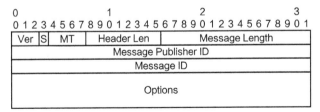

图 5-4　UDP 遥测消息头格式

UDP遥测消息头各字段的说明如表5-5所示。

表 5-5　UDP 遥测消息头各字段的说明

字段名	长度	说明
Ver	3 bit	版本号，当前版本号为1
S	1 bit	标识 MT 字段中的编码类型。 • 当S未被置位时，编码类型由IETF定义的MT字段指定。 • 当S被置位时，MT表示一个可以自由使用的、非标准编码的私有空间
MT	4 bit	媒体类型（Media Type），标识通知消息的编码类型。当 S 未被置位时，MT 字段取值的含义如下。 • 0：保留位。 • 1：application/yang-data+json[10]。 • 2：application/yang-data+xml[10]。 • 3：application/yang-data+cbor[11]。 当 S 被置位时，MT 字段的值留给进行私有编码的用户来定义
Header Len	8 bit	头长度。标识消息头的长度，单位为 Byte，包括固定头和选项
Message Length	16 bit	消息长度。包含消息头的 UDP 遥测消息的总长度，单位为 Byte。当使用分段选项对通知消息进行分段时，该长度是当前分段消息的长度，而不是整个通知消息的长度
Message Publisher ID	32 bit	消息发布者标识符。该标识符对于发布者节点是唯一的，消息的唯一性由 Message Publisher ID 和下述的 Message ID 组合获得
Message ID	32 bit	消息标识符，由 UDP 遥测消息的发布者连续生成。发布者必须对使用相同 Message Publisher ID 生成的不同消息使用不同的 Message ID 值。使用 Message ID 的主要目的是重建分段选项。对于源自相同 Message Publisher ID 的连续消息，Message ID 值每次递增 1，可以用于检测消息是否丢失。当 Message ID 的最后一个值（$2^{32}-1$）生成后，Message ID 会归零重新计数。不同的订阅者可以共享相同的 Message ID 序列
Options	可变长度	TLV 格式的选项

TLV格式的选项如图5-5所示。

0 1 2 3
0 1 2 3 4 5 6 7 8 9 0 1 2 3 4 5 6 7 8 9 0 1 2 3 4 5 6 7 8 9 0 1
Type
Length
Variable-length data

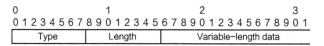

图 5-5　TLV 格式的选项

TLV格式的选项各字段的说明如表5-6所示。

表 5-6　TLV 格式的选项各字段的说明

字段名	长度	说明
Type	8 bit	选项类型
Length	8 bit	标识该 TLV 的长度。包括 Type 和 Length 长度，单位为 Byte
Variable-length data	可变长度	TLV 的值

当前定义的选项包括分段选项和私有编码选项。分段选项中，UDP的有效载荷长度限制为65 535 Byte减去8 Byte（UDP报文头的长度），即65 527 Byte。当消息内容由于超过该长度而需要被分割成多个片段时，UDP报文需要包含分段选项。分段选项格式如图5-6所示。

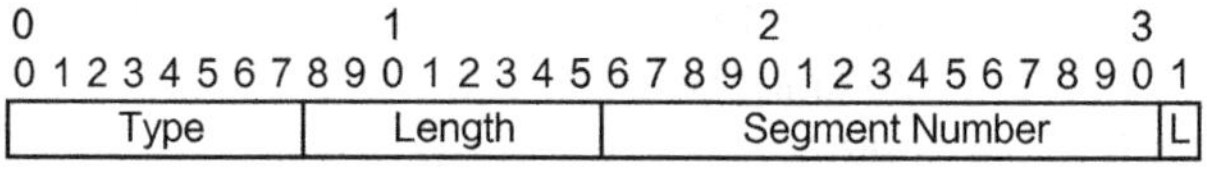

0 1 2 3
0 1 2 3 4 5 6 7 8 9 0 1 2 3 4 5 6 7 8 9 0 1 2 3 4 5 6 7 8 9 0 1
Type
Length
Segment Number
L

图 5-6　分段选项格式

分段选项各字段的说明如表5-7所示。

表 5-7　分段选项各字段的说明

字段名	长度	说明
Type	8 bit	类型，标识分段选项的类型
Length	8 bit	长度，标识分段选项的长度，固定为 4 Byte
Segment Number	15 bit	序列号，分段消息的第一个分段的 Segment Number 值为 0，后续分段该值递增。Segment Number 不支持归零重新计数
L	1 bit	标识当前段是否是分段消息的最后一个。 • 当置为0时，当前分段不是最后一个分段。 • 当置为1时，当前分段是最后一个分段，意味着用于传输此消息的分段总数为当前Segment Number值+ 1

当消息具有多个选项并进行分段时，所有选项必须出现在第一个分段上，其余分段消息可以不包括所有选项。接收方应该支持接收乱序的分段。如果在

规定的时间内未全部收到所有分段导致无法重新组装消息，那么接收方应该丢弃接收到的所有分段。

由于消息头中的MT字段描述私有编码的空间有限，因此提供了一个私有编码选项来对自定义编码格式做文本化的说明。私有编码选项格式如图5-7所示。

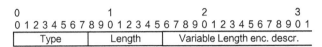

图5-7　私有编码选项格式

私有编码选项各字段的说明如表5-8所示。

表 5-8　私有编码选项各字段的说明

字段名	长度	说明
Type	1 Byte	类型，标识选项类型为私有编码选项
Length	1 Byte	长度，标识私有编码选项的长度，单位为 Byte
Variable Length enc. descr.	可变长度	对私有编码的描述，由用户自定义

2. UDP遥测通知消息

UDP遥测通知消息支持使用CBOR（Concise Binary Object Representation，简明二进制对象表示）、XML或者JSON等编码格式，具体的数据内容可以参考各业务的YANG模型定义。

5.2.2　UDP 遥测信息上报

IPv6随路遥测信息通过通知消息携带，具体的数据模型在draft-fz-ippm-on-path-telemetry-yang中定义[12]，如下所示。

```
module: on-path-telemetry
    +--ro on-path-telemetry-data
        +--ro timestamp?                     yang:date-and-time
        +--ro acquisition-method?            identityref
        +--ro emission-type?                 identityref
        +--ro interface*                     [if-name]
            +--ro if-name                    if:interface-ref
            +--ro profile-name               string
            +--ro filter
            |   +--ro filter-type?           telemetry-filter-type
```

```
    |  +--ro ace-name?                 -> /acl:acls/acl/aces/ace/name
    +--ro protocol-type?              telemetry-protocol-type
    +--ro node-action                 telemetry-node-action
    +--ro period?                     uint64
    +--ro period-number?              uint64
    +--ro flow-mon-id?                uint32
    +--rw method-type?                altmark-method-type
    +--ro altmark-loss-measurement?
    |  +--ro in-traffic-pkts?         yang:counter64
    |  +--ro out-traffic-pkts?        yang:counter64
    |  +--ro in-traffic-bytes?        uint64
    |  +--ro out-traffic-bytes?       uint64
    +--ro altmark-delay-measurement?
    |  +--ro pkts-timestamps?         yang:date-and-time
    |     +--ro pkt-timestamp?        yang:date-and-time
    +--ro path-delay?
    |  +--ro path-delay-mean          uint32
    |  +--ro path-delay-min           uint32
    |  +--ro path-delay-max           uint32
    |  +--ro path-delay-sum           uint64
    +--ro ioam-incremental-tracing    ioam-trace-data
    +--ro ioam-preallocated-tracing   ioam-trace-data
    +--ro ioam-direct-export          ioam-trace-data
    +--ro ioam-proof-of-transit       ioam-pot-data
    +--ro ioam-edge-to-edge           ioam-e2e-data
```

draft-fz-ippm-on-path-telemetry-yang定义了交替染色方法和IOAM的遥测数据信息，包括以下方面。

- 时间戳（timestamp）：消息的时间戳。
- 获取方法（acquisition-method）：指示获取方法，例如订阅（subscription）或者查询（query）。
- 发射类型（emission-type）：指示发射类型，例如周期性的（periodic）或者变化触发（on-change）。
- 接口（interface）：指示应用随路遥测的接口列表，包含每个引用随路遥测的接口的详细信息，具体包含信息如下。
  - 接口名称（if-name）。
  - 配置集合名称（profile-name）：随路遥测配置集合的标识。
  - 过滤器（filter）：识别一条流的过滤器，支持多种类型，例如ACL、ACE（Access Control Entry，访问控制项）。
  - 协议类型（protocol-type）：指示封装协议类型，例如IPv6、SFC（Service Function Chain，业务功能链）-NSH（Network Service

Header，网络服务报头）。

- 节点动作（node-action）：指示应用于流的操作，例如标记染色头、读取统计数据或取消染色。
- 周期（period）：交替染色的测量周期。
- 周期数（period-number）：交替染色测量的周期编号。
- 流监控标识（flow-mon-id）：标识监控的流量，关联多个节点导出的同一条流的数据和多个数据包。
- 方法类型（method-type）：指示交替染色类型。
- 交替染色丢包测量信息（altmark-loss-measurement）：交替染色丢包测量结果信息，包括入包、出包数以及字节数。
- 交替染色时延测量信息（altmark-delay-measurement）：包含用于时延测量的本测量周期内报文的时间戳信息（pkt-timestamp）。
- 路径时延信息（path-delay）：包含测量路径的平均、最小、最大以及总和时延。
- IOAM增量跟踪数据（ioam-incremental-tracing）。
- IOAM预分配跟踪数据（ioam-preallocated-tracing）。
- IOAM直接导出数据（ioam-direct-export）。
- IOAM POT数据（ioam-proof-of-transit）。
- IOAM端到端数据（ioam-edge-to-edge）。

| 5.3　基于 IPFIX 的信息上报 |

5.3.1　IPFIX 协议

IPFIX[13-14]是一种用于测量网络中流信息的IETF标准协议，提供了一种采集和上报流信息的方法。

IPFIX定义了统一、可扩展的基于模板的IP数据流的统计和输出标准，让网络管理员能够很容易地提取和查看这些测量信息。

IPFIX的统计测量基于"流"概念实现。具体的，一条流是指来自相同的子接口，或者有相同的源和目的IP地址、源和目的端口号、协议类型（通常称为五元组信息），以及相同的ToS等信息的报文。IPFIX会记录这条流的各种信息，包括时间戳、报文数以及总字节数等。

1. IPFIX典型组网

IPFIX典型组网如图5-8所示，其中包含输出器、收集器以及分析器这3种设备角色，三者的关系如下。

- 输出器：负责对网络流量进行分析处理，提取符合条件的流统计信息，并将统计信息输出到收集器。
- 收集器：负责解析收集到的数据报文，把统计数据存入数据库中，可供分析器进行解析。
- 分析器：负责从收集器中提取统计数据，进行后续处理，为各种业务提供依据，以图形界面的形式将处理好的数据显示出来。

总的来说，IPFIX统计过程中会包含一组测量过程，用于在一个或多个观察点收集数据包。输出器将所有观察点的信息通过IPFIX协议发送到收集器，经分析器对这些信息进行分析，并基于分析结果实现网络优化、安全检测以及流量计费等。

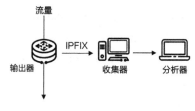

图 5-8　IPFIX 典型组网

2. IPFIX基本概念

IPFIX技术涉及的基本概念如下。

- 观察点（Observation Point）、观察域（Observation Domain）：捕获IP报文的地方。观察点可以指定到设备的每个端口上；观察域则表示观察点的组合，即线卡、硬件模块等。
- 流记录（Flow Record）：包含在观察点观察到的特定流的信息。流记录包含流的测量属性（例如流的所有数据包的总字节数），并且通常包含流的特征属性（例如源IP地址）。
- 测量过程（Metering Process）：在一个或多个观察点处理报文，生成流记录。输入是IP数据流，输出是流记录。
- 输出过程（Exporting Process）：对流记录进行处理，整理成IPFIX消息输出。输入是流记录，输出是封装好的IPFIX消息。

- 采样功能（Sampling Function）：测量过程中的采样功能，可以对业务数据流进行$N:1$的采样，以便减少需要处理的数据流，在精确度要求不高的场合，减轻处理负担。
- 过滤功能（Filter Function）：测量过程中的过滤功能，可以对业务数据流进行过滤，过滤掉管理员不必关心的流量。
- 收集过程（Collecting Process）：接收、处理IPFIX消息，是收集器负责处理的过程。
- 模板（Template）：一个结构为<Type, Length>的有序序列，用于指定需要从IPFIX设备传送到收集器的特定信息集的结构和语义。每个模板通过模板ID来唯一标识。
- 模板记录（Template Record）：定义数据记录（Data Record）中字段的结构和解释。
- 数据记录：包含与模板记录对应的参数值的记录。
- 选项模板记录（Options Template Record）：定义数据记录中字段的结构和解释，同时定义数据记录的上下文信息，如线卡、输出过程。
- 集（Set）：相同类型记录的集合，包括模板集（Template Set）、选项模板集（Options Template Set）、数据集（Data Set）3种。
- 模板集：一个或多个模板记录的集合。
- 选项模板集：一个或多个选项模板记录的集合。
- 数据集：一个或多个相同类型的数据记录的集合。每个数据记录都按之前的模板记录或选项模板记录来定义。
- 信息元素（Information Element）：可能出现在IPFIX记录中的、与协议和编码无关的属性的描述。信息元素在IANA的"IPFIX信息元素"注册表中定义[15]。信息元素的类型约束了其可能包含的内容，并且还决定了其在IPFIX中使用的有效编码机制。

IPFIX术语摘要如图5-9所示。

Set	Contents	
	Template	Record
Data Set	—	Data Record (s)
Template Set	Template Record (s)	—
Options Template Set	Options Template Record (s)	—

图5-9　IPFIX 术语摘要

3. IPFIX消息

IPFIX消息由消息头叠加多个集构成，其结构如图5-10所示。

消息头
集
集
……
集
……

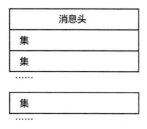

图 5-10　IPFIX 消息结构

这里的集可以是数据集、模板集、选项模板集3种类型之一。一个由模板集、数据集（包含3条数据记录）组成的IPFIX消息结构样例如图5-11所示。

消息头
模板集
（1 个模板）
数据集
（3 条数据记录）
……

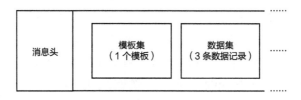

图 5-11　IPFIX 消息结构样例

IPFIX消息头格式如图5-12所示。

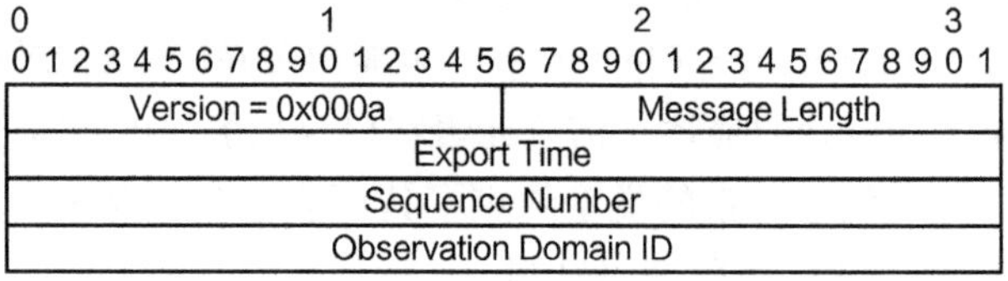

0 1 2 3
0 1 2 3 4 5 6 7 8 9 0 1 2 3 4 5 6 7 8 9 0 1 2 3 4 5 6 7 8 9 0 1
Version = 0x000a
Message Length
Export Time
Sequence Number
Observation Domain ID

图 5-12　IPFIX 消息头格式

IPFIX消息头各字段的说明如表5-9所示。

表 5-9　IPFIX 消息头各字段的说明

字段名	长度	说明
Version	2 Byte	版本号。IPFIX 版本号为 0x000a，从 NetFlow 第 9 版 [16] 递增 1 而来
Message Length	2 Byte	消息长度。标识 IPFIX 消息（包括消息头和集）的总长度，单位为 Byte

续表

字段名	长度	说明
Export Time	4 Byte	导出时间。标识 IPFIX 消息报文头离开输出器的时间，表示自 1970 年 1 月 1 日 0 时 0 分 0 秒的 UTC 时间以来的秒数，编码为无符号 32 位整数
Sequence Number	4 Byte	序列号。是所有 IPFIX 数据记录的增量序列计数器，此值可以在收集过程用于识别是否丢失任何 IPFIX 数据记录。模板记录和选项模板记录不会增加序列号
Observation Domain ID	4 Byte	观察域标识符。当导出的聚合数据记录等没有特定的、与整个 IPFIX 消息相关的观察域时，观察域 ID 应该为 0

IPFIX集结构如图5-13所示。

图 5-13　IPFIX 集结构

其中，IPFIX集头部格式如图5-14所示。

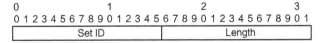

图 5-14　IPFIX 集头部格式

IPFIX集头部各字段的说明如表5-10所示。

表 5-10　IPFIX 集头部各字段的说明

字段名	长度	说明
Set ID	2 Byte	集标识符。值 0 和 1 保留不用；模板集 ID 保留值为 2；选项模板集 ID 保留值为 3；从 4 到 255 的值保留供将来使用；256 及以上的值用于数据集
Length	2 Byte	长度。标识集（包括集头部、所有记录以及可选的填充）的总长度，单位为 Byte。因为单个集包含多个记录，所以必须使用该值确定下一个集的位置

IPFIX模板集记录格式如图5-15所示。

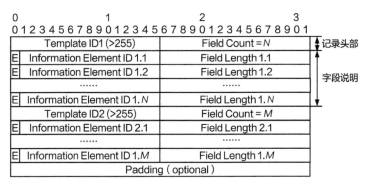

图 5-15　IPFIX 模板集记录格式

IPFIX模板集记录各字段的说明如表5-11所示。

表 5-11　IPFIX 模板集记录各字段的说明

字段名	长度	说明
Template ID	16 bit	模板标识符。每个模板记录都有一个范围为 $256 \sim 65\,535$ 的唯一模板 ID，$0 \sim 255$ 保留给特殊的集合类型（例如模板集本身）
Field Count	16 bit	字段计数。标识此模板记录中的字段数
E	1 bit	企业定义信息元素标识符。置 1 表示该信息元素为企业特定的信息元素；置 0 表示该信息元素为 IETF 定义的信息元素
Information Element ID	可变长度	信息元素标识符。
Field Length	16 bit	字段长度。标识对应信息元素的值的长度，单位为 Byte
Padding	可变长度	可选的填充字节，必须设置为 0

IPFIX模板集样例如图5-16所示。

```
0                   1                   2                   3
0 1 2 3 4 5 6 7 8 9 0 1 2 3 4 5 6 7 8 9 0 1 2 3 4 5 6 7 8 9 0 1
┌───────────────────────────────┬───────────────────────────────┐
│            Set ID = 2          │       Length = 28 octets      │
├───────────────────────────────┼───────────────────────────────┤
│        Template ID = 256       │        Field Count = 5        │
├─┬─────────────────────────────┼───────────────────────────────┤
│0│    sourceIPv4Address = 8    │        Field Length = 4       │
├─┼─────────────────────────────┼───────────────────────────────┤
│0│ destinationIPv4Address = 12 │        Field Length = 4       │
├─┼─────────────────────────────┼───────────────────────────────┤
│0│  ipNextHopIPv4Address = 15  │        Field Length = 4       │
├─┼─────────────────────────────┼───────────────────────────────┤
│0│    packetDeltaCount = 2     │        Field Length = 4       │
├─┼─────────────────────────────┼───────────────────────────────┤
│0│     octetDeltaCount = 1     │        Field Length = 4       │
└─┴─────────────────────────────┴───────────────────────────────┘
```

图 5-16　IPFIX 模板集样例

IPFIX模板集样例各字段的说明如表5-12所示。

表 5-12　IPFIX 模板集样例各字段的说明

字段名	长度	说明
Set ID	16 bit	集标识符。模板集 ID 值为 2
Length	16 bit	模板集长度。该模板集长度为 28 Byte
Template ID	16 bit	模板标识符。该模板标识符值为 256（对应后续数据集中的 Set ID）
Field Count	16 bit	字段计数。该模板字段数为 5，具体为下面的源 IPv4 地址等字段
0	1 bit	标识该信息元素为 IETF 定义的信息元素。后续的 0 字段含义相同
sourceIPv4Address	15 bit	源 IPv4 地址信息元素标识符，值为 8
Field Length	16 bit	字段长度。标识对应信息元素的值的长度，样例中所有 Field Length 表示源 IPv4 地址信息元素的值的长度为 4
destinationIPv4Address	15 bit	目的 IPv4 地址信息元素标识符，值为 12
ipNextHopIPv4Address	15 bit	下一跳 IPv4 地址信息元素标识符，值为 15
packetDeltaCount	15 bit	数据包增量计数信息元素标识符，值为 2
octetDeltaCount	15 bit	字节增量计数信息元素标识符，值为 1

IPFIX数据集由集头部叠加一个或多个字段值（Field Value）组成，字段值对应的模板由Set ID指定，即数据集中的Set ID等于对应模板集中的Template ID。IPFIX数据集格式如图5-17所示。

```
0                   1                   2                   3
0 1 2 3 4 5 6 7 8 9 0 1 2 3 4 5 6 7 8 9 0 1 2 3 4 5 6 7 8 9 0 1
```

Set ID = Template ID	Length
Record 1 – Field Value 1	Record 1 – Field Value 2
Record 1 – Field Value 3	...
Record 2 – Field Value 1	Record 2 – Field Value 2
Record 2 – Field Value 3	...
Record 3 – Field Value 1	Record 3 – Field Value 2
Record 3 – Field Value 3	...
...	Padding（optional）

图 5-17　IPFIX 数据集格式

图5-18所示是一个包含3条基于源IP地址 + 目的IP地址 + 下一跳IP地址的IPFIX消息统计数据样例。

源IP地址	目的IP地址	下一跳IP地址	增量包数	增量字节数
10.0.2.12 10.0.2.27 10.0.2.56	10.0.2.254 10.0.2.23 10.0.2.65	10.0.2.1 10.0.2.2 10.0.2.3	5009 748 5	5 344 385 388 934 6534

图 5-18　IPFIX 消息统计数据样例

当该样例的IPFIX模板集采用前文中给出的IPFIX模板集样例时，其对应的IPFIX数据集格式如图5-19所示。

```
 0                   1                   2                   3
 0 1 2 3 4 5 6 7 8 9 0 1 2 3 4 5 6 7 8 9 0 1 2 3 4 5 6 7 8 9 0 1
+---------------------------------+---------------------------------+
|         Set ID = 256            |          Length = 64            |
+---------------------------------+---------------------------------+
|                           10.0.2.12                               |
+------------------------------------------------------------------+
|                           10.0.2.254                              |
+------------------------------------------------------------------+
|                           10.0.2.1                                |
+------------------------------------------------------------------+
|                             5009                                  |
+------------------------------------------------------------------+
|                           5344385                                 |
+------------------------------------------------------------------+
|                           10.0.2.27                               |
+------------------------------------------------------------------+
|                           10.0.2.23                               |
+------------------------------------------------------------------+
|                           10.0.2.2                                |
+------------------------------------------------------------------+
|                             784                                   |
+------------------------------------------------------------------+
|                           388934                                  |
+------------------------------------------------------------------+
|                           10.0.2.56                               |
+------------------------------------------------------------------+
|                           10.0.2.65                               |
+------------------------------------------------------------------+
|                           10.0.2.3                                |
+------------------------------------------------------------------+
|                             5                                     |
+------------------------------------------------------------------+
```

图 5-19　IPFIX 样例数据集格式

IPFIX样例数据集各字段的说明如表5-13所示。

表 5-13　IPFIX 样例数据集各字段的说明

字段名	长度	说明
Set ID	2 Byte	集标识符。值为 256，取值自 IPFIX 模板集样例中的 Template ID
Length	2 Byte	数据集长度。该数据集长度为 64 Byte
10.0.2.12	4 Byte	第 1 个数据记录的源 IP 地址
10.0.2.254	4 Byte	第 1 个数据记录的目的 IP 地址
10.0.2.1	4 Byte	第 1 个数据记录的下一跳 IP 地址
5009	4 Byte	第 1 个数据记录的增量包统计数量
5344385	4 Byte	第 1 个数据记录的增量字节统计数量

注：10.0.2.27 及其往后字段分别代表第 2、3 个数据记录的相应信息，内容同字段 10.0.2.12 ～ 5344385，不再赘述。

5.3.2　IPFIX 遥测信息上报

IPFIX用于随路遥测，包括交替染色方法和IOAM遥测信息上报，下面分别进行描述。

1. 交替染色方法遥测信息上报

draft-ietf-opsawg-ipfix-alt-mark定义了交替染色方法遥测信息上报的IPFIX信息元素[17]。对于IPFIX，遥测数据分解可以在数据收集器上实现，也可以在输出数据的交替染色节点上实现。

当采用数据收集器进行遥测数据分解时，通过如下信息元素[18]上报交替染色方法放置在HBH/DOH/SRH中的流标识符、丢包和时延测量标记等信息。

- ipPayloadPacketSection（信息元素ID为314）：携带被测量报文从IP Payload开始的sectionExportedOctets字段的报文内容，IPv6 Payload是40 Byte的IPv6报文头后数据包的剩余部分，包括所有IPv6扩展报文头。当sectionOffset不存在时，表示从IP Payload首字节开始；当sectionOffset存在时，表示从IP Payload偏移sectionOffset字节开始。
- sectionOffset（信息元素ID为409）：指定数据包部分（例如ipHeader PacketSection、ipPayloadPacketSection）的偏移量，sectionOffset不存在时表示从对应报文段首字节开始。
- sectionExportedOctets（信息元素ID为410）：表示ipPayloadPacketSection中的数据长度。

当采用输出数据的交替染色节点进行遥测数据分解时，通过如下信息元素[17]上报交替染色方法的流标识符、丢包和时延测量标记等信息。

- FlowMonID（信息元素ID待定义）：被测量流的标识符。
- L flag（信息元素ID待定义）：丢包测量标记。
- D flag（信息元素ID待定义）：时延测量标记。
- PeriodID（信息元素ID待定义）：测量周期标识符。

通过如下信息元素[18]上报单向路径时延信息。

- pathDelayMeanDeltaMicroseconds（信息元素ID待定义）：单向路径平均时延。
- pathDelayMinDeltaMicroseconds（信息元素ID待定义）：单向路径最小时延。
- pathDelayMaxDeltaMicroseconds（信息元素ID待定义）：单向路径最大时延。
- pathDelaySumDeltaMicroseconds（信息元素ID待定义）：单向路径时延总和。测量设备上报总时延，由分析器基于总时延和总包数计算出平均时延，以减轻测量设备的处理负担。

通过如下信息元素[19]上报测量的统计信息。

- octetDeltaCount（信息元素ID为1）、packetDeltaCount（信息元素ID为

2）：自上一次上报以来的报文字节数、报文数，可用于丢包统计。

- flowStartSeconds（信息元素ID为150）、flowStartMilliseconds（信息元素ID为152）、flowStartMicroseconds（信息元素ID为154）、flowStartNanoseconds（信息元素ID为156）、flowEndSeconds（信息元素ID为151）、flowEndMilliseconds（信息元素ID为153）、flowEndMicroseconds（信息元素ID为155）、flowEndNanoseconds（信息元素ID为157）：用来完成流时延计算的测量结果信息。

通过如下信息元素[19-21]上报转发拓扑和控制平面关系。

- ingressInterface（信息元素ID为10）、egressInterface（信息元素ID为14）：描述在节点上使用哪个逻辑入接口和出接口来转发数据包。
- egressPhysicalInterface（信息元素ID为253）：描述在哪个节点使用哪个物理出接口转发数据包。
- srhActiveSegmentIPv6（信息元素ID为495）：表示SRv6转发路径上活跃的Segment。
- destinationIPv6Address（信息元素ID为28）、destinationTransportPort（信息元素ID为11）、protocolIdentifier（信息元素ID为4）、sourceIPv6Address（信息元素ID为27）：分别描述一条流的IPv6目的地址、目的端口号、协议类型以及IPv6源地址。

一个基于交替染色方法的包含egressInterface和srhActiveSegmentIPv6的聚合时延测量结果，其IPFIX模板集消息格式如图5-20所示。

0		
0 1 2 3 4 5 6 7 8 9 0 1 2 3 4 5 6 7 8 9 0 1 2 3 4 5 6 7 8 9 0 1		
Set ID = 2	Length = 40 octets	
Template ID = 256	Field Count = 8	
0 ingressInterface = 10	Field Length = 4	
0 egressInterface = 14	Field Length = 4	
0 destinationIPv6Address = 28	Field Length = 16	
0 srhActiveSegmentIPv6 = 495	Field Length = 16	
0 packetDeltaCount = 2	Field Length = 4	
0 pathDelayMeanDelta Microseconds = TBD5	Field Length = 4	
0 pathDelayMinDelta Microseconds = TBD6	Field Length = 4	
0 pathDelayMaxDelta Microseconds = TBD7	Field Length = 4	

图 5-20　基于交替染色方法的 IPFIX 模板集消息格式

对应的IPFIX数据集消息格式如图5-21所示。

```
0                   1                   2                   3
0 1 2 3 4 5 6 7 8 9 0 1 2 3 4 5 6 7 8 9 0 1 2 3 4 5 6 7 8 9 0 1
```

Set ID = 256	Length = 60
271 (ingressInterface)	
276 (egressInterface)	
2001:db8::2 (destinationIPv6Address)	
2001:db8::4 (srhActiveSegmentIPv6)	
5 (packetDeltaCount)	
36 (pathDelayMeanDeltaMicroseconds)	
22 (pathDelayMinDeltaMicroseconds)	
74 (pathDelayMaxDeltaMicroseconds)	

图 5-21　基于交替染色方法的 IPFIX 数据集消息格式

2. IOAM遥测信息上报

draft-spiegel-ippm-ioam-rawexport[22]定义了使用IPFIX以原始未解析的格式，直接将IOAM信息从网络设备导出到分析系统的方式。具体实现原理为导出节点在导出IOAM数据之前既不对其进行解析、聚合，也不对其格式化。在该模式下，IOAM数据的封装、更新和解封装动作由实施IOAM数据平面操作的IOAM节点执行，而IOAM数据的解析由IOAM数据处理系统（收集器/分析器）执行，使得IOAM节点能够专注于数据平面操作，从而减轻处理负担，提升整体效率。

IOAM原始数据导出涉及的IPFIX信息元素如下，其详细信息可以参考IANA的"IPFIX信息元素"注册表。

- ipHeaderPacketSection（信息元素ID为313）：携带被测量报文从IP头开始的sectionExportedOctets字段的报文内容，例如监控流的IP五元组信息。
- dataLinkFrameSection（信息元素ID为315）：携带被测量报文从数据链路帧开始的sectionExportedOctets字段的报文内容。
- dataLinkFrameType（信息元素ID为408）：描述数据链路帧类型。
- sectionOffset（信息元素ID为409）：指定数据包部分（例如ipHeader-PacketSection、ipPayloadPacketSection）的偏移量，sectionOffset不存在时表示从对应报文段首字节开始。
- sectionExportedOctets（信息元素ID为410）：导出数据段的长度。

通过前述信息元素可以携带上报被测量数据包中的IOAM数据。另外，通过下面这些信息元素上报必要的相关信息，可以使分析器进行完整的遥测数据还原。

- forwardingStatus（信息元素ID为89）：被测量流的转发状态，例如正常转发、ACL丢包、查表错误丢包等。
- ioamReportFlags（信息元素ID待定义）：IOAM报告标记，描述与IOAM报告相关联的属性。ioamReportFlags数据类型是一个8 bit字段，各位的定义如下。
  - Bit0：Dropped Association，表示已丢弃数据包。
  - Bit1：Congested Queue Association，表示受监视队列上存在拥塞。
  - Bit2：Tracked Flow Association，表示匹配了一条关注的流。
  - Bit3～Bit7：保留字段。
- ioamEncapsulationType（信息元素ID待定义）：IOAM封装类型。该信息元素为ioamPreallocatedTraceData、ioamIncrementalTraceData、ioamE2EData、ioamPOTData和ioamDirectExportData指定封装类型。当前已定义的IOAM封装类型值如下。
  - 0：None，IOAM数据遵循RFC 9197[23]中定义的格式。
  - 1：GRE（Generic Routing Encapsulation，通用路由封装）协议，IOAM数据遵循draft-weis-ippm-ioam-eth[24]中定义的格式。
  - 2：IPv6，IOAM数据遵循RFC 9486[25]中定义的格式。
  - 3：VXLAN（Virtual eXtensible Local Area Network，虚拟扩展局域网）-GPE（Generic Protocol Extension，通用扩展协议），IOAM数据遵循draft-brockners-ippm-ioam-vxlan-gpe[26]中定义的格式。
  - 4：GENEVE（Generic Network Virtualization Encapsulation，通用网络虚拟封装）Option，IOAM数据遵循draft-brockners-ippm-ioam-geneve[27]中定义的格式。
  - 5：GENEVE Next Protocol，IOAM数据遵循draft-weis-ippm-ioam-eth[24]中定义的格式。
  - 6：NSH，IOAM数据遵循RFC 9452[28]中定义的格式。
- ioamPreallocatedTraceData（信息元素ID待定义）：IOAM预分配跟踪数据。该信息元素携带RFC 9197中定义的IOAM预分配跟踪数据字段。数据的格式由IOAM封装类型信息元素确定。
- ioamIncrementalTraceData（信息元素ID待定义）：IOAM增量跟踪数

据。该信息元素携带RFC 9197中定义的IOAM增量跟踪数据字段。数据的格式由IOAM封装类型信息元素确定。

- ioamE2EData（信息元素ID待定义）：IOAM端到端数据。该信息元素携带RFC 9197中定义的IOAM端到端数据字段。数据的格式由IOAM封装类型信息元素确定。

- ioamPOTData（信息元素ID待定义）：IOAM传输证明数据。该信息元素携带RFC 9197中定义的IOAM传输证明数据字段。数据的格式由IOAM封装类型信息元素确定。

- ioamDirectExportData（信息元素ID待定义）：IOAM直接导出数据。该信息元素携带RFC 9326[29]中定义的IOAM直接导出数据字段。数据的格式由IOAM封装类型信息元素确定。

- ipHeaderPacketSectionWithPadding（信息元素ID待定义）：待补齐的IP数据段，sectionExportedOctets（信息元素ID为410）字段指定从原始报文截取的字节数，此时如果空间还有剩余，则通过Padding补齐。如果对应的ipHeaderPacketSectionWithPadding信息元素没有sectionOffset字段，则偏移为0。

基于IOAM的IPFIX模板集消息格式如图5-22所示，IOAM数据作为ipHeaderPacketSection的一部分被导出。

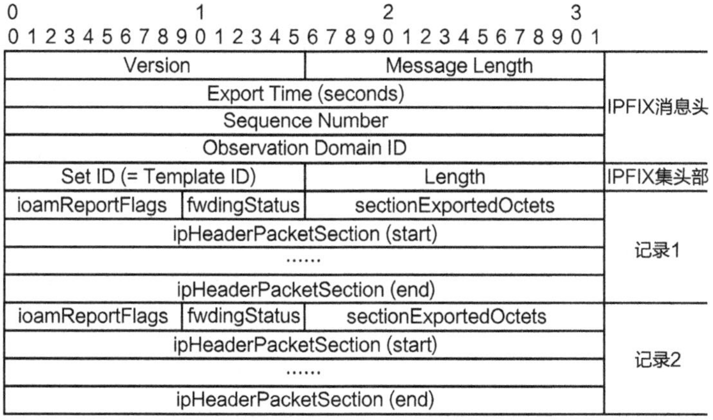

注：fwdingStatus 代表 forwardingStatus（信息元素 ID 为 89）。

图 5-22　基于 IOAM 的 IPFIX 模板集消息格式

其中各字段的说明前文均已给出。对应的数据集消息即上述模板集指定的数据，即被测量的流量报文从IP报文头开始的sectionExportedOctets字段的内容。

| 设计背后的故事 |

1. 从SNMP到Telemetry

一直以来，我认为IP网络运维困难在很大程度上与运维数据相关，一类主要问题是上报数据种类的缺失，其典型表现就是随路测量信息的缺失，由此造成许多网络故障的定界定位困难。这里我想重点讨论上报数据量和性能的问题。

以前IP网络的运维主要依赖SNMP[30]。SNMP上报信息通常是分钟级的，由于采用"拉模式"，每次信息获取都需要向设备发起请求，使得设备CPU消耗很大，无法支持高速数据采集。并且，SNMP使用非结构化的MIB来描述数据，不利于标准化。例如，IP网络具有流量统计复用的特质，可能存在短暂的流量突发情况（称为微突发），造成用户体验下降。但是，按照分钟级的时间间隔计算得到的平均带宽可能会远低于网络设备的链路可用带宽，这样会造成网络运维的偏差，即网络设备的链路带宽看起来可以满足业务带宽需求，但是实际业务已经出现了受损的情况。

以gRPC为代表的Telemetry技术的出现大大增加了网络设备信息上报的数据量。Telemetry技术采用二进制的格式上报数据，并且支持"推模式"，性能能够达到SNMP的10倍以上，可以实现亚秒级的信息上报，有了这样的技术手段，可以非常方便地解决流量微突发的问题。不仅如此，gRPC还支持丰富的编程功能，通过结构化的数据描述，可以方便、灵活地定制上报信息，实现信息订阅。从SNMP/MIB的"拉模式"到Telemetry的"推模式"，是IP网络运维的一个重要演进，能够更好地满足随路测量信息上报的需求。

2. 运维应该付出多大的代价？

我们在研究随路测量技术的过程中，一个很重要的工作就是对上报数据的处理，这个工作对"控制器 + 网络设备"的整体系统性能有着极高的要求。我们计算了Passport和Postcard两种模式的随路测量在典型场景下分别需要上报的数据量，虽然对于上报的海量信息有一定的预期，但当看到上报数据量的具体计算结果时，还是非常震惊。

以IOAM技术为例，实际每个数据报文都需要按照一定的线性比例输出OAM信息。假设报文的Payload是512 Byte，报文在每个节点记录4种类型的信息，每种信息大小为4 Byte，那么每一跳采集的数据就有$4 \times 4 = 16$（Byte），报文经过的路径共有10跳，按照IOAM Trace选项来计算，尾节点接收到的报文增加的OAM信息会有$16 \times 10 = 160$（Byte），那么线性比例$k = 160/512 = 5/16$。

当前典型的路由器设备采用400 Gbit/s链路，如果按照上面的k值计算，意味着网络设备需要采用大于125 Gbit/s的链路上报OAM信息，控制器、分析器、采集器在一天内需要存储和处理的数据达到惊人的1 350 000（125 $/8 \times 24 \times 3600$）GB。网络运营者肯定希望有更多的带宽用于承载实际业务，但是很难相信他们愿意使用大于125 Gbit/s的链路上报OAM信息，更不用说还需要对海量数据进行存储和处理。

IPv6随路遥测的运维理念对所有网络运营者都会是一个很大的冲击，但这并不意味着要不计成本地去解决网络的OAM问题。如何尽可能地减小实现的代价正是IPv6随路遥测研究最困难的地方。基于交替染色方法的IFIT方案既可以通过支持随路测量方法有效实现故障定界定位，又可以有效控制上报的数据量，使得网络运维代价可以被接受。

一直以来，IP网络的运维都很困难，运维人员为此付出了很大的代价，以至于许多人本能地认为IP运维效率低下是正常的，因此宁愿付出更多的代价发展IP业务，也不愿意提升网络运维能力。如果说以前IP网络运维困难主要还是因为缺乏有效的技术手段，那么随着"IPv6+"和IFIT技术的发展，随路遥测已经变成可能，一个非常现实的问题摆在了网络运营者的面前，即是否愿意付出足够的代价来部署这些技术。即使IFIT方案可行，也需要有新的网络硬件/芯片支持，需要部署网络控制器、时钟同步，上报信息还需要额外的链路带宽等，这些都是必须付出的代价。网络运营者习惯了现有的运营模式，而这些为OAM付出的代价都算是新的成本，无疑成了阻碍新技术导入的绊脚石。

我们在推动"IPv6+"创新的过程中经常会遇到惯性思维的挑战，于是我们提出了"IP补课"论[31]：IP的简单在一定程度上可以看作时代的产物，即基于当时的网络软硬件能力，IP只能支持简单特性，但并不应该认为IP"生性如此"。如今，随着网络软硬件能力的突破，许多技术由当初的不可能变成了可能，IP技术和网络需要升级，需要具备更加强大的能力去解决运维问题，满足业务需求。在技术可行的基础上，我想，IP网络运维的良性发展还依赖两个方面，一方面是作为网络技术创新者需要尽可能减小技术创新的代价；另一方面，网络运营者在发展业务的同时，不能偏废在网络运维上的投入，应该形成综合平衡。

| 本章参考文献 |

[1] FIOCCOLA G, ZHU K, GRAF T, et al. Alternate marking deployment framework[EB/OL]. (2024-07-03)[2024-09-30].

[2] BROCKNERS F, BHANDARI S, BERNIER D, et al. In situ Operations, Administration, and Maintenance (IOAM) deployment[EB/OL]. (2023-04)[2024-09-30].

[3] GOOGLE. What is gRPC?[EB/OL]. (2024-09)[2024-09-30].

[4] GOOGLE. Protocol buffers documentation[EB/OL]. (2024-09)[2024-09-30].

[5] BRAY T. The JavaScript Object Notation (JSON) data interchange format[EB/OL]. (2014-03)[2024-09-30].

[6] ECMA. The JSON data interchange syntax[EB/OL]. (2017-12)[2024-09-30].

[7] ZHENG G, ZHOU T, GRAF T, et al. UDP-based transport for configured subscriptions[EB/OL]. (2024-07-04)[2024-09-30].

[8] VOIT E, CLEMM A, GONZALEZ PRIETO A, et al. Subscription to YANG notifications[EB/OL]. (2019-09)[2024-09-30].

[9] CLEMM A, VOIT E. Subscription to YANG notifications for datastore updates [EB/OL]. (2019-09)[2024-09-30].

[10] BIERMAN A, BJORKLUND M, WATSEN . RESTCONF protocol[EB/OL]. (2017-01) [2024-09-30].

[11] VEILLETTE M, PETROV I, PELOV A, et al. Encoding of data modeled with YANG in the Concise Binary Object Representation (CBOR)[EB/OL]. (2022-07-18)[2024-09-30].

[12] FIOCCOLA G, ZHOU T. On-path telemetry YANG data model[EB/OL]. (2024-06-19)[2024-09-30].

[13] CLAISE B, TRAMMELL B, AITKEN P. Specification of the IP Flow Information Export (IPFIX) protocol for the exchange of flow information[EB/OL]. (2013-09) [2024-09-30].

[14] SADASIVAN G, BROWNLEE N, CLAISE B. Architecture for IP flow information export[EB/OL]. (2009-03)[2024-09-30].

[15] IANA. IP Flow Information Export (IPFIX) entities[EB/OL]. (2024-09)[2024-09-30].

[16] CLAISE B. Cisco systems NetFlow services export version 9[EB/OL]. (2004-10)[2024-09-30].

[17] GRAF T, FIOCCOLA G, ZHOU T, et al. IPFIX alternate-marking information [EB/OL]. (2024-07-08)[2024-09-30].

[18] GRAF T, CLAISE B, HUANG FENG A. Export of delay performance metrics in IP Flow Information Export (IPFIX)[EB/OL]. (2024-09-25)[2024-09-30].

[19] QUITTEK J, BRYANT S, BRYANT B, et al. Information model for IP Flow Information Export[EB/OL]. (2008-01)[2024-09-30].

[20] GRAF T, CLAISE B, FRANCOIS P. Export of segment routing IPv6 information in IP Flow Information Export (IPFIX)[EB/OL]. (2022-07-24)[2024-09-30].

[21] FILSFILS C, PREVIDI S, GINSBERG L, et al. Segment routing architecture[EB/OL]. (2018-07)[2024-09-30].

[22] SPIEGEL M, BROCKNERS F, BHANDARI S, et al. In-situ OAM raw data export with IPFIX[EB/OL]. (2024-02-12)[2024-09-30].

[23] BROCKNERS F, BHANDARI S, MIZRAHI T. Data fields for In situ Operations, Administration, and Maintenance (IOAM)[EB/OL]. (2022-05)[2024-09-30].

[24] WEIS B, BROCKNERS F, HILL C, et al. EtherType protocol identification of in-situ OAM data[EB/OL]. (2022-02-21)[2024-09-30].

[25] BHANDARI S, BROCKNERS F. IPv6 options for In situ Operations, Administration, and Maintenance (IOAM)[EB/OL]. (2023-09)[2024-09-30].

[26] BROCKNERS F, BHANDARI S, GOVINDAN V, et al.VXLAN-GPE encapsulation for in-situ OAM data[EB/OL]. (2020-05-07)[2024-09-30].

[27] BROCKNERS F, BHANDARI S, GOVINDAN V, et al. GENEVE encapsulation for in-situ OAM data[EB/OL]. (2021-05-23)[2024-09-30].

[28] BROCKNERS F, BHANDARI S. Network Service Header (NSH) encapsulation for In Situ OAM (IOAM) data[EB/OL]. (2023-08-23)[2024-09-30].

[29] SONG H, GAFNI B, BROCKNERS F, et al. In Situ Operations, Administration, and Maintenance (IOAM) direct exporting[EB/OL]. (2022-11-15)[2024-09-30].

[30] HARRINGTON D, PRESUHN R, WIJNEN B. An architecture for describing Simple Network Management Protocol (SNMP) management frameworks[EB/OL]. (2002-12)[2024-09-30].

[31] 李振斌, 董杰. IPv6网络切片：使能千行百业新体验[M]. 北京: 人民邮电出版社, 2023.

第 6 章
IPv6 随路遥测控制器

IPv6 随路遥测控制器负责遥测信息的处理和呈现，并支持根据预定义的策略和规则调整网络行为，从而实现对网络资源的精细化管理和优化使用。本章将介绍IPv6随路遥测控制器的架构、功能、基于随路遥测等功能实现的IP网络数字地图技术，以及南北向接口功能，对IPv6随路遥测控制器的关键技术原理和工作流程进行全面阐释。

| 6.1 控制器架构 |

6.1.1 典型网络控制器架构

传统网络运维主要依赖网络管理系统，承担故障管理、配置管理、计费管理、性能管理和安全管理等职责。随着网络监控技术从传统的SNMP转向Telemetry，网络管理系统和网络设备的监控数据获得方式由被动转为主动。被动感知业务受损的能力已经不能满足当前IP网络多业务承载、多种能力融合服务的需求。一种新型的综合管控析（管理、控制、分析）融合系统日渐受到重视，并逐步成为未来网络运维的主流模式。

本章以"网络控制器"来指代这一综合管控析融合系统。为了全面理解网络控制器的设计，这里首先探讨其面临的挑战和机遇，在此基础上，再详细阐述该控制器的主要功能。

1. 网络控制器面临的机遇与挑战

随着5G的快速发展和云时代的到来，新兴业务模式层出不穷，企业全面走向数字化和云化。电信行业作为各行业数字化、云化转型的使能者，在面对海量连接、全面云化、万物智能的新商业机遇的同时，也面临更多的挑战。

面临的关键机遇如下。

• 新商业模式的出现：5G和云技术推动了新的业务模式的发展，为企业提供了更多的创新机会。

- 服务能力的提升：利用智能技术，电信行业可以提供差异化的产品和服务，提升客户满意度和市场竞争力。
- 运营效率的提高：自动化和智能化的技术应用有助于降低运营成本，提高网络资源利用效率。

面临的核心挑战如下。

- 网络日益复杂：5G网络需要新建或改造大量站点，基站密度是4G网络的2~3倍。同时跨域、跨网络业务场景复杂，规划部署成本高。
- 运维成本高：上站费用高，而且在分析和决策的过程中，需要人工投入和使用独立工具，不仅导致成本增加，而且容易出错。
- 商业变现难：面对百万企业上云，差异化产品和服务能力不足使得SLA无法变现。同时，业务开通时间长，自动化程度低。

运营商在面对这些挑战时，仅仅在传统的电信架构上小修小补已无法应对，必须从根本上改变其运营网络的方式，用架构性的创新来解决网络运维问题。

为了应对以上挑战，网络需要向自动化、智能化转型。自智网络成为行业共同追求，加速进入规划发展阶段。2021年，基于TM Forum（TeleManagement Forum，电信管理论坛）M-SDO（Multiple Standards Developing Organization，多标准开发组织）平台，TM Forum、CCSA、GSMA（Global System for Mobile Communications Association，全球移动通信系统协会）、3GPP（3rd Generation Partnership Project，第三代合作伙伴计划）、IETF、ETSI等九大标准组织高效协同，借助产业标准、白皮书、自智网络峰会、催化剂项目等多种载体，鼓励运营商和供应商积极参与，推动自智网络产业愿景、目标架构和分级标准等在行业内达成共识。

ADN（Autonomous Driving Network，自动驾驶网络）是华为自智网络产业的解决方案。旨在基于联接 + 智能，打造一张自动、自愈、自优、自治的网络，通过单域自治、跨域协同，与运营商和企业共同构建网络的"自配置、自修复、自优化"能力，从而为消费者和政企客户提供"零等待、零接触、零故障"的极致体验。在TM Forum自智网络体系框架的指导下，华为在融合感知、数字孪生、智能决策和人机共生等多项关键技术方面取得重大突破，构建高阶的自智网络底座，加速迈向高阶自智网络。

ADN由"智慧设备 + 管控平台 + 云端应用"3层架构组成，为现有网络架构带来如下4个关键转变。

- 用自动化流程取代传统、低效的重复性工作，以应对海量连接以及网络规模的繁重运维压力，极大缩短网络建设和业务开通的时间。

- 从被动等待用户投诉转变为主动识别、发现、解决问题并通知用户，最终通过对海量数据的深度分析实现预测性运维。
- 通过数据驱动，发挥AI的优势，在人的监管之下进行辅助甚至自主决策，大幅提升网络业务的响应速度、资源效率以及能源效率等。
- 打通"规划、建设、维护、优化"全流程，实现数据共享流转和闭环自治。传统上这4个阶段相对独立，上下游之间依赖流程和人工传递，而未来的自动驾驶网络，将在网络规划阶段明确网络的SLA策略，包括但不限于网络的运行质量、开通时限、修复时限、生命周期等，在建设、维护以及优化等环节针对预定的SLA策略进行自动的闭环自治，确保网络及业务体验可承诺，使能差异化网络服务的商业创新。

3层架构中的管控平台的功能承载主体是网络控制器。网络控制器可以通过海量网络数据采集和网络数字建模方法，将离散的网络资源、业务、状态数据等关联起来，建立完整的域内网络数字化高清地图，实现网络数据采集、网络感知、网络决策以及网络控制一体化等。

2. 网络控制器的主要功能

为了完成全生命周期的网络服务，网络控制器功能可以分为4大类，包括规划、建设、维护以及优化，4大类功能互相协同，实现整个网络服务的闭环，如图6-1所示。

图 6-1　网络控制器的主要功能

4大类功能的介绍如下。

- 规划：根据网络承载的容量和业务特征，对网络进行能力设计。例如，提供IP地址分配方案、网络IGP域划分方案等。
- 建设：根据建设意图，完成网络部署。例如，设备开通、专线业务部署等。
- 维护：监控和查看网络的运行状态，对故障或错误做出及时的响应和修复。
- 优化：通过对网络运行状态、流量和质量的分析，对网络运行状况做出优化和调整，确保网络一直处在健康运行的状态。

为了完成网络"规划、建设、维护、优化"的全生命周期任务，网络控制器也需要全生命周期的功能模块。典型的网络控制器由5个功能模块组成，包括业务服务、管理服务、控制服务、分析服务以及平台服务，如图6-2所示。

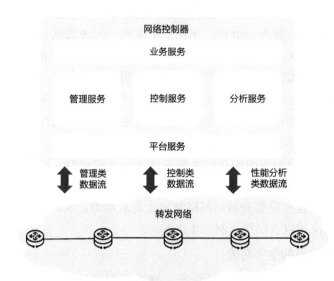

图 6-2　典型的网络控制器功能模块组成

5个功能模块的详细介绍如下。

- 业务服务：作为管理服务、控制服务与分析服务的协同者，承接上层系统下发的业务请求，根据业务特征分别驱动管理服务、控制服务与分析服务执行对应功能，并对功能执行结果做出判断，驱动后续的功能执行，达成业务需求。

- 管理服务：提供网络管理能力，包括传统网络管理领域的FCAPS（Fault, Configuration, Accounting, Performance and Security，故障、配置、计费、性能和安全）能力，可以通过API（Application Program Interface，应用程序接口），将网元数据、网络数据、拓扑信息、物理存量等数据开放给外部系统，提供意图层次的接口，完成从用户意图到网络功能的部署和转换，以及在网络拓扑或配置发生变化后对意图状态的维护。

- 控制服务：作为网络级控制平面，与设备本身的控制平面共存，协同完成对网络流量的控制行为。

- 分析服务：利用各种网络探针获取的网络性能和运行数据，基于大数据与智能化，呈现网络状态，预测网络行为，分析网络故障，并为故障修复闭环提供操作建议。例如，分析服务可以通过Telemetry技术采集网络的流量信息，预测网络流量的波峰和波谷，驱动网络流量优化，还可以通过告警、业务路径、业务流量等信息判断故障根因，并驱动完成故障修复闭环。

- 平台服务：作为各个应用服务的通用平台，提供统一的服务治理、安全、用户管理、日志、告警等能力，并且提供统一的数据服务，实现管理、控制、分析业务间的数据流动。管理服务创建业务对象后，可以联动控制服务实现对业务对象的优化，并联动分析服务实现对业务对象的性能采集和分析。

上述几个功能模块可以组合部署，也可以根据场景独立部署。灵活的模块化部署能力，可以满足用户的个性化需求。

6.1.2　IPv6 随路遥测控制器架构

IPv6随路遥测控制器由配置、采集、分析、可视4个单元及其他部件组成，如图6-3所示。4个单元分别对应典型控制器的部分功能模块，配置单元对应管理服务，采集单元对应平台服务，分析和可视单元对应分析服务。

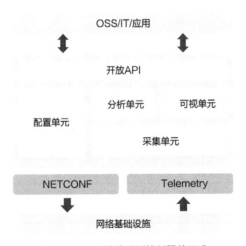

图 6-3　IPv6 随路遥测控制器的组成

IPv6随路遥测控制器北向对接OSS（Operational Support System，运行支撑系统）/IT（Information Technology，信息技术）/应用层。OSS/IT/应用层是运营商实现数字化运营转型的平台，除了涵盖传统的OSS，还包括业务协同器、基于大数据分析和智能化的策略生产器，以及支持自助服务的电商化Portal等。OSS/IT/应用层提供网络基础设施的资源呈现、业务路径呈现、业务策略管理等功能，实现全网端到端运营。运营商通过OSS/IT/应用层给用户提供应用服务，包括宽带、视频、B2B（Business to Business，企业对企业）专线等传统业务和云计算、垂直行业IoT（Internet of Things，物联网）等新兴业务，是运营商网络基础设施价值变现的直接体现。

IPv6随路遥测控制器南向对接网络基础设施层。网络基础设施层是IP设备组成的物理网络，可以实现基础的通信连接服务。云化网络的物理层是长期演进的泛在连接网络，包括存量的传统网络和新建的SDN，提供大宽带、低时延的通信服务。控制器基于统一的抽象模型，把所管理的设备转化为网络资源池，支撑IPv6随路遥测的实现。

IPv6随路遥测控制器的4个单元功能如表6-1所示。

表6-1　IPv6 随路遥测控制器的 4 个单元功能

组成单元	功能
配置单元	使能随路遥测功能，部署随路遥测监控实例，并对网络对象进行测量。配置单元可以细分为随路遥测实例配置管理、逐跳策略配置管理两个子模块。 •随路遥测实例配置管理：提供随路测量，使能业务级、隧道级、应用级监控实例的增、删、改、查服务。 •逐跳策略配置管理：支持定义监控对象的质差，以及发生质差后从端到端模式切换到逐跳模式的策略选择
采集单元	通过 Telemetry 协议，实时采集随路遥测监控对象包数、字节数、时间戳等性能数据，并将其解析和转换成数据采集网元、数据对象、数据值、数据时间等的统一格式数据，供分析单元使用。采集单元的主要功能包括配置管理和数据采集。 •配置管理：负责部署随路遥测相关的采集器IP地址、Telemetry性能数据采集协议、采集业务指标等关键信息。 •数据采集：从网元收集数据，对数据进行解析和加工
分析单元	使用采集单元获得的随路遥测数据，计算配置单元管理的随路遥测实例对象的丢包、时延、流速等 SLA 数据，完成多维的业务运行状态分析
可视单元	基于分析单元的分析结果，提供业务真实路径还原、多维度业务运行状态分析，以及运行状态呈现的图形化界面

| 6.2　IPv6 随路遥测控制器功能 |

下面将展开介绍实现IPv6随路遥测控制器4个单元功能的关键技术和交互流程。

6.2.1　配置单元

控制器配置单元提供了随路遥测实例配置管理、逐跳策略配置管理的能力。

随路遥测实例配置管理对VPN业务、SRv6 Policy、应用流等进行测量，根据配置对象的不同，提供不同功能，如表6-2所示。

表 6-2　随路遥测实例配置管理的功能

功能	说明
全局配置管理	支持网元全局级的配置，包括使能 IFIT、端口汇聚、时钟策略等配置
自定义流管理	支持按 VPN 和流 IP 五元组粒度进行应用级的监控
自识别流管理	支持按 VPN 和 UNI 对需要监控的流进行自动学习
白名单管理	配合自识别流管理功能使用，定义流学习的 IP 地址白名单，经过 UNI 并匹配白名单的流可以被学习到。白名单在指定设备上全局生效
VPN 监控管理	支持按 VPN 和下一跳 Locator 进行 VPN 业务监控
隧道监控管理	支持对 SRv6 Policy 进行监控

逐跳策略配置管理设置随路遥测实例质量受损阈值越限规则。提供丢包、时延、抖动的阈值设置能力，可以批量将阈值应用到网络对象上。在对象的SLA数据超过阈值后，控制器支持自动将对应随路遥测实例的端到端模式切换为逐跳模式，用于质差问题定界定位。

6.2.2　采集单元

IPv6随路遥测的信息上报通常采用Telemetry技术。控制器可以创建随路遥测实例，将实例配置下发到设备并进行数据采集。控制器的采集单元控制整体采集过程，分为配置管理和数据采集两步，分别如下。

- 配置管理：用户通过控制器操作界面选择需要采集数据的设备和需要采集的数据内容，然后控制器向设备配置采集器的目的IP地址、使用的协议类型以及端口号等，并配置用户指定的采集对象。在随路遥测实例中，可以指定通过端到端或逐跳模式统计数据。
- 数据采集：设备根据配置要求采集检测数据，并将其封装在Telemetry报文中进行上报。检测数据中包括流标识符、流特征信息，以及包数、时间戳等流统计信息。控制器接收并存储监控对象的统计数据，并将其用于分析和可视化呈现。

6.2.3 分析和可视单元

控制器的分析和可视化单元用于实时采集并分析网络质量数据，并结合Ping、Traceroute等测试手段进行综合判断，以可视化手段实时呈现网络状态，对故障进行准确定界定位。控制器还可以结合多种网络性能检测技术，以及环发现、流量压抑、路径还原等技术，为IP承载业务提供确定性、业务级的SLA保障。

以华为控制器iMaster NCE（Network Cloud Engine，网络云化引擎）-IP为例，基于IFIT-AM的方案实现了业务SLA实时可视、群障主动运维、故障高效定界定位三大功能。

1. 业务SLA实时可视

对于移动承载业务，可以呈现全网基站概览，如图6-4所示。

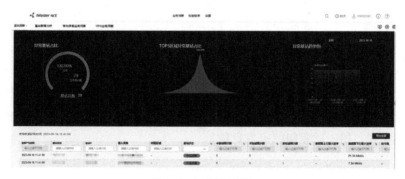

图 6-4　全网基站概览

对于VPN专线业务，可以总体呈现监控专线的数量、质差专线的数量，以及丢包和时延分别导致的质差专线的数量等，实现VPN概览，如图6-5所示。

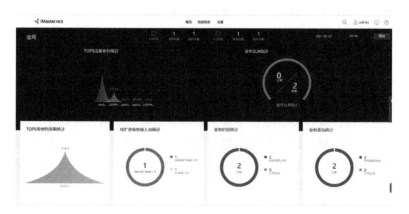

图 6-5　VPN 概览

还可以针对特定专线业务，展示VPN连接概览，如图6-6所示。

图 6-6　VPN 连接概览

2. 群障主动运维

具体可实现以下两种功能。

- AI聚类故障：基于IFIT-AM对发生丢包和时延阈值越限的流进行路径还原，通过AI算法计算出这些越限流路径中的公共路径，聚类成故障。
- 快速定界定位：对越限流启动IFIT-AM逐跳检测，结合网元KPI分析，高效定界定位，识别潜在根因，提供修复建议，可以在用户反馈问题前主动清除故障。以逐跳路径还原场景为例，如图6-7所示。

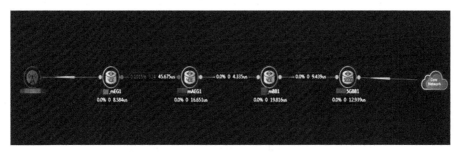

图 6-7　逐跳路径还原

3. 故障高效定界定位

具体可实现以下两种功能。

- 故障分析汇总：从基站维度汇总故障分析结果，使无线和承载网领域的故障定界清晰可判，承载网内可以根据故障位置、诊断结果以及修复建议等快速处理故障，如图6-8所示。

图 6-8　故障分析汇总

· 历史故障回放：回放7×24 h历史故障详情、诊断结果以及所有业务流的逐跳SLA，辅助排障，如图6-9所示。

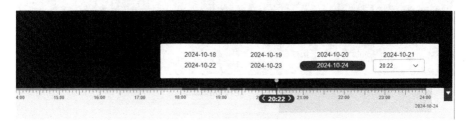

图 6-9　历史故障回放

| 6.3　IP 网络数字地图 |

IPv6随路遥测的引入大大增强了网络的可视运维能力。网络的可视运维能力提高了感知业务SLA的准确率和效率，使得网络能够提供敏捷、差异化的SLA保障。华为综合运用网络状态数据，发展了IP网络数字地图技术以应对数字化转型的推动下，不同行业对业务SLA的不同要求。

作为IP网络智能运维的数字化底座，华为控制器iMaster NCE-IP提供的IP网络数字地图提供了类智能自动导航地图（例如Google Map）式的体验，可实现网络全息可视、业务敏捷发放、流量自动优化、智能故障分析、绿色运营，让业务SLA得到持续保障，提升业务体验，如图6-10所示。

图 6-10　IP 网络数字地图

6.3.1　IP 网络数字地图基础能力

IP网络数字地图通过BGP-LS、BMP、SNMP、Telemetry、NETCONF等标准协议，帮助用户实现对多厂商网络设备物理资源、切片、隧道、路由、

VPN业务、应用等数据的实时采集。同时，IP网络数字地图基于分布式网络性能采集框架，实时采集和呈现超大规模网络的时延、带宽、丢包、能耗等多维指标，帮助用户"看清"全网，识别业务问题。

IP网络数字地图支持多图层可视，如图6-11所示。

网络应用图层

网络VPN业务图层

网络路由图层

网络隧道图层

网络切片图层

网络物理图层

图6-11　IP 网络数字地图支持多图层可视

IP网络数字地图的多图层可视能力具体表现如下。

- 网络物理图层：基于网元的GIS（Geographic Information System，地理信息系统）坐标和物理网络连接关系显示网络物理拓扑，该图层支持多级拓扑放缩和自动拓扑布局，还支持将网元、二层链路的状态和告警在拓扑上关联显示。
- 网络切片图层：网络切片图层能展示网络切片的拓扑，并且当选中单个切片时，可以联动显示该切片包含的所有网元、链路。
- 网络隧道图层：包含物理网络或切片网络上的SR-TE（Segment Routing-Traffic Engineering，段路由流量工程）/SR Policy等视图。该层支持呈现端到端隧道的状态、路径，还支持时延圈渲染、路径预计算、调优历史回放等功能。
- 网络路由图层：支持呈现网络中IGP/BGP路由信息，包括路由前缀信息。
- 网络VPN业务图层：呈现网络中的端到端VPN业务，支持对VPN基本信息、Peer连接关系、转发路径的呈现。
- 网络应用图层：提供应用的网络流量成分分析和可视功能，并支持网络流量优化调度。

IP网络数字地图可以支持多维度的网络数据，可以自定义呈现状态、带宽、时延、开销（Cost）、丢包率、能源、可用度数据。

- 状态数据：当网络出现故障时，设备的IGP会立刻进行收敛，更新链路状态信息，泛洪后通过BGP-LS将其上报到控制器。控制器感知到链路故障后会将链路置为Down状态。
- 带宽数据：在拓扑链路上呈现链路的带宽利用率数据，支持设置带宽利用率区间，并根据不同的带宽利用率区间对拓扑链路进行不同的着色。

- 时延数据：在拓扑链路上呈现链路的时延数据，支持设置时延区间，并根据不同的时延区间对拓扑链路进行不同的着色。
- 开销数据：在拓扑链路上呈现链路的TE Metric，即TE度量值数据，支持设置TE Metric区间，并根据不同的TE Metric区间对拓扑链路进行不同的着色。
- 丢包率数据：呈现链路丢包率信息。
- 能源数据：呈现网元能效和实时功率。
- 可用度数据：根据链路故障频率自动评估出可用度，显示网络链路的稳定性。

6.3.2　IP 网络数字地图增值能力

基于网络全息可视，IP网络数字地图可以实现的增值能力如下。

- 导航式路径计算：基于业务意图匹配计算最优路径，智能云图算法可以实现20多个因子秒级算路，秒级感知业务质差，分钟级定位根因并自动优化，满足业务的差异化SLA保障需求。
- IP流量调度：大多数IP网络行为是尽力转发，在遇到突发流量时极易产生拥塞，人工流量均衡平均花费3 h以上，用户体验差。IP网络数字地图可以实时感知IP网络拥塞，并通过BGP FlowSpec（Flow Specification，流规则）对流量路径进行自动优化和调整，实现分钟级的SLA闭环保障。
- 高稳IP网络：IP网络数字地图构建了"意图验证"和"BGP路由分析"能力，能够提前感知网络错误变更，拦截潜在的重大网络事故，助力服务商打造安全、可信的高稳IP网络。
- 绿色运营：IP网络数字地图构建了"绿色节能"能力，实现全网能耗可视、可管、可优化。

下面将分别从规划、建设、维护、优化4个环节介绍与IPv6随路遥测强相关的IP网络数字地图增值应用。

1. 规划环节：网络配置验证

IP网络承载着大量跨地市、跨省份，甚至跨国的数据业务，对网络配置的变更必须极为谨慎，否则可能导致巨大的损失。TM Forum报告显示[1]，约43%的运营商认为手动配置会严重影响其业务能力。由此可见，运营商普遍存在"配置焦虑"，亟须一种在线的配置验证工具，事先评估、验证网络配置的影响，将错误的网络配置拦截住。

IP网络数字地图面向用户需求提供了网络配置验证能力，如图6-12所示。

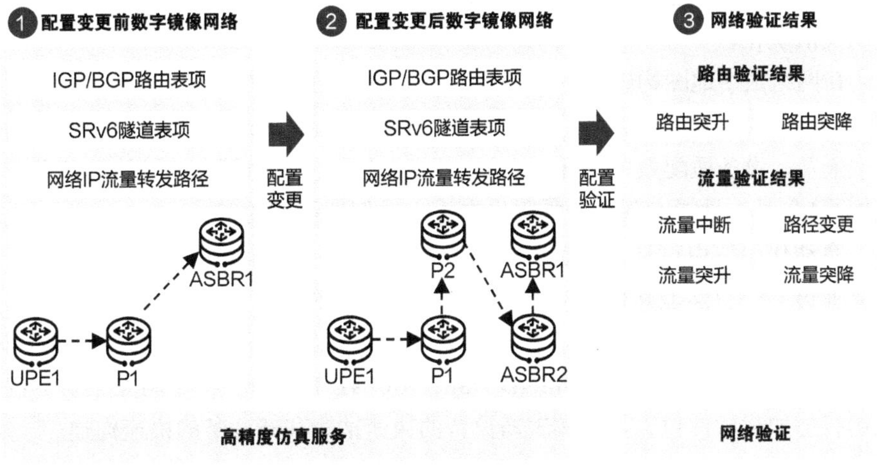

注：UPE即User-end Provider Edge，用户端供应商边缘。
　　ASBR即Autonomous System Border Router，自治系统边界路由器。

图 6-12　网络配置验证

其中的关键流程如下。

- 高精度仿真服务：以网络设备的变更配置、互联路由与流量作为输入，模拟网络协议、流量的状态和行为，仿真网络设备的路由表与转发表项，为网络变更风险评估提供真实、客观的基础数据。
- 网络验证：在设备的路由表、转发表以及流量负载的基础上，基于一定的规则使用CPV（Control Plane Verification，控制平面验证）/DPV（Data Plane Verification，数据平面验证），对网络风险进行评估。CPV可以对控制平面路由数量变化（例如路由突升和突降）、路由可达性、路由可靠性等进行形式化求解验证。DPV可以对转发面的路径进行形式化求解验证。两项技术相辅相成，能够有效防范网络配置变更带来的风险，并对错误配置进行有效识别和拦截。

2. 建设环节：业务自动化

运营商和企业网络普遍存在多厂商设备共存的场景，快速适配多厂商设备和快速上线新业务是业务自动化的核心竞争力。但是，新设备和新业务的适配存在一些挑战。

新设备的适配效率取决于厂商能力和响应速度，新设备存在集成速度较慢、自动化程度较低、开通周期较长的问题，这些问题成了端到端业务交付的瓶颈。

新业务上线需要依靠OSS和厂商控制器版本的更新，这可能导致API集成不足和定制成本过高等问题，最终造成新业务上线周期过长，难以应对业务场景的灵活变化。

IP网络数字地图构建了一套高性能、高可靠的自动化引擎，使能多厂商设备网络的业务快速开通，克服了业务自动化面临的挑战。新设备适配纳管周期缩短至"天"，设备适配效率提升约90%；新业务版本上线时间由传统的6～9个月，缩短至1个月，且能实现敏捷按需发布，上线周期缩短约80%。

自动化引擎由设计态和运行态两个部分组成，如图6-13所示。设计态用于建立业务YANG模型和设备YANG模型之间的映射关系；运行态基于设计态建立的映射关系完成业务发放。自动化引擎在设计态编写SSP（Specific Service Plugin，特定服务插件）包和SND（Specific NE Driver，特定网元驱动）包，在运行态加载软件包，可以实现新设备的快速纳管和新业务的快速构建。

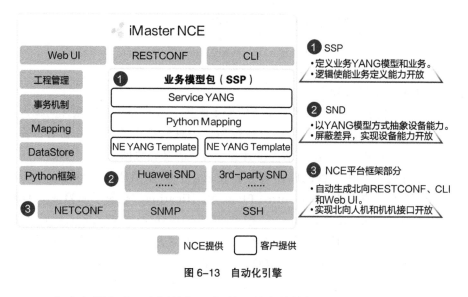

图 6-13　自动化引擎

SSP包定义了完成一套网络级业务配置对应的数据模型。SND包提供与网络设备交互的数据模型。该数据模型通常包含用于定义设备相关信息的文件，例如，设备类型、厂商、连接信息、描述相关业务的YANG文件等。系统通过加载SND包，可以和设备建立连接，进行数据查询和配置下发，实现设备纳管。

3. 维护环节：智能分析

基于网络全息可视可以非常方便地实现智能分析，在网络维护中可发挥重要作用。这里重点介绍智能网络拥塞分析、智能故障分析等增值能力。

IP承载网丢包会影响到TCP的吞吐量，当丢包率超过一定阈值时，会导致

TCP吞吐量出现剧烈下降。因此，丢包率是衡量承载网性能的重要指标之一，对用户体验有重要影响。智能网络拥塞分析聚焦基站压抑流量可视和排障两大场景，提供全网端到端的压抑流量可视、区域质差状态可视、快速故障定界定位的完整运维方案。

- 全网端到端的压抑流量可视：通过热力图展示基站流量压抑分布，可视化识别网络拥塞点，优先分析高价值区域，逐层放大定位到压抑基站，精准指导扩容。基于TWAMP/IFIT技术检测基站的SLA，对基站的丢包率和实际流量进行分析统计，得到基站压抑流量，并判定基站是否存在质差问题。基于基站压抑流量可以实现全网端到端的压抑流量可视、区域压抑流量统计分析可视。
- 区域质差状态可视：通过业务SLA可视，包括端到端业务质量和业务路径还原、逐跳路径SLA可视，实现分钟级自动排障、高效网络运维。
- 快速故障定界定位：展示基站业务的丢包情况，对单个基站业务，按照不同的时间节点进行逐跳路径还原，分析链路SLA、链路带宽等对丢包的影响，实现精准的故障定界定位，如图6-14所示。

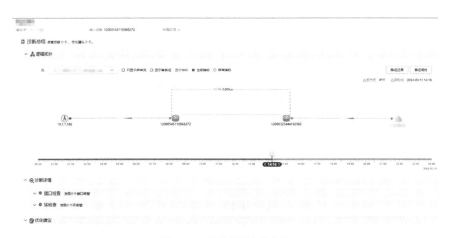

图6-14　快速故障定界定位

目前，对网络中存在的硬件类、转发类、配置类等类型的异常问题缺乏有效的感知手段，并且在故障发生后缺乏有效的定位方法，只能对海量告警数据逐一排查。这种方法效率低下，会导致业务长时间受损。面向5G承载网、智能城域网等IP网络，IP网络数字地图基于"运维大数据 + AI + 专家知识"构建传播模型，并持续进行在线自学习。这种智能故障分析方法能够降低运维人员的处理成本，提高故障处理效率，减少对业务专家的依赖，具体如下。

- 降低运维成本：通过对网络事件、告警进行聚类和关联分析，减少冗余告警，有效减少网络工单数量，降低运维成本。
- 提高故障处理效率：通过对事件间的时间、拓扑关联进行分析和聚合，将同一个故障引起的多条告警事件汇聚成一个故障，并自动识别根因事件，实现"一故障一工单"，减少重复派单的问题。
- 减少对业务专家的依赖：事件聚类和根因识别的实现基于海量运维数据，融合了丰富的"专家知识 + AI算法"，在缺少专家指导的情况下，仍然可以自动、快速地定位故障。对于人工处理有困难的故障，也能够较快识别出根因事件，帮助用户更加全面、快速地解决故障。

4. 优化环节：网络智能优化

IP网络数字地图还提供了自动优化能力，这里重点介绍隧道路径自动调优的增值能力。

传统的电信网络为用户提供了无差异的连接服务，导致对网络质量要求不高的业务获得了过度服务，造成资源浪费，而一些对网络质量有特别要求的业务却难以得到足够资源。"IPv6+"网络为不同的业务需求提供差异化的网络服务，既节省资源，又保障质量。"IPv6+"网络对业务差异化SLA的保障体现在为不同业务提供不同带宽、时延以及网络连接服务。当网络业务运行一段时间后，网络会存在资源利用率不均的问题，部分链路流量过载，部分链路流量轻载。IP网络数字地图可以精确感知业务质量变化，快速定位网络质量劣化点，及时对业务进行流量调优，保证在对用户SLA承诺不变的情况下，均衡网络负载，提高网络吞吐量。隧道路径自动调优的流程如图6-15所示。

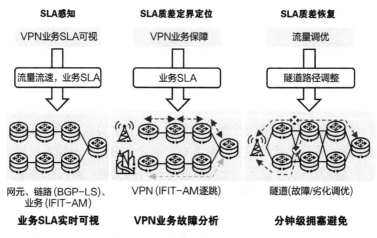

图 6-15　隧道路径自动调优的流程

- SLA 感知：基于BGP-LS快速感知网络拓扑变化，包括网元、链路故障，以及链路带宽、时延变化等。基于IFIT-AM的业务随流检测可以通过Telemetry秒级上报机制，精确感知业务SLA，分层显示网络和业务质量。
- SLA 质差定界定位：业务质量劣化自动触发IFIT-AM逐跳检测，基于业务转发路径发现质差点，并且可以与网络拓扑结合，使定界定位结果直观可视。
- SLA 质差恢复：基于业务的SLA质差定界定位结果，使用多因子云图算法重新计算网络路径，结合SR Policy等技术对网络路径进行重优化，引导流量避开质差点，持续保障业务SLA。

为了给不同的租户提供差异化SLA保障，需要实现"一业务一隧道"，隧道数量将百倍级增加。面对海量的隧道，要实现全网路径端到端控制，控制器需要支持大规模的隧道管理能力。IP网络数字地图可以支持百万级隧道管理能力和全网分钟级算路能力，能够满足未来超大规模网络管理要求，实现一张图管理全网，做到真正的端到端管理。

| 6.4　IPv6 随路遥测控制器外部接口 |

6.4.1　控制器北向接口

控制器向上提供多种北向接口，实现和OSS快速对接；向下兼容多种南向接口，实现IP和接入设备的统一管控。

控制器可以为随路遥测SLA数据的获取提供北向REST（Representational State Transfer，描述性状态迁移）接口和北向性能文本接口两种接口，分别如下。

- 北向REST接口：提供基于微服务架构和RESTful风格的查询能力，使用HTTPS传输数据。
- 北向性能文本接口：主要用于生成北向性能文本文件，基于FTP（File Transfer Protocol，文件传送协议）/SFTP（Secure File Transfer Protocol，安全文件传输协议）与上层OSS进行性能管理集成。

与其他北向接口类似，北向性能文本接口是上层OSS与控制器之间的桥梁。通过北向性能文本接口，上层OSS可以获取控制器所管理设备的性能数据。北向性能文本接口支持Pull和Push两种文件传输方式。

- Pull方式：上层OSS作为FTP/SFTP客户端，从控制器（FTP/SFTP服务器）中获取北向性能文本文件。

- Push方式：控制器作为FTP/SFTP客户端，将北向性能文本文件传输到用户指定的FTP/SFTP服务器上。

IPv6随路遥测需要控制器北向接口提供网络拓扑性能数据。网络拓扑包括底层的网络层和上层的VPN业务层。RFC 8345[2]定义了网络拓扑的抽象YANG数据模型，提供了表示物理网络拓扑和逻辑网络拓扑的标准方法。RFC 9375[3]基于此模型定义了性能监控模型，用于监控和管理网络拓扑的性能。

RFC 9375对网络和VPN业务性能监控的YANG模型的部分描述如下。

```
augment /nw:networks/nw:network/nt:link:
  +--rw perf-mon
     +--rw low-percentile?              percentile
     +--rw intermediate-percentile?     percentile
     +--rw high-percentile?             percentile
     +--rw measurement-interval?        uint32
     +--ro pm* [pm-type]
     |  +--ro pm-type               identityref
     |  +--ro pm-attributes
     |     +--ro start-time?                           yang:date-and-time
     |     +--ro end-time?                             yang:date-and-time
     |     +--ro pm-source?                            identityref
     |     +--ro one-way-pm-statistics
     |     |  +--ro loss-statistics
     |     |  |  +--ro packet-loss-count?   yang:counter64
     |     |  |  +--ro loss-ratio?          percentage
     |     |  +--ro delay-statistics
     |     |  |  +--ro unit-value?                     identityref
     |     |  |  +--ro min-delay-value?                yang:gauge64
     |     |  |  +--ro max-delay-value?                yang:gauge64
     |     |  |  +--ro low-delay-percentile?           yang:gauge64
     |     |  |  +--ro intermediate-delay-percentile?  yang:gauge64
     |     |  |  +--ro high-delay-percentile?          yang:gauge64
     |     |  +--ro jitter-statistics
     |     |     +--ro unit-value?                     identityref
     |     |     +--ro min-jitter-value?               yang:gauge64
     |     |     +--ro max-jitter-value?               yang:gauge64
     |     |     +--ro low-jitter-percentile?          yang:gauge64
     |     |     +--ro intermediate-jitter-percentile? yang:gauge64
     |     |     +--ro high-jitter-percentile?         yang:gauge64
     |     +--ro one-way-pm-statistics-per-class* [class-id]
     |        +--ro class-id              string
     |        +--ro loss-statistics
     |        |  +--ro packet-loss-count?   yang:counter64
```

```
|        | +--ro loss-ratio?              percentage
|      +--ro delay-statistics
|        | +--ro unit-value?                            identityref
|        | +--ro min-delay-value?                        yang:gauge64
|        | +--ro max-delay-value?                        yang:gauge64
|        | +--ro low-delay-percentile?                   yang:gauge64
|        | +--ro intermediate-delay-percentile?         yang:gauge64
|        | +--ro high-delay-percentile?                  yang:gauge64
|      +--ro jitter-statistics
|        +--ro unit-value?                              identityref
|        +--ro min-jitter-value?                         yang:gauge64
|        +--ro max-jitter-value?                         yang:gauge64
|        +--ro low-jitter-percentile?                    yang:gauge64
|        +--ro intermediate-jitter-percentile?  yang:gauge64
|        +--ro high-jitter-percentile?                  yang:gauge64
+--rw vpn-pm-type
   +--rw inter-vpn-access-interface
   | +--rw inter-vpn-access-interface?    empty
   +--rw vpn-tunnel!
      +--ro vpn-tunnel-type?    identityref
augment /nw:networks/nw:network/nw:node/nt:termination-point:
  +--ro pm-statistics
    +--ro last-updated?                 yang:date-and-time
    +--ro inbound-octets?               yang:counter64
    +--ro inbound-unicast?              yang:counter64
    +--ro inbound-broadcast?            yang:counter64
    +--ro inbound-multicast?            yang:counter64
    +--ro inbound-discards?             yang:counter64
    +--ro inbound-errors?               yang:counter64
    +--ro inbound-unknown-protocol?     yang:counter64
    +--ro outbound-octets?              yang:counter64
    +--ro outbound-unicast?             yang:counter64
    +--ro outbound-broadcast?           yang:counter64
    +--ro outbound-multicast?           yang:counter64
    +--ro outbound-discards?            yang:counter64
    +--ro outbound-errors?              yang:counter64
    +--ro vpn-network-access* [network-access-id]
       +--ro network-access-id          vpn-common:vpn-id
       +--ro last-updated?              yang:date-and-time
       +--ro inbound-octets?            yang:counter64
       +--ro inbound-unicast?           yang:counter64
       +--ro inbound-broadcast?         yang:counter64
       +--ro inbound-multicast?         yang:counter64
       +--ro inbound-discards?          yang:counter64
       +--ro inbound-errors?            yang:counter64
```

```
+--ro inbound-unknown-protocol?    yang:counter64
+--ro outbound-octets?             yang:counter64
+--ro outbound-unicast?            yang:counter64
+--ro outbound-broadcast?          yang:counter64
+--ro outbound-multicast?          yang:counter64
+--ro outbound-discards?           yang:counter64
+--ro outbound-errors?             yang:counter64
```

这一部分定义了两种数据节点，包括链路（link）和网络终端点（termination-point）。

链路定义了链路级性能指标，这里的链路包括两种，分别是拓扑链路以及VPN的一对PE节点之间的虚链路。这些链路级指标都是单向指标，包括以下内容。

- 百分位数参数（percentile）：可以对时延和抖动测量统计百分位数指标，有高、中、低3个档位用于配置百分位数值。如果不配置，默认的3档取值为高百分位数（90%）、中百分位数（50%）和低百分位数（10%）。将某一档百分位数配置为0.000，表示不统计该档对应的百分位数。如果将全部3档都配置为0.000，则表示不统计任一百分位数。例如，只设置高百分位数，则服务器对于给定的链路，在指定的"开始时间"（start-time）、"结束时间"（end-time）、"测量间隔"（measurement-interval）参数配置下，只统计"时延高百分位数"和"抖动高百分位数"。
- 测量间隔：指定性能测量间隔，单位为s。
- 开始时间：表示链路统计信息的性能测量的开始时间。
- 结束时间：表示链路统计信息的性能测量的结束时间。
- 性能监控源（pm-source）：表示性能监控来源。拓扑链路的数据来源可以基于BGP-LS[4]。VPN虚链路的统计可以基于VPN OAM，例如，RFC 9182[5]中引用的OAM或RFC 9291[6]中引用的以太网OAM。VPN虚链路的统计数据也可以基于底层技术OAM，例如本书所述的随路遥测技术体系。
- 丢包统计（loss-statistics）：一组单向丢包统计指标，用于测量VPN站点端到端或任意两个网络节点之间端到端的丢包。丢包统计指标包括丢包数和丢包率。
- 时延统计（delay-statistics）：一组单向时延统计指标，用于测量VPN站点端到端或任意两个网络节点之间端到端的时延。时延统计指标包括峰值、最小值、百分位数等。
- 抖动统计（jitter-statistics）：一组单向抖动统计指标，用于测量VPN站点端到端或任意两个网络节点之间端到端的抖动。抖动统计包括峰值、最小值、百分位数等。

- 分类单向性能统计数据（one-way-pm-statistics-per-class）：拓扑链路或VPN的PE之间的抽象链路的性能统计数据列表。其中的VPN抽象链路使用唯一标识符（class-id）进行标记。

- VPN性能监控类型（vpn-pm-type）：表示VPN性能监控类型，可以是VPN间接入接口（inter-vpn-access-interface）或VPN隧道（vpn-tunnel），这两种监控类型是常见的VPN测量方式类型。VPN间接入接口用于监控点到点VPN连接的源、宿两点之间的性能数据，可以支持PE节点之间的监控，也可以进一步指定PE上的源、宿VPN接入接口。VPN隧道用于监控VPN隧道性能。具体使用中通常只使用这两种类型中的一种。

- VPN隧道类型（vpn-tunnel-type）：表示抽象链路VPN的协议类型，例如GRE或IPinIP（IP-in-IP Encapsulation，IP-in-IP封装）。它的取值定义来自RFC 9181[7]中定义的"底层传输"（underlay-transport）的标识符，标识承载VPN业务流量的传输技术。

网络终端点定义了以下最小统计数据集。

- 最近更新时间（last-updated）：表示最近一次更新的日期和时间。

- 流入统计：一组流入统计属性，用于测量端口的入方向统计数据，例如收到的数据包、收到的有错误的数据包等。

- 流出统计：一组流出统计属性，用于测量端口的出方向统计信息点，例如已经发送的数据包、由于一些原因而无法发送的数据包错误等。

- VPN网络访问（vpn-network-access）：列出L3NM（L3VPN Network Model，L3VPN网络模型）[5]或L2NM（L2VPN Network Model，L2VPN网络模型）[8]中定义的VPN网络访问的计数。当多个VPN使用同一物理端口接入时，这个参数可以监控更细粒度的指标。如果端口仅与单个VPN关联，则此参数不是必需的。

6.4.2　IPv6 随路遥测交替染色功能接口

draft-ydt-ippm-alt-mark-yang[9]对交替染色配置定义的YANG模型的描述如下。

```
module: ietf-alt-mark
+--ro altmark-info
|  +--ro timestamp-type?
|  +--ro available-interface*        [if-name]
```

```
|      +--ro if-name                      if:interface-ref
+--rw altmark-profiles
   +--rw admin-config
   |  +--rw enabled?                      boolean
   +--rw altmark-profile                  [profile-name]
      +--rw profile-name                  string
      +--rw filter
      |  +--rw filter-type?               altmark-filter-type
      |  +--rw ace-name?               -> /acl:acls/acl/aces/ace/name
         +--rw protocol-type?             altmark-protocol-type
         +--rw node-action                altmark-node-action
         +--rw period?                    uint64
         +--rw flow-mon-id?               uint32
         +--rw measurement-mode?          altmark-measurement-mode
         +--rw enable-loss-measurement?   boolean
         +--rw enable-delay-measurement?  boolean
```

draft-ydt-ippm-alt-mark-yang模型的定义包含两种数据节点：信息对象（altmark-info），用于监控系统解析数据，包含时间戳、所有支持交替染色的可用接口列表；配置对象（altmark-profile），用于配置启用交替染色、使能丢包和时延测量、定义流特征等，包含以下详细信息。

- 配置文件名称（profile-name）：作为每个随路遥测实例的唯一标识符。
- 过滤器（filter）：识别一条流的过滤器，支持多种类型，例如ACL、ACE。
- 协议的封装类型（protocol-type）：指示封装协议类型，例如IPv6、SFC-NSH。
- 节点动作（node-action）：指示应用于流的操作，例如标记染色头、读取统计数据或取消染色。
- 周期（period）：表示交替染色周期[10]。
- 流监控标识符（flow-mon-id）：标识监控的流量，用于关联来自多个节点和多个数据包的同一条流的导出数据。
- 测量模式（measurement-mode）：指定测量模式为逐跳或端到端。
- 丢包测量使能标记（enable-loss-measurement）：如果将其设置为true，则启用丢包测量。
- 时延测量使能标记（enable-delay-measurement）：如果将其设置为true，则启用时延测量。

6.4.3　IPv6 随路遥测 IOAM 功能接口

draft-ietf-ippm-ioam-yang[11]对IOAM配置定义的YANG模型的描述如下。

```
module: ietf-ioam
   +--rw ioam
      +--ro info
      | +--ro timestamp-type?          identityref
      | +--ro available-interface*     [if-name]
      |    +--ro if-name               if:interface-ref
      +--rw admin-config
      | +--rw enabled?                 boolean
      +--rw profiles
         +--rw profile*                [profile-name]
            +--rw profile-name                   string
            +--rw filter
            | +--rw filter-type?                 ioam-filter-type
            | +--rw ace-name?         -> /acl:acls/acl/aces/ace/name
            +--rw protocol-type?                 ioam-protocol-type
            +--rw incremental-tracing-profile {incremental-trace}?
               +--rw node-action?                ioam-node-action
               +--rw trace-types
               | +--rw use-namespace?            ioam-namespace
               | +--rw trace-type*               ioam-trace-type
               +--rw max-length?                 uint32
            +--rw preallocated-tracing-profile {preallocated-trace}?
               +--rw node-action?                ioam-node-action
               +--rw trace-types
               | +--rw use-namespace?            ioam-namespace
               | +--rw trace-type*               ioam-trace-type
               +--rw max-length?                 uint32
            +--rw direct-export-profile {direct-export}?
               +--rw node-action?                ioam-node-action
               +--rw trace-types
               | +--rw use-namespace?            ioam-namespace
               | +--rw trace-type*               ioam-trace-type
               +--rw flow-id?                    uint32
               +--rw enable-sequence-number?     boolean
            +--rw pot-profile {proof-of-transit}?
               +--rw use-namespace?              ioam-namespace
               +--rw pot-type?                   ioam-pot-type
            +--rw e2e-profile {edge-to-edge}?
               +--rw node-action?                ioam-node-action
               +--rw e2e-types
                  +--rw use-namespace?           ioam-namespace
                  +--rw e2e-type*                ioam-e2e-type
```

draft-ietf-ippm-ioam-yang模型的定义包含3种数据节点：信息对象（ro info），用于监控系统解析数据，包含时间戳和所有可以使用IOAM功能的接口列表；配置对象（admin-config），用于配置全局启用IOAM，enabled值为true时表示功能开启，是后续配置对象中配置生效的前提；配置集合（profiles），用于详细配置，是一个列表，每一项包含以下详细信息。

- 过滤器（filter）：识别一条流的过滤器，支持多种类型。
- 协议的封装类型（protocol-type）：指示封装协议类型，例如IPv6、SFC-NSH。
- 增量跟踪配置集合（incremental-tracing-profile），包括以下内容。
  - 节点动作（node-action）：指示应用于专用流的操作，例如封装IOAM头、传输IOAM数据或解封装IOAM头。
  - 使用的命名空间（use-namespace）：表示跟踪类型使用的命名空间。
  - 跟踪类型（trace-type）：表示启用IOAM的节点要捕获的每跳数据，并包含在节点数据列表中。
  - 最大长度（max-length）：指定节点数据列表的最大长度，单位为Byte。最大长度仅在封装节点处定义。
- 预分配跟踪配置集合（preallocated-tracing-profile）：为了确保数据包在IOAM域内所经过的整条路径可见，需要收集数据包经过的每个网元节点的IOAM数据，预先为每个节点进行内存分配以保存数据。它的详细配置项和增量跟踪配置项相同。
- 直接导出配置集合（direct-export-profile），用于IOAM数据直接被导出或在本地聚合后导出。它包括的详细配置项和预分配跟踪配置项相同，在此基础上还包含两个增量可选字段，含义如下。
  - 流标识符（flow-id）：用于关联来自多个节点和多个数据包的同一条流的导出数据。
  - 序列号使能标识（enable-sequence-number）：表示直接导出选项是否使用了序列号。
- 传输证明配置集合（pot-profile）：用于验证报文经过给定路径的配置信息。
- 端到端配置集合（e2e-profile）：用于端到端测量业务流性能的配置信息。

| 设计背后的故事 |

1. 管控析融合

华为网络控制器产品的发展是业界控制器发展的一个缩影，经历了一个曲折的历程。

控制器的发展起源于SDN。SDN初始的目标是通过OpenFlow实现完全的转控分离，即通过控制器完成所有的路径计算任务，通过OpenFlow把转发表项下发给转发器。SDN转发与控制完全分离的设计过于理想，最终OpenFlow失败了，但是集中控制器发展了起来，不再强调完全转控分离，而是可以通过重用BGP和PCEP等南向控制协议，下发信息给网络设备，完成仅依靠分布式难以完成的增值网络服务，例如全局网络调优等。这种"集中式 + 分布式"的控制架构更符合网络实际情况，得到业界认可。

在发展基于BGP和PCEP等协议的集中控制器的过程中， FCAPS这些传统的网络管理功能一样不能缺少，也就是说，控制器并不能完全替代网络管理系统。如果控制器和网络管理系统独立存在，会因为信息无法互通而造成对设备的双头管控问题。例如，PCE的信息下发和PCE的配置密不可分，假设一边是控制器频繁通过PCEP控制路径信息的生成和删除，另一边网络管理系统频繁进行PCE配置的使能和去使能，这样很容易造成网络操作失序，引发不可预料的问题。另外，传统的网络管理系统通过SNMP等获取网络拓扑信息，控制器则通过BGP-LS获取并用于路径计算，这样会造成信息的冗余，而且SNMP和BGP-LS在性能上的差异也会造成拓扑信息的差异。一种能够方便地解决前述问题的思路是，把控制器和传统网络管理系统融合在一起。

在控制器发展的过程中，还有一个重要的阶段是网络分析功能的融入。原来业界有Wandl、Cariden、OPNET等做网络仿真以及网规网优的公司，在SDN发展时期，这些公司都被网络设备厂商并购，并将产品功能和控制器功能融合。华为的IP网规网优功能原本依靠第三方产品，但是这些公司被并购以后，华为就必须自己开发IP网络仿真、网规网优以及网络分析功能。起初这些功能以网络服务的方式提供，后来也逐步融入了控制器产品中。

基于OpenFlow的SDN控制器只是一种设想，真正可商用的控制器产品的发展是一个复杂的过程，受到技术、产业、用户需求等各方面的综合影响。狭义上的SDN控制器最终发展成为一个融合了管理、控制、分析能力的网络控制器产品，南向协议包括PCEP、BGP、NETCONF/YANG、gRPC等，而恰恰没有OpenFlow。

2. 对数字地图的思考

从2022年开始，华为控制器产品大力推动数字地图的理念。数字地图可以和现实生活中的地图软件等进行类比，其功能和用途方便理解，并在实际部署和应用过程中得到了用户的认可。回顾控制器和数字地图的发展历史，我有下面两个方面的思考。

其一，自控制器产生以来，技术概念层出不穷。开始时受谷歌的B4网络[12]影响，大谈网络自动调优；再有"工业革命4.0"的风靡，大谈数字孪生、网络孪生；后来，因为AI的火爆，控制器智能应用的用例也不断涌现。相比之下，反而是看起来更加中规中矩的数字地图赢得了用户更多的认可。IP网络的可视化是基础，是根本，如果这种基础和根本的问题都解决不好，那么其他所谓的高级网络功能也就无从谈起。但在IP网络技术发展的过程中，可视化功能总是被有意或无意地忽视，其中一个重要原因是IP网络特性复杂，可视化工作量大，而且即使做了很多功能，看起来也是平淡无奇，因此很少有人愿意做，自然发展不好。

其二，IP网络的可视化也需要技术的积累和突破，需要网络设备能力的有效支撑。MPLS技术时代成功地实现了传统电信网络的IP化，VPN、TE和FRR等特性在其中起到了重要作用：VPN满足了多业务承载与隔离的需求；TE满足了路径服务质量的需求；FRR满足了高可靠性的需求。这些重要特性满足了传统电信专线的需求，从而实现了从传统电信专线向基于IP的专线的转变。但是，对于电信基因中的可管理性和可维护性，IP/MPLS技术的满足度并不好。随着控制器、"IPv6+"、随路遥测等技术的发展，网络才开始具备完全可视化的能力，数字地图应运而生，对高效网络运维起到了积极的促进作用。

| 本章参考文献 |

[1] TM FORUM. Network automation using machine learning and AI[R]. (2020-04-01)[2024-09-30].

[2] CLEMM A, MEDVED J, VARGA R, et al. A YANG data model for network topologies[EB/OL]. (2018-03)[2024-09-30].

[3] WU B, WU Q, BOUCADAIR M, et al. A YANG data model for network and VPN service performance monitoring[EB/OL]. (2023-04)[2024-09-30].

[4] GINSBERG L, PREVIDI S, WU Q, et al. BGP-Link State (BGP-LS) advertisement of IGP traffic engineering performance metric extensions[EB/OL]. (2019-03-15)[2024-09-30].

[5] BARGUIL S, GONZALEZ DE DIOS O, BOUCADAIR M, et al. A YANG network data model for layer 3 VPNs[EB/OL]. (2022-02-15)[2024-09-30].

[6] SAJASSI A, THORIA S, MISHRA M, et al. Internet Group Management Protocol

(IGMP) and Multicast Listener Discovery (MLD) proxies for Ethernet VPN (EVPN) [EB/OL]. (2023-06)[2024-09-30].

[7] BARGUIL S, GONZALEZ DE DIOS O, BOUCADAIR M, et al. A common YANG data model for layer 2 and layer 3 VPNs[EB/OL]. (2022-02-15)[2024-09-30].

[8] BOUCADAIR M, GONZALEZ DE DIOS O, BARGUIL S, et al. A YANG network data model for layer 2 VPNs[EB/OL]. (2022-09)[2024-09-30].

[9] GRAF T, WANG M, FIOCCOLA G, et al. A YANG data model for the alternate marking method[EB/OL]. (2024-02-29)[2024-09-30].

[10] FIOCCOLA G, ZHU K, GRAF T, et al. Alternate marking deployment framework [EB/ OL]. (2024-07-03)[2024-09-30].

[11] ZHOU T, GUICHARD J, BROCKNERS F, et al. A YANG data model for in-situ OAM[EB/OL]. (2024-03-01)[2024-09-30].

[12] JAIN S, KUMAR A, MANDAL S, et al. B4: experience with a globally-deployed software defined Wan[J]. ACM SIGCOMM Computer Communication Review, 2013, 43(4): 3-14.

第7章
IPv6 随路遥测的部署

IPv6 随路遥测已经在多个运营商和企业网络中部署，给用户带来了网络质量实时可测量、可观察的优质体验。本章以IFIT-AM部署为例，分别介绍IPv6随路遥测在多个典型网络中的应用和部署过程。

| 7.1 IFIT-AM 的应用 |

当前，IFIT-AM是真正得到规模商用的IPv6随路遥测方案。IFIT-AM在主流的网络解决方案中都有部署，接下来以IP RAN（Radio Access Network，无线电接入网）、高品质IP专线业务以及金融广域网3个具体场景为例，介绍IFIT-AM的成功应用。

7.1.1 IP RAN 部署

为了最大限度地降低运营商的投资成本、减少建网投资以及保障网络的平滑演进，诞生了在RAN中引入IP的IP RAN解决方案。IP RAN移动承载网具有接入方式丰富、网络规模大等特点。各种移动承载业务（例如高清视频等）都对网络链路连通性与性能指标提出了更高的要求。

为了满足这些要求，可以采用端到端IFIT-AM叠加逐跳IFIT-AM的检测方案，如图7-1所示，IPv6随路遥测通过对故障的快速定界定位和按需回放复现，提升SLA体验和运维效率。

在该场景中，先通过端到端IFIT-AM进行端到端的性能测量，当基站流性能指标超过设定阈值时，触发逐跳IFIT-AM性能测量，控制器汇总上报的逐跳检测数据，进行路径还原和故障定位。

该方案具有如下特点。

· 支持从基站流、数据流、信令流的不同维度监控业务流的详细指标数据；还支持聚类处理基站流故障，对质差业务进行快速定界，防止大量基站流同时故障后触发超过转发规格的逐跳IFIT-AM检测。

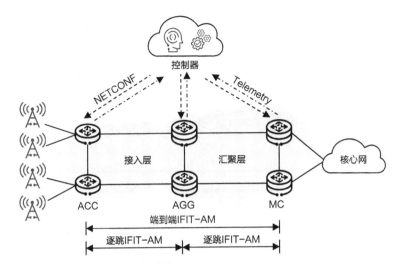

注：ACC即Access Node，接入节点。
　　AGG即Aggregation Node，汇聚节点。
　　MC即Metro Core，城域核心。

图 7-1　IFIT-AM 在 IP RAN 中的应用

- 当故障来自IP RAN外部时，可以帮助网络快速、准确地明确问题来源；当故障来自IP RAN内部时，可以帮助网络快速定位到故障网元或链路，提升网络运维效率。
- 基于全网基站的实时性能数据可以构建大数据智能运维系统，实现基站业务的高精度、业务级的SLA实时感知、多维可视，对网络可能发生的风险进行分析评估和调整优化，实现自动化、智能化运维。

7.1.2　高品质 IP 专线业务部署

高品质IP专线业务利用移动承载网覆盖面广阔的优势，更加便捷地为企业提供专线业务。通过端到端的协同管理，实现自动化、智能化的运营和维护，提高网络的部署、运营以及维护效率，支撑包括运营商面向企业的业务，企业的政府、医疗等业务在内的千行百业的数字化转型。

IFIT-AM支持在高品质IP专线业务中提供VPN业务分析保障能力，这里以上云专线为例，介绍端到端IFIT-AM叠加逐跳IFIT-AM的检测方案，如图7-2所示，IFIT-AM可以保障端到端的高可靠性，通过可视化运维实现分钟级故障定位。

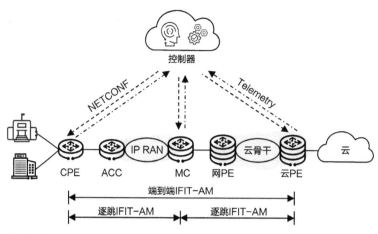

注：CPE即Customer Premises Equipment，用户驻地设备。

图 7-2　IFIT-AM 在高品质 IP 专线业务中的应用

在该场景中，先进行端到端IFIT-AM性能测量，当VPN流的性能指标超过设定阈值时，触发逐跳IFIT-AM性能测量，控制器汇总上报的逐跳检测数据，进行路径还原和故障定位。该方案具有如下特点。

- 可针对某一条VPN流进行流故障分析定位，支持按分钟、按天、按年等多粒度查询VPN业务流端到端的性能指标，包括最大流速、最大单向时延、最大丢包率等。
- 支持按VPN名称、VPN类型以及业务状态等查询VPN整体端到端的业务信息，并在存在多段业务流的情况下以质量最差段的状态值为准。
- 可实现端到端多维度异常识别、网络健康可视、智能故障诊断以及故障自愈闭环等。

7.1.3　金融广域网部署

金融广域网通过对不同网络进行协同，提供跨域网络服务。在金融行业中，二级行、网点、子公司、外联单位等机构首先接入一级行，通过一级行汇聚业务流量后，进而和银行核心网打通，最终实现和总行数据中心的互访。金融广域网的集中管理理念在这里显得尤为重要。

一方面，金融广域网依靠SRv6技术简单、快速地打通云和各种接入点之间的基础网络连接，确保业务高效开通；另一方面，金融行业本身就对SLA质量有很高的要求，而随着银行业务的发展，网点的业务类型呈现多样化特征，除了传统的生产办公业务外，还有安防、物联网、公有云等业务，这对金融广域网的运维能力提出了更高的要求。在这种情况下，可采用IFIT-AM隧道级检测方案，如图7-3所示，IFIT-AM可以简化运维流程，优化运维体验。

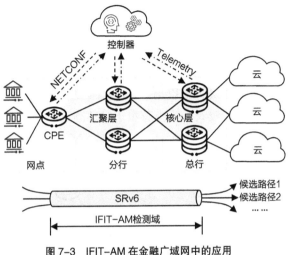

图 7-3　IFIT-AM 在金融广域网中的应用

该方案具有如下特点。

- 支持在SRv6场景中基于IFIT-AM实现隧道级检测，通过检测SRv6 Policy各个Segment List的质量并选出最优链路，周期性地对比当前链路和最优链路，进行选路调优，实现智能选路。
- 全网使用一个核心控制器，可以对整个金融网络进行集中式运维，实现端到端的管理和调度。

| 7.2　IFIT-AM 的设备部署 |

本节主要介绍IFIT-AM功能在设备侧的部署，主要包括时间同步部署、订阅采集部署以及检测实例部署。其中，IFIT-AM检测根据不同应用场景和检测粒度，可以分为基于动态学习的IFIT-AM检测、基于静态IP五元组的IFIT-AM检测、基于VPN + Peer的IFIT-AM检测、基于MAC地址的IFIT-AM检测以及基于隧道的IFIT-AM检测。不同检测方式适用于不同场景，能够为IFIT-AM方案在现网的部署、应用提供参考。

7.2.1　时间同步部署

IFIT-AM方案需部署网元间时间同步，以提供准确的丢包和时延测量。常用的时间同步协议包括NTP和PTP，其技术细节可参考附录B。下面分别展示两种方式的配置过程。

1. NTP同步配置

NTP同步精度为毫秒级，可以用于IFIT-AM的丢包测量，但由于同步精度较低，时延测量结果误差较大，不推荐用于时延测量。以客户端/服务器模式为例，假设DeviceA为服务器，DeviceB为客户端，NTP同步示意如图7-4所示。

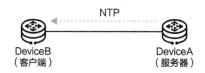

图 7-4　NTP 同步示意

首先，在服务器配置NTP服务使能、侦听接口等信息。

```
<DeviceA> system-view
[~DeviceA] ntp-service refclock-master 2
//设置本设备为主时钟，时钟层级为2，向DeviceB输出时间
[*DeviceA] ntp-service ipv6 server source-interface all enable
//开启NTP IPv6侦听
[*DeviceA] undo ntp-service server disable  //使能NTP服务器
[*DeviceA] commit
```

接着，在客户端指定需要同步的NTP服务器地址，以实现从服务器同步时间。

```
<DeviceB> system-view
[~DeviceB] ntp-service unicast-server 2001:DB8:11::1
//指定DeviceA作为自己的NTP服务器
[*DeviceB] ntp-service ipv6 server source-interface gigabitethernet 1/0/1
//指定侦听接口，该接口为连接到DeviceA的接口
[*DeviceB] commit
```

最后，查看客户端的NTP状态，包括时钟是否已经同步、时钟同步层级、参考时钟源等。

```
[~DeviceB] display ntp-service status
 clock status: synchronized        //时钟状态为已同步
 clock stratum: 3
//时钟层级为3级，比时钟源（2级）增加一级，表示直接从时钟源获取到的时钟
```

```
reference clock ID: 2001:DB8:11::1      //时钟源的标识符
nominal frequency: 64.0029 Hz           //标称时钟频率
actual frequency: 64.0029 Hz            //实际时钟频率
clock precision: 2^7   //时钟同步精度
clock offset: 0.0000 ms   //时钟偏移值
root delay: 62.50 ms     //到主参考时钟的RTT（Round Trip Time，往返路程时间）时延
root dispersion: 0.20 ms    //到主参考时钟的参考误差
peer dispersion: 0.20 ms    //到对等体时钟的参考误差
reference time: 06:52:33.465 UTC Feb 7 2020(C7B7AC31.773E89A8)    //同步时间
synchronization state: clock synchronized                   //同步状态
```

2. PTP同步配置

PTP具备微秒/纳秒级的高精度时间同步能力，能够支持IFIT-AM实现精准的丢包测量以及微秒级的时延测量。常见的PTP包括IEEE（Institute of Electrical and Electronics Engineers，电气电子工程师学会）1588v2和G.8275.1协议。以IEEE 1588v2协议为例，PTP同步需要配置外部时间源，以及在接口上使能PTP以接收上游时间或向下游同步时间。PTP同步示意如图7-5所示，BITS（Building-Integrated Timing Supply，大楼综合定时供给）设备作为网络的外部时钟源，通过时钟接口向核心设备MC输出时间信息，MC时间同步后，通过PTP逐跳同步给网络的其他设备，如AGG、ACC等。

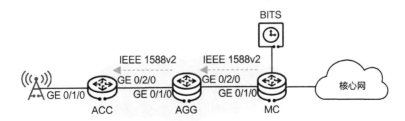

注：GE即Gigabit Ethernet，千兆以太网。

图 7-5　PTP 同步示意

首先，配置时间源设备MC，包括使能PTP、使能时钟同步等。

```
<MC> system-view
[~MC] ptp enable            //全局使能PTP
[*MC] ptp device-type bc    //设置PTP时钟类型为边界时钟（Boundary Clock）
[*MC] ptp domain 1          //配置时钟域
[*MC] clock bits-type bits1 1pps input      //指定BITS1为外部时间输入源
[*MC] ptp clock-source bits1 on             //配置BITS1信号参与时钟选源计算
[*MC] ptp clock-source bits1 priority1 2    //配置时间源优先级
[*MC] ptp source-switch ptsf enable         //使能同步信号失效［即PTSF（Packet
//Timing Signal Fail，包定时信号失效）］触发时间源切换功能
```

```
[*MC] commit
[~MC] interface gigabitethernet 0/1/0
[~MC-GigabitEthernet0/1/0] clock synchronization enable        //使能时钟同步
[~MC-GigabitEthernet0/1/0] ptp port-state primary master
//配置PTP端口为Master，向下游输出时间
[*MC-GigabitEthernet0/1/0] ptp enable      //接口使能PTP
[*MC-GigabitEthernet0/1/0] commit
```

接着，配置中间设备AGG，从MC同步IEEE 1588v2时间，同时向ACC设备输出同步后的时间。

```
<AGG> system-view
[~AGG] ptp enable
[*ACC] ptp device-type bc
[*AGG] ptp domain 1
[*AGG] commit
[~AGG] interface gigabitethernet 0/1/0
[~AGG-GigabitEthernet0/1/0] clock synchronization enable
[*ACC-GigabitEthernet0/1/0] ptp port-state primary master
[*AGG-GigabitEthernet0/1/0] ptp enable
[*AGG-GigabitEthernet0/1/0] commit
[~AGG-GigabitEthernet0/1/0] quit
[~AGG] interface gigabitethernet 0/2/0
[~AGG-GigabitEthernet0/2/0] clock synchronization enable
[*AGG-GigabitEthernet0/2/0] ptp enable
[*AGG-GigabitEthernet0/2/0] commit
```

最后，配置末端设备ACC，从AGG同步IEEE 1588v2时间，同时向基站设备输出同步后的时间。

```
<ACC> system-view
[~ACC] ptp enable
[*ACC] ptp device-type bc
[*ACC] ptp domain 1
[*ACC] commit
[~ACC] interface gigabitethernet 0/1/0
[~ACC-GigabitEthernet0/1/0] clock synchronization enable
[*ACC-GigabitEthernet0/1/0] ptp port-state primary master
[*ACC-GigabitEthernet0/1/0] ptp enable
[*ACC-GigabitEthernet0/1/0] commit
[~ACC-GigabitEthernet0/1/0] quit
[~ACC] interface gigabitethernet 0/2/0
[~ACC-GigabitEthernet0/2/0] clock synchronization enable
[*ACC-GigabitEthernet0/2/0] ptp enable
[*ACC-GigabitEthernet0/2/0] commit
```

后续的部署示例中均假设相关设备上已完成上述时间同步配置。

7.2.2　订阅采集部署

部署IFIT-AM时需要订阅Telemetry采集实例进行数据收集，Telemetry能够实时上报采集的检测数据至分析器进行分析。

Telemetry订阅分为静态订阅和动态订阅两种方式。静态订阅通过命令行静态配置订阅数据源，订阅成功后数据持续上报；动态订阅则通过配置gRPC提供服务，由采集器根据采集需求动态下发采集任务。以静态订阅为例，Telemetry订阅配置需要指定采集器IP地址与端口号、传输协议类型（例如TCP或UDP），以及采集对象等关键信息。订阅采集部署示意如图7-6所示。

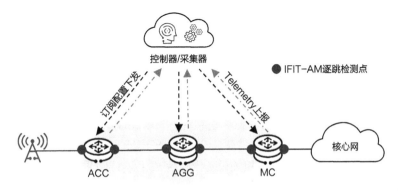

图7-6　订阅采集部署示意

ACC、AGG、MC的配置相同，故以MC设备配置为例进行描述。

首先，配置采集器的IPv4或IPv6地址、协议类型、端口号。

```
<MC> system-view
[~MC] telemetry
[~MC-telemetry] destination-group destination1     //创建采样数据的上报目标组
[*MC-telemetry-destination-group-destination1] ipv4-address 10.20.2.1
port 10001 protocol udp    //指定采集器上的目的IP地址以及协议类型、端口号
[*MC-telemetry-destination-group-destination1] commit
[~MC-telemetry-destination-group-destination1] quit
```

接着，配置采集对象。采集对象通常使用路径格式，可以灵活控制采集内容。这里以两条采样路径为例。

采样路径huawei-ifit:ifit/huawei-ifit-statistics:flow-statistics/flow-statistic，表示采集IFIT-AM的流对象统计项，即IFIT-AM头节点统计数据包含的各个采集对象。

采样路径huawei-ifit:ifit/huawei-ifit-statistics:flow-hop-statistics/flow-hop-statistic，表示采集IFIT-AM的逐跳流对象统计项，即IFIT-AM逐跳节点统计数据。

```
[~MC-telemetry] sensor-group sensor1          //创建采样传感器组
[*MC-telemetry-sensor-group-sensor1] sensor-path huawei-ifit:ifit/huawei-
ifit-statistics:flow-statistics/flow-statistic    //指定采样路径
[*MC-telemetry-sensor-group-sensor1-path] quit
[*MC-telemetry-sensor-group-sensor1] sensor-path huawei-ifit:ifit/huawei-
ifit-statistics:flow-hop-statistics/flow-hop-statistic
[*MC-telemetry-sensor-group-sensor1-path] quit
[*MC-telemetry-sensor-group-sensor1] commit
[~MC-telemetry-sensor-group-sensor1] quit
```

最后，配置订阅实例，用于指定网络设备订阅数据的上报目标组、上报报文使用的源IP地址与端口号。

```
[~MC-telemetry] subscription subscription1       //创建订阅，用于关联上报目标组和
采样传感器组
[*MC-telemetry-subscription-subscription1] sensor-group sensor1
[*MC-telemetry-subscription-subscription1] destination-group destination1
[*MC-telemetry-subscription-subscription1] commit
```

后续的部署示例中均假设相关设备上已完成上述订阅采集配置。

7.2.3　基于动态学习的 IFIT-AM 检测部署

基于动态学习的IFIT-AM检测在部署时无须指定业务流特征（例如IP五元组），可以在业务流入口使能后，根据实际业务流动态学习到流信息，并生成IFIT-AM检测实例。

以移动承载基站业务监控为例，基于动态学习的IFIT-AM可以用于大规模基站业务SLA的监控，通过配置动态流学习，IFIT-AM可以根据实时流量情况自动生成和老化检测实例，实现设备和网络资源的最优利用。

如图7-7所示，以基站到5G核心网的控制平面和数据平面流量N2/N3业务监控为例，IFIT-AM动态部署主要在核心设备MC上进行，基于用户侧接口使能IFIT-AM双向动态流学习，MC设备自动识别基站业务流并生成IFIT-AM端到端检测实例，ACC设备可以根据下行流量携带的IFIT-AM信息自动生成从ACC到MC的反向检测实例。

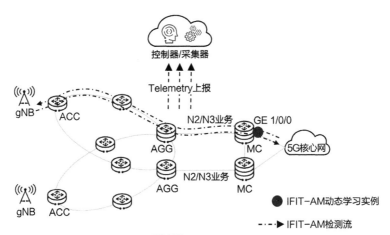

注：gNB即generation Node B，5G基站。

图 7-7　移动承载 N2/N3 业务监控部署基于动态学习的 IFIT-AM 检测

首先，在IFIT-AM测量路径的设备上使能IFIT-AM，这里以ACC为例。

```
<ACC> system-view
[~ACC] ifit                    //全局使能IFIT并进入IFIT视图
[*ACC-ifit] node-id 1          //指定网元ID
[*ACC-ifit] commit
```

接着，在MC设备上配置IFIT-AM动态流学习功能。

```
<MC> system-view
[~MC] ifit
[*MC-ifit] node-id 2
[*MC-ifit] flow-learning vpn-instance vpna     //使能VPN的IFIT-AM动态流学习
[*MC-ifit-vpn-instance-vpna] flow-learning bidirectional     //使能双向流学习
[*MC-ifit-vpn-instance-vpna] flow-learning interface gigabitethernet 1/0/0
//使能接口的动态流学习
[*MC-ifit-vpn-instance-vpna] commit
[~MC-ifit-vpn-instance-vpna] quit
[~MC-ifit] quit
```

查询IFIT-AM动态流信息，可以获取实时生成的动态IFIT-AM检测实例数据。

```
[~MC] display ifit dynamic
-------------------------------------------------------------------
Flow Classification              : dynamic     //流类型为动态学习流
Instance Id                      : 10          //检测实例ID
Instance Type                    : instance    //检测实例类型
Flow Id                          : 1572865
//动态生成的流ID，为Flow Monitor Id与Flow Node Id的拼接
Flow Monitor Id                  : 524289
//动态生成的流ID，取自IFIT-AM报文头封装中的FlowMonID字段
```

```
Flow Node Id                              : 1
//网元ID，取自IFIT-AM报文头封装中的FlowMonID Ext字段
Flow Type                                 : bidirectional
//动态流为双向流，即该流会在尾端自动生成一条反向流
Source IP Address/Mask Length             : 10.11.1.1/32
//学习到的流的源IP地址与掩码
Destination IP Address/Mask Length        : 10.22.2.2/32
//学习到的流的目的IP地址与掩码
Protocol                                  : any        //动态流的协议号类型，未指定
Source Port                               : any        //动态流的源端口号，未指定
Destination Port                          : any        //动态流的目的端口号，未指定
Dscp                                      : --         //动态流未配置DSCP
Interface                                 : GigabitEthernet1/0/0    //检测实
例对应的接口
vpn-instance                              : vpna       //检测实例对应的VPN实例
Measure State                             : enable     //测量状态为使能
Loss Measure                              : enable     //使能丢包测量
Delay Measure                             : enable     //使能时延测量
Measure Mode                              : e2e        //测量模式为端到端
Interval                                  : 30(s)      //测量周期为30s
```

　　IFIT-AM动态部署还支持通过策略灵活地控制学习规则，例如，可以通过指定白名单组来监控特定业务流，通过学习策略，指定动态生成的IFIT-AM实例采用明细IP地址或网段IP地址，实现灵活控制。在移动承载N2/N3业务监控场景中，可以将基站地址设置为明细IP地址，以区分每个独立基站；将核心网UPF（User Plane Function，用户面功能）/AMF（Access and Mobility Management Function，接入和移动性管理功能）地址策略设置为网段IP地址，以减少每个基站的监控流数量。

```
<MC> system-view
[~MC] ifit
[*MC-ifit] node-id 2
[*MC-ifit] whitelist-group 1        //创建白名单组
[*MC-ifit-whitelist-group-1] rule rule1 ipv4 source 10.11.1.0 24
destination 10.22.2.0 24            //设置动态学习白名单规则
[*MC-ifit-whitelist-group-1] commit
[~MC-ifit-whitelist-group-1] quit
[~MC-ifit] flow-learning vpn-instance vpna
[*MC-ifit-vpn-instance-vpna] learning-mode sip-mask-dip-exact
//配置动态学习策略为源IP地址带掩码匹配（网段IP地址），目的IP地址精确匹配（明细IP地址）
[*MC-ifit-vpn-instance-vpna] flow-learning bidirectional
[*MC-ifit-vpn-instance-vpna] flow-learning interface all whitelist-group 1
//将白名单规则应用到VPN下的所有接口上
[*MC-ifit-vpn-instance-vpna] commit
```

7.2.4　基于静态 IP 五元组的 IFIT-AM 检测部署

基于静态IP五元组的IFIT-AM主要针对IP业务流进行细粒度的SLA测量，可以用于重要保障业务或业务故障定界等场景的按需监控。另外，在HVPN over SRv6场景中，由于VPN在SPE（Superstratum Provider Edge，上层供应商边缘）节点终结，7.2.5节中将要介绍的Peer粒度的检测方式无法很好地完成端到端监控，因此可以采用静态IP五元组方式进行测量。

以上云专线场景为例，在企业分支与企业云之间部署端到端EVPN L3VPN over SRv6，可以采用基于静态IP五元组方式的IFIT-AM检测，如图7-8所示。

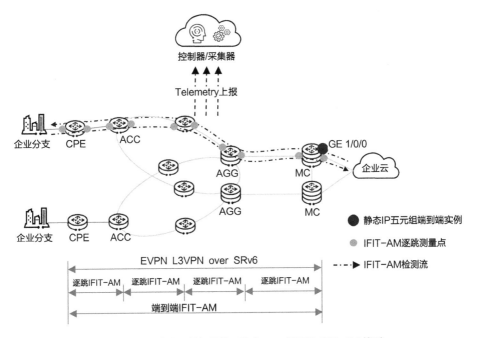

图 7-8　上云专线场景部署基于静态 IP 五元组的 IFIT-AM 检测

首先，在IFIT-AM测量路径的设备上使能IFIT-AM，这里以CPE为例。

```
<CPE> system-view
[~CPE] ifit
[*CPE-ifit] node-id 1
[*CPE-ifit] commit
```

接着，在MC设备上配置基于静态IP五元组的IFIT-AM检测实例。

```
<MC> system-view
[~MC] ifit
[*MC-ifit] node-id 2
[*MC-ifit] instance 1
[*MC-ifit-instance-1] flow bidirectional source-ipv6 2001:db8:1::1
destination-ipv6 2001:db8:2::1 vpn-instance vpna
//通过指定IP五元组中的源、目的IP地址，以及指定VPN实例，创建双向检测流
[*MC-ifit-instance-1] binding interface gigabitethernet 1/0/0
//将检测流绑定到指定的用户侧接口上
[*MC-ifit-instance-1] commit
```

当业务检测到异常时，可以按需开启基于静态IP五元组的IFIT-AM逐跳测量。开启IFIT-AM逐跳测量仅需要在原IFIT-AM检测实例下新增相应配置，其余的中间节点、尾节点会基于IFIT-AM报文头信息自动学习并检测，不需要额外配置。

```
[~MC-ifit-instance-1] measure-mode trace      //在上述配置的检测实例下开启逐跳测量
[*MC-ifit-instance-1] commit
```

7.2.5　基于 VPN + Peer 的 IFIT-AM 检测部署

基于VPN + Peer的IFIT-AM检测主要针对端到端EVPN over SRv6场景提供VPN邻居间的SLA测量，检测对象为指定VPN在两个Peer间的所有业务流。基于VPN + Peer的IFIT-AM检测支持EVPN L3VPN、EVPN VPWS（Virtual Private Wire Service，虚拟专用线路业务）、EVPN VPLS（Virtual Private LAN Service，虚拟专用局域网业务）等多种业务场景。

以上云专线场景为例，基于VPN + Peer的IFIT-AM部署在VPN用户侧接口，通过指定VPN、入接口、Peer Locator，提供VPN业务的端到端测量。当业务SLA出现异常或需要进行故障定界时，按需开启逐跳测量，如图7-9所示。

首先，在IFIT-AM测量路径的设备上使能IFIT-AM，这里以CPE为例。

```
<CPE> system-view
[~CPE] ifit
[*CPE-ifit] node-id 1
[*CPE-ifit] commit
```

接着，在MC设备上配置基于VPN + Peer的IFIT-AM检测实例。不同场景中的配置过程有所不同。

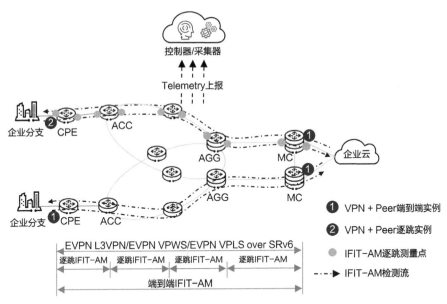

图 7-9　上云专线场景部署基于 VPN + Peer 的 IFIT-AM 检测

在EVPN L3VPN场景中的配置如下。

```
<MC> system-view
[~MC] ifit
[*MC-ifit] node-id 2
[*MC-ifit] instance 1
[*MC-ifit-instance-1] flow unidirectional source-ipv6 any destination-ipv6
any vpn-instance vpna peer-locator 2001:DB8:60::1 64
//通过指定VPN实例以及Peer Locator地址创建检测流
[*MC-ifit-instance-1] binding interface gigabitethernet 1/0/0
//绑定用户侧接口
[*MC-ifit-instance-1] commit
```

在EVPN VPWS场景中的配置如下。

```
<MC> system-view
[~MC] ifit
[*MC-ifit] node-id 2
[*MC-ifit] instance 1
[*MC-ifit-instance-1] flow unidirectional evpl-instance 1 peer-locator
2001:DB8:40::1 64     //通过指定EVPL（Ethernet Virtual Private Line，以太网虚
//拟专线）实例以及Peer Locator地址创建检测流
[*MC-ifit-instance-1] binding interface gigabitethernet 1/0/1
//绑定用户侧接口
[*MC-ifit-instance-1] commit
```

在EVPN VPLS场景中的配置如下。

```
<MC> system-view
[~MC] ifit
[*MC-ifit] node-id 2
[*MC-ifit] instance 1
[*MC-ifit-instance-1] flow unidirectional evpn vpn-instance evrf1 peer-
locator 2001:DB8:40::1 64
//通过指定EVPN VPLS实例以及Peer Locator地址创建检测流
[*MC-ifit-instance-1] binding interface gigabitethernet 1/0/2
//绑定用户侧接口
[*MC-ifit-instance-1] commit
```

当业务检测到异常时，可以按需开启逐跳测量，配置方式与基于静态IP五元组的IFIT-AM检测类似，具体可参考7.2.4节。

7.2.6　基于 MAC 地址的 IFIT-AM 检测部署

基于MAC地址的IFIT-AM检测主要针对EVPN VPLS业务场景，对使用MAC标识的业务流或用户进行细粒度的SLA测量，可以用于重要保障业务、业务故障定界等场景的按需监控。

以企业互联网专线场景为例，在企业互联网业务从OLT（Optical Line Terminal，光线路终端）到BRAS（Broadband Remote Access Server，宽带远程接入服务器）的一段链路中，通常使用二层VPLS传输。运营商可以基于MAC地址标识用户，为用户提供实时SLA，以及在用户业务出现故障时进行快速定界定位，提升用户体验。基于MAC地址的IFIT-AM检测在VPLS用户侧接口部署，通过指定VPN、入接口、源/目的MAC地址，提供业务流级的端到端或逐跳测量，如图7-10所示。

首先，在IFIT-AM测量路径的设备上使能IFIT-AM，这里以设备A为例。

```
<A> system-view
[~A] ifit
[*A-ifit] node-id 1
[*A-ifit] commit
```

接着，在MC设备上配置基于MAC地址的IFIT-AM检测实例。

```
<MC> system-view
[~MC] ifit
[*MC-ifit] node-id 2
[*MC-ifit] instance 1
[*MC-ifit-instance-1] flow unidirectional evpn vpn-instance evrf1
```

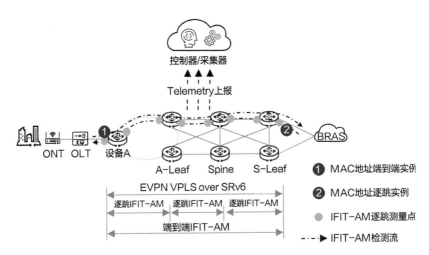

注：ONT即Optical Network Terminal，光网络终端。

图7-10　企业互联网专线场景部署基于 MAC 地址的 IFIT-AM 检测

```
destination-mac 00e0-fc12-3456    //通过指定MAC地址以及EVPN VPLS实例创建检测流
[*MC-ifit-instance-1] binding interface gigabitethernet 1/0/0
[*MC-ifit-instance-1] commit
```

当业务检测到异常时，可以按需开启逐跳测量，配置方式与基于静态IP五元组的IFIT-AM检测类似，可以参考7.2.4节。

7.2.7　基于隧道的 IFIT-AM 检测部署

基于SRv6 Policy的IFIT-AM检测可以对SRv6 Policy每个Segment List上的流量进行测量，提供隧道级SLA可视能力。当隧道级SLA检测到异常时，一方面，可以开启隧道级IFIT-AM逐跳检测，定界故障点；另一方面，也可以按需基于静态IP五元组、MAC地址等细粒度的流级检测方式，对隧道承载的业务进行诊断。隧道级IFIT-AM检测可以减少网络监控IFIT-AM检测实例的数量，结合流级检测方式进行灵活应用，能够有效提升网络资源利用率。

以金融行业专网场景为例，基于SRv6 Policy的IFIT-AM检测部署在隧道入PE节点处，提供隧道Segment List级的端到端或逐跳测量，如图7-11所示。

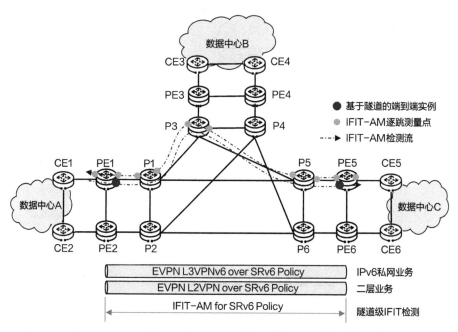

图 7-11　金融行业专网场景部署基于隧道的 IFIT-AM 检测

首先，在IFIT-AM测量路径的设备上使能IFIT-AM，这里以P1为例。

```
<P1> system-view
[~P1] ifit
[*P1-ifit] node-id 1
[*P1-ifit] commit
```

接着，在SRv6 Policy头节点上配置基于隧道的IFIT-AM检测，这里以PE1为SRv6 Policy头节点，PE5为SRv6 Policy尾节点。

```
<PE1> system-view
[~PE1] segment-routing ipv6
[*PE1-segment-routing-ipv6] srv6-te policy policy1 endpoint 2001:DB8:3::5
color 10    //配置到PE5的SRv6 Policy
[*PE1-segment-routing-ipv6-policy-policy1] ifit loss-measure enable
//使能隧道级IFIT-AM丢包测量
[*PE1-segment-routing-ipv6-policy-policy1] ifit delay-measure enable
//使能隧道级IFIT-AM时延测量
[*PE1-segment-routing-ipv6-policy-policy1] commit
[~PE1-segment-routing-ipv6-policy-policy1] quit
[~PE1-segment-routing-ipv6] quit
```

查询SRv6 Policy的IFIT-AM检测实例信息，可以看到根据SRv6 Segment List自动生成了多个检测实例。

```
[~PE1] display ifit srv6-segment-list
---------------------------------------------------------------------
Flow Classification            : srv6-segment-list    //流类型为隧道
级检测流
Instance Id                    : 1
Flow Id                        : 1572866
Flow Type                      : unidirectional
Loss Measure                   : enable
Delay Measure                  : enable
Measure Mode                   : e2e
Interval                       : 30(s)
Color                          : 10    //SRv6 Policy的Color属性值
Segment List Id                : 1       //SRv6 Policy的候选路径引用的
段列表的ID
Binding SID                    : 2001:DB8:100::800
//SRv6 Policy的Binding SID
Reverse Binding SID            : 2001:DB8:300::800
//SRv6 Policy的反向Binding SID
EndPoint                       : 2001:DB8:3::5
//SRv6 Policy的目的地址
---------------------------------------------------------------------
Flow Classification            : srv6-segment-list
Instance Id                    : 2
Flow Id                        : 1572867
Flow Type                      : unidirectional
Loss Measure                   : enable
Delay Measure                  : enable
Measure Mode                   : e2e
Interval                       : 30(s)
Color                          : 10
Segment List Id                : 2
Binding SID                    : 2001:DB8:100::801
Reverse Binding SID            : 2001:DB8:300::801
EndPoint                       : 2001:DB8:3::5
```

当检测到异常时，可以按需开启SRv6 Policy IFIT-AM逐跳测量，只需在对应的SRv6 Policy下新增相应配置即可。

```
[~PE1] segment-routing ipv6
[~PE1-segment-routing-ipv6] srv6-te policy policy1
[*PE1-segment-routing-ipv6-policy-policy1] ifit measure-mode trace
//开启检测实例的逐跳测量
[*PE1-segment-routing-ipv6-policy-policy1] commit
```

| 7.3 IFIT-AM 的控制器部署 |

本节基于华为控制器iMaster NCE-IP（后文提及控制器时，均使用NCE来代表）的实现介绍IFIT-AM在控制器侧的部署，包括部署前准备、全局使能以及检测实例部署。其中，IFIT-AM的不同检测方式可以为IFIT-AM的控制器部署提供参考。本节还将介绍异常VPN的故障处理，通过配置丢包、时延的阈值规则判断故障，使用自动逐跳策略对故障进行定界，并关联网元、链路、端口的性能指标辅助诊断。

7.3.1 部署前准备

在进行IFIT-AM部署之前，需要通过NCE检查环境是否已经满足部署条件，下面将分步进行说明。

1. 收集现网信息

收集NCE上需要配置的服务器和设备信息，NCE上需要配置的信息及用途如表7-1所示。

表 7-1 NCE 上需要配置的信息及用途

信息	用途
NTP 服务器信息，包括 NTP 服务器的 IP 地址、加密方式、摘要类型、Key 值索引、Key 值等	NCE 管理面添加现网部署的 NTP 服务器作为外部时钟源，与网元保持时间同步
基站控制器名称、接口 IP	NCE 导入核心网网元时需要填写
基站名称、基站业务 IP	NCE 导入基站时需要填写。如果存在一个基站对应多个业务 IP，建议通过模板导入，为每个基站配置唯一的名称
网元基础字段信息	网元基础属性字段的值是从 NCE 侧同步过来的，而系统预置的存量扩展属性和用户自定义的存量扩展属性的值是空缺的，用户按需收集，通过导出网元基础字段为文件再填写信息后导入，如网元经纬度和区域信息
IFIT 监控的网元	NCE 添加监控设备时需要选择 IFIT 监控和 Telemetry 订阅的网元
VPN 实例和网元	配置基站流监控实例时选择需监控的 VPN 实例、流学习模式、VPN 尾网元以及尾网元的接口等

2. 与网元时钟同步

NCE需要与网元保持NTP时钟同步，统一计算，实时呈现IFIT检测的业务流SLA信息，可以通过在NCE上配置使用标准NTP的外部时钟源作为NTP服务器来实现。

　　配置NTP服务器时，推荐的服务器操作系统是Linux，避免将Windows操作系统服务器或虚拟机设置为NTP服务器。NTP管理面节点，即OMP（Openness Management Platform，开放能力管理平台）节点。业务节点的IP地址不能设置为NTP服务器的IP地址，否则可能导致各节点时间错误。此外，还需要注意以下几点。

- 当配置了多个NTP服务器时，必须保证各NTP服务器之间的时间完全一致，否则将导致NTP服务异常。
- 避免将时钟源配置为循环模式，例如，a为b的时钟源，b为c的时钟源，c为a的时钟源。
- 如果已经在部署NCE时将各物理主机设置为跟踪NTP服务器时间，指定了NTP服务器，那么在管理面再次配置NTP时，需要保持和已经配置跟踪的NTP服务器为同一个。
- 如果外部NTP时钟源配置了白名单机制，需要把OMP节点的IP地址添加到白名单中，以保证OMP节点可以访问NTP服务器。
- 重新配置NTP服务器后，管理面的应用程序和数据，以及管理节点操作系统、产品节点操作系统的历史备份数据均会失效，导致配置NTP之前的备份文件不可用。

具体操作步骤如下。

①登录NCE管理面"https://管理面IP地址:31945"。

②在主菜单中选择"维护 > 时间管理 > 配置时区时间"，进入"配置时区时间"界面，如图7-12所示，查看各节点的"时区""日期和时间"是否和网元侧的一致。

③若不一致，则需要重新同步OMP节点与业务节点的时区时间，并根据提示处理NTP同步失败问题。

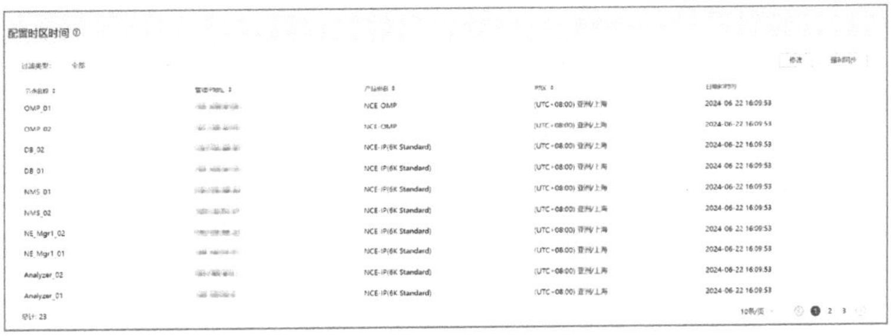

图7-12　"配置时区时间"界面

④在主菜单中选择"维护 > 时间管理 > 配置NTP"，进入"配置NTP"界面，如图7-13所示。

图 7-13 "配置 NTP"界面

⚠️ **注意**

配置NCE节点时间和NTP服务器时间同步时会导致NCE整机重启、业务中断，建议单独申请时间窗，确保在合适的时间执行NTP时间同步。

7.3.2 添加全局配置

NCE提供以网元为单位，一次性对设备进行IFIT的全局使能，以及订阅设备支持的所有IFIT采集对象的能力，简化了使用操作配置。下面展示添加全局配置的过程，对设备进行IFIT全局使能。

①打开"网络数字地图"，选择"全局设置 > 智能分析设置 > 拥塞视图 > 监控管理 > 监控实例管理"，如图7-14所示。

图 7-14 选择"监控实例管理"

②选择"监控配置 > 全局配置"，如图 7-15 所示。

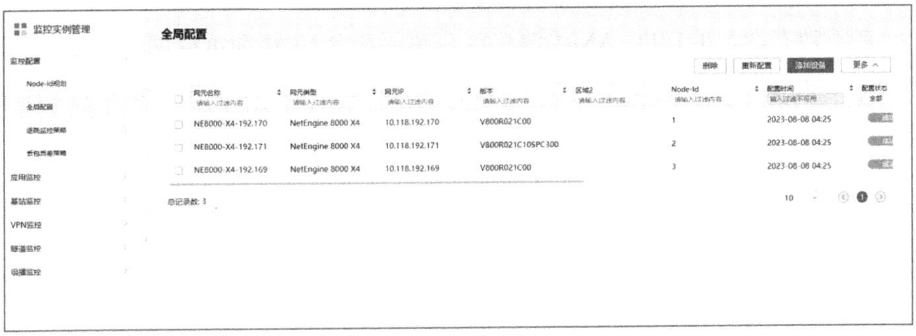

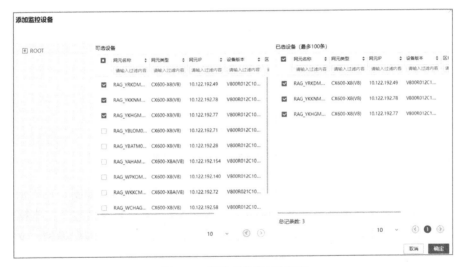

图 7-15　选择"全局配置"

③单击"添加设备"按钮，弹出"添加监控设备"界面，根据业务规划，在"可选设备"列表中勾选需要进行 IFIT 使能的设备，如图 7-16 所示。

图 7-16　"添加监控设备"界面

④单击"确定"按钮。

📖 说明

- 所有类型的 IFIT 检测，均以 IFIT 全局使能为前提条件。
- 当网元纳管到 NCE 使用自定义的管理 VPN 时，需要打开"网络性能分析"，在主菜单中选择"设置 > 监控对象管理 > 资源管理"，选择"存量导入导出 > IP > 设备 > 网元"，将该网元的管理 VPN 配置到该网元的"VPN 名称"属性中，确保 Telemetry 上报使用管理 VPN，以使得 IFIT 数据正常上报。

7.3.3 基于动态学习的 IFIT-AM 检测部署

基于动态学习的IFIT-AM检测广泛应用于IP RAN移动承载网，在核心侧设备的UNI使能流学习，自动学习并识别出从核心到基站以及反向从基站到核心的流。

1. 配置自识别流监控

下面展示配置自识别流监控的过程。

①打开"网络数字地图"，选择"全局设置 > 智能分析设置 > 拥塞视图 >
监控管理 > 监控实例管理"，参见图7-14。

②在左侧的导航栏上选择"应用监控 > 自识别流监控配置"，进入"自识
别流监控配置"界面，如图7-17所示。

图 7-17 "自识别流监控配置"界面

③单击"添加"按钮，弹出"添加自识别流设备"界面，如图7-18所示。
在"业务类型"下拉列表中选择业务类型；在"业务名称"文本框中
输入业务名称；在"源宿IP匹配模型"下拉列表中选择匹配模型，支持
"源掩码宿明细"和"源明细宿明细"两种匹配模型；在"方向"下拉
列表中选择流方向，支持"单向"和"双向"两种流方向；在"可选设
备"展开列表中按需展开网元，勾选接口，将自识别流监控配置下发到
该网元，单击"确定"按钮。

④系统弹出风险高警告信息，勾选"我已经仔细阅读了操作提示，并充分
了解此操作的风险。"，单击"确定"按钮。

⑤系统弹出"操作完成"提示信息，单击"确定"按钮。

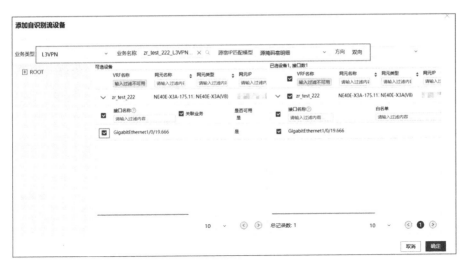

图 7-18　"添加自识别流设备"界面

📖 说明

"源掩码宿明细"和"源明细宿明细"两种匹配模型的说明如下。

- "源掩码宿明细"模型下生成的实例，是根据流的源IP地址掩码匹配，根据流的目的IP地址精确匹配。
- "源明细宿明细"模型下生成的实例，是根据流的源IP地址与目的IP地址精确匹配。

自识别流还可以通过配置白名单，控制设备在动态学习时只上报匹配白名单规则的流。如果不配置白名单，将默认监控所有流。

2. 配置基于白名单的自识别流监控

下面展示配置基于白名单的自识别流监控的过程。

①在左侧的导航栏上选择"应用监控 > 自识别流监控配置"，单击"白名单"按钮，进入"白名单"界面，如图7-19所示。

图 7-19　"白名单"界面

②单击"添加"按钮后，输入白名单组名，进入"编辑白名单组"界面，如图7-20所示。单击"添加"按钮添加一个规则，用户可按需输入源、宿IP地址（类型可选IPv4或IPv6）和源、宿掩码以及源、宿端口号，以及协议号等。

图 7-20 "编辑白名单组"界面

③建立白名单组后，在白名单组后单击"设备"按钮，进入"编辑设备"界面，单击"添加"按钮添加相应的设备，如图7-21所示。

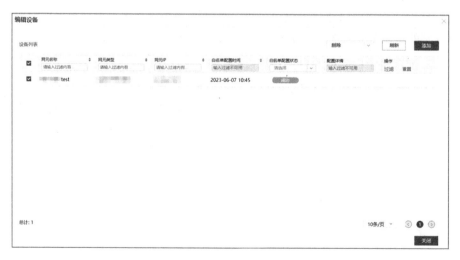

图 7-21 "编辑设备"界面

④回到"自识别流监控配置"界面，单击"添加"按钮，再次进入"添加

自识别流设备"界面，选择相应的设备以及接口，在右侧单击"配置白名单"按钮，如图7-22所示，选择对应的白名单组。配置白名单组后，当流通过设备对应接口时会按配置的规则进行匹配。

图 7-22　"添加自识别流设备"界面

7.3.4　基于静态 IP 五元组的 IFIT-AM 检测部署

基于静态IP五元组的IFIT-AM检测又称为自定义流监控，由用户指定流的特征进行IFIT监控。IFIT监控支持通过界面创建少量实例和通过导入文件创建批量实例两种方式。

1. 创建少量实例

下面展示创建少量实例的过程。

①打开"网络数字地图"，选择"全局设置 > 智能分析设置 > 拥塞视图 > 监控管理 > 监控实例管理"，参见图7-14。

②在左侧的导航栏上选择"应用监控 > 自定义流监控配置"，如图7-23所示。

③单击"新增配置"按钮，弹出"新增"界面，如图7-24所示，在"流信息"区域中设置"名称""地址族""源IP地址""源IP掩码""源端口号""宿IP地址""宿IP掩码""宿端口号""传输协议""方向""DSCP""颜色ID""检测模式""逐包时延"。

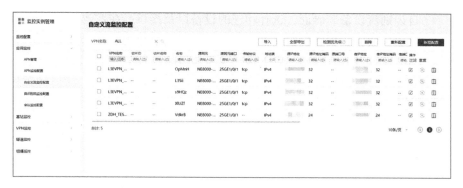

图 7-23 "自定义流监控配置"界面

图 7-24 "新增"界面

④在"新增"界面下方的"监控对象"区域中，在"VPN名称"文本框中
设置VPN名称，在"源网元和接口"展开列表中按需展开网元，勾选接
口，将流信息下发到该网元，在"实例优先级"文本框中输入数值设置
优先级，如图7-25所示。

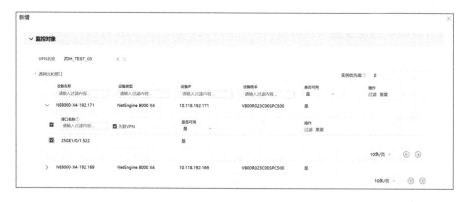

图 7-25 配置监控对象

⑤对填写的信息进行确认，提交请求，等待系统完成。

2. 创建批量实例

下面展示创建批量实例的过程。

①打开"网络数字地图"，选择"全局设置 > 智能分析设置 > 拥塞视图 > 监控管理 > 监控实例管理"，参见图7-14。

②在左侧的导航栏上选择"应用监控 > 自定义流监控配置"，单击"导入"按钮，弹出"导入"对话框，如图7-26所示。

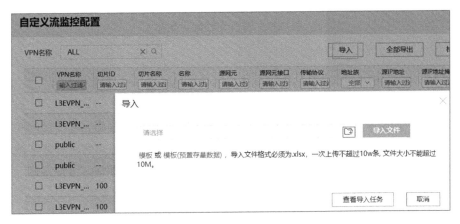

图 7-26　"导入"对话框

③单击获取样例文件路径的超链接下载导入文件模板，填写相关参数后保存。

④单击"导入文件"按钮，提交填写参数的文件，提示"导入文件上传成功"即表示完成导入。

⑤单击"查看导入任务"按钮或者在主菜单选择"设置 > 监控状态 > 监控任务状态"，跳转至"监控任务状态"界面，如图7-27所示，可以根据"任务名称""任务类型""操作类型""创建人"等参数过滤出所需的任务。

⑥勾选相应的任务，可以对其进行"查看详情""导出""删除"操作。

⑦在"自定义流监控配置"界面单击"全部导出"按钮，系统会将现有的实例导出生成一个文件，便于用户对下发的实例进行查找和对比。

图 7-27 "监控任务状态"界面

7.3.5 基于 VPN + Peer 的 IFIT-AM 检测部署

基于VPN + Peer的IFIT-AM检测广泛应用于政务、金融等企业广域网和运营商专线业务监控场景中，检测对象为指定VPN在两个Peer间的所有业务流。用户可以对EVPN L3VPN、EVPN VPWS、EVPN VPLS创建IFIT监控实例，支持通过界面创建少量实例和通过导入文件创建批量实例两种方式。

1. 创建少量实例

下面展示创建少量实例的过程。

①打开"网络数字地图"，选择"全局设置 > 智能分析设置 > 拥塞视图 > 监控管理 > 监控实例管理"，参见图7-14。

②在左侧的导航栏上选择"VPN监控 > IFIT监控配置"，如图7-28所示。

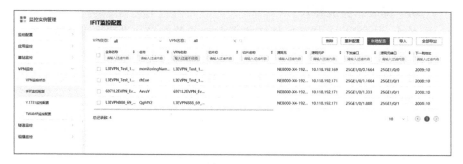

图 7-28 选择"IFIT 监控配置"

③单击"新增配置"按钮，弹出"新增IFIT配置"界面，如图7-29所示。设置"VPN类型""VPN名称""下一跳类型"。在"源网元"和"下

一跳信息"区域中展开网元，勾选接口。

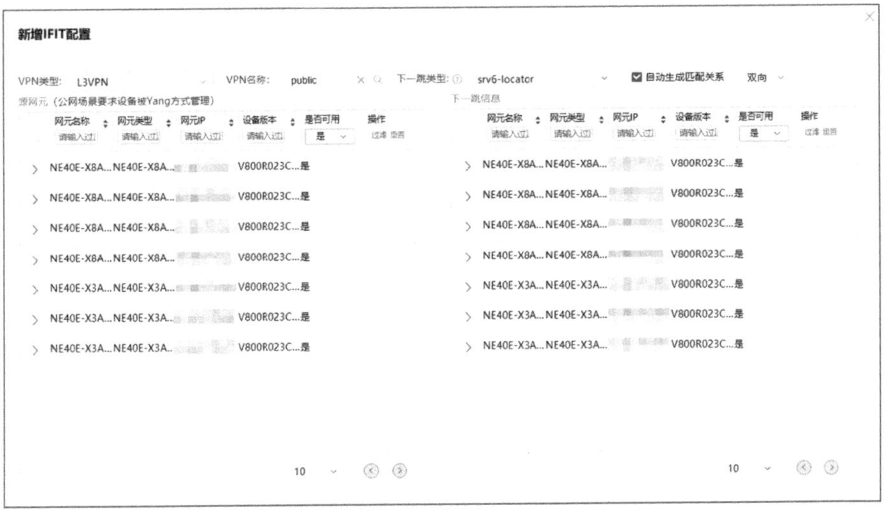

图 7-29　"新增 IFIT 配置"界面

④单击"生成匹配关系"按钮，如图7-30所示。一个VPN UNI到一个目
　的PeerLocator为一条关系。

图 7-30　单击"生成匹配关系"

📖 说明

若勾选"自动生成匹配关系"，在右侧下拉列表中选择"单向"或"双
向"可自动生成配套关系，无须手动生成匹配关系。

⑤选择"检测模式"，检测模式支持端到端（e2e）和逐跳（trace）两种
　模式，还可以选择是否开启"逐包时延"。
⑥单击"确定"按钮，等待系统弹出"操作完成"提示信息，单击"确
　定"按钮。

📖 **说明**

- 设备上IFIT实例支持绑定的接口是主接口，如果VPN业务的UNI为子接口，实际NCE下发基于VPN + PeerLocator的实例时，会转为主接口。例如，配置的接口为GigabitEthernet1/0/5.3268，在VPN监控列表中显示的源网元接口为GigabitEthernet1/0/5。
- 当下发L3VPN over SRv6 IFIT实例时，如果源接口同时有IPv4和IPv6地址，则支持同时勾选IPv4和IPv6下发实例。下发后界面上会展示两个实例，以业务名称加上地址类型后缀做区分。

2. 创建批量实例

下面展示创建批量实例的过程。

① 打开"网络数字地图"，选择"全局设置 > 智能分析设置 > 拥塞视图 > 监控管理 > 监控实例管理"，参见图7-14。

② 在左侧的导航栏上选择"VPN监控 > IFIT监控配置"，单击"导入"按钮，弹出"导入"对话框，如图7-31所示。

图7-31 "导入"对话框

③ 单击获取样例文件路径的超链接下载导入文件模板，填写相关参数后保存。

④ 选择填写好实例参数的文件，单击"导入文件"按钮，提示"导入文件上传成功"即表示完成批量任务提交。

⑤ 单击"查看导入任务"按钮或者在主菜单选择"设置 > 监控状态 > 监控任务状态"，跳转至"监控任务状态"界面，可以根据"任务名称""任务类型""操作类型""创建人"等参数过滤出所需的任务。在相应任务行的"操作"列中，可以单击操作图标对其进行"查看详

情""导出""删除"操作，如图7-32所示。

图 7-32　"监控任务状态"界面

⑥在"IFIT监控配置"界面单击"全部导出"按钮，系统会将现有的实例导出生成一个文件，便于用户对下发的实例进行查找和对比。

7.3.6　基于 MAC 地址的 IFIT-AM 检测部署

基于MAC地址的IFIT-AM检测多用于在家庭宽带场景中进行网络排障。对使用MAC标识的业务流或用户进行细粒度的SLA测量，可以满足重要业务保障或业务故障定界等场景的监控需求。

下面以用户上线报障场景为例展示部署过程。

①打开"网络数字地图"，选择"全局设置 > 智能分析设置 > 拥塞视图 > 监控管理 > 监控实例管理"，参见图7-14。

②在左侧的导航栏上选择"应用监控 > 自定义流（MAC）监控配置"，进入"自定义MAC流监控配置"界面，如图7-33所示。

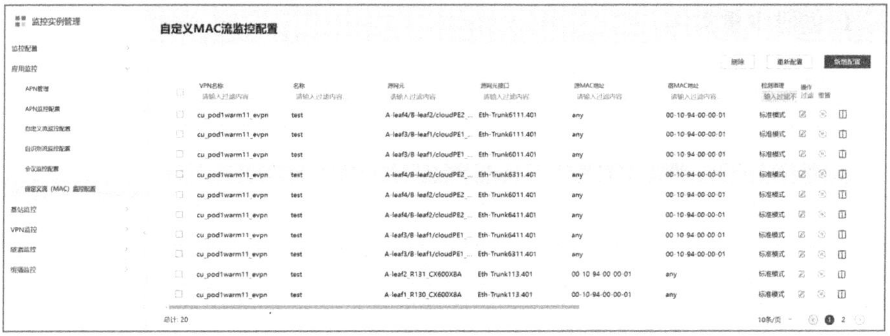

图 7-33　"自定义 MAC 流监控配置"界面

③单击"新增配置"按钮，弹出"新增MAC流监控"界面，如图7-34所示。设置用户报障的"MAC地址""周期""检测模式"以及L2VPN EVPN业务的名称等。

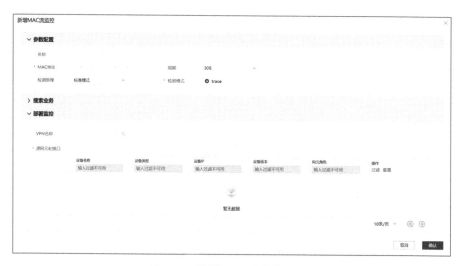

图 7-34 "新增 MAC 流监控"界面

④对填写的信息进行确认，提交请求，等待系统完成。

7.3.7 基于隧道的 IFIT-AM 检测部署

基于隧道的IFIT-AM检测特指基于SRv6 Policy的监控，对SRv6 Policy每个Segment List的流量进行测量。也就是说，部署过程以SRv6 Policy作为对象，结果是基于该SRv6 Policy每个Segment List产生一条统计数据。IFIT监控支持通过界面创建少量实例和通过导入文件创建批量实例两种方式。

1. 创建少量实例

下面展示创建少量实例的过程。

①打开"网络数字地图"，选择"全局设置 > 智能分析设置 > 拥塞视图 > 监控管理 > 监控实例管理"，参见图7-14。

②在左侧的导航栏上选择"隧道监控 > 监控配置"，如图7-35所示。

③单击"添加"按钮，弹出"添加监控隧道"界面，如图7-36所示。单击"子网"文本框，弹出"子网选择"界面，根据业务需要选择所需的子网，单击"确定"按钮。在"可选网元"区域中根据"网元名称""网元类型""网元IP""设备版本""是否可用"过滤出所需的网元。

图 7-35　选择"监控配置"

图 7-36　"添加监控隧道"界面

④选择"对象类型"，有"网元"和"隧道"可选。选择"网元"创建实例，会批量创建以所选网元为源的隧道实例，当所选网元创建了新的隧道时，需要重新创建监控实例；选择"隧道"即指定对SRv6 Policy进行监控。

⑤选择"检测模式"，有端到端（e2e）和逐跳（trace）可选。

⑥单击"确定"按钮。

2. 创建批量实例

下面展示创建批量实例的过程。

①打开"网络数字地图"，选择"全局设置 > 智能分析设置 > 拥塞视图 > 监控管理 > 监控实例管理"，参见图7-14。

②在左侧的导航栏上选择"隧道监控 > 监控配置"，单击"导入"按钮，弹出"导入"对话框，如图7-37所示。

图 7-37 "导入"对话框

③单击获取样例文件路径的超链接下载导入文件模板，填写相关参数后保存。

④选择填写好实例参数的文件，单击"导入文件"按钮，提示"导入文件上传成功"即表示完成批量任务提交。

⑤单击"查看导入任务"按钮或者在主菜单选择"设置 > 监控状态 > 监控任务状态"，跳转至"监控任务状态"界面，如图7-38所示。可以根据"任务名称""任务类型""操作类型""创建人"等参数过滤出所需的任务。勾选相应的任务，可以对其进行"查看详情""导出""删除"操作。

图 7-38 "监控任务状态"界面

⑥在"隧道监控配置"界面单击"全部导出"按钮，系统会将现有的实例导出生成一个文件，便于用户对下发的实例进行查找和对比。

7.3.8　异常 VPN 故障处理

当用户发现VPN出现异常时，在性能报表上可以及时查看异常指标字段信息，通过端到端/逐跳数据关联分析，定位故障。下面以移动承载业务VPN的IFIT-AM检测为例，预先对移动承载业务部署基于动态学习的IFIT-AM检测，动态学习出的监控对象在后文称为"基站流"。为了提升设备转发性能，将每一条基站流默认部署为端到端模式，再配合自动逐跳策略，在发生异常时切换为逐跳模式。

首先定义质差判定规则。配置端到端基站流的丢包、时延、中断阈值，如图7-39所示。当实际的流的指标超过配置值后，基站流被认为质差，说明出现了异常。

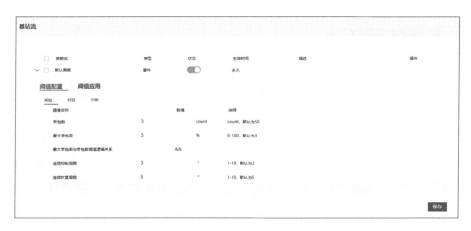

图 7-39　定义质差判定规则

以丢包质差越限配置为例，各阈值的说明如表7-2所示。

表 7-2　丢包质差越限各阈值的说明

名称	说明
丢包数	IFIT-AM 检测实例在 1 min 内头部减尾部计算出的总丢包数
最大丢包率	IFIT-AM 检测实例 1 min 周期内最大丢包率
最大丢包率与丢包数阈值逻辑关系	当最大丢包率与丢包数这两个阈值同时越限时，认为达到丢包质差越限
连续抑制周期	连续几个周期发生越限，判断丢包质差故障
连续恢复周期	连续几个周期在阈值条件范围内，认为故障排除

其次配置故障自动逐跳监控策略。如图7-40所示，单击"自动触发逐跳监控"按钮，效果是当基站流发生质差后，自动触发逐跳模式。该模式能展示流的每一跳上的数据，且能诊断出哪一跳上有异常，帮助用户发现并定位故障。

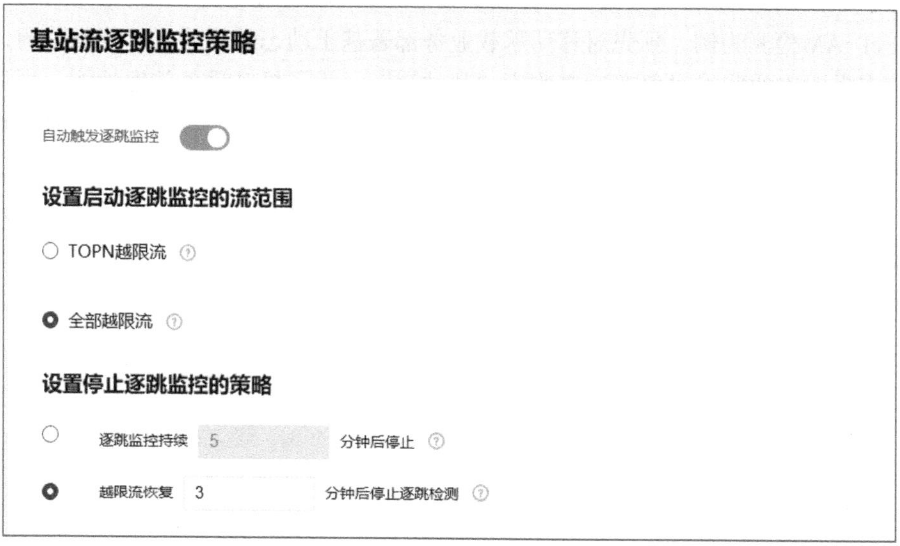

基站流逐跳监控策略

自动触发逐跳监控

设置启动逐跳监控的流范围

○ TOPN越限流 ⑦

◉ 全部越限流 ⑦

设置停止逐跳监控的策略

○ 逐跳监控持续　5　分钟后停止 ⑦

◉ 越限流恢复　3　分钟后停止逐跳检测 ⑦

图 7-40　配置故障自动逐跳监控策略

"设置启动逐跳监控的流范围"支持选择"TOPN越限流"或"全部越限流"。"TOPN越限流"的含义是，以一个基站为源或者目的的流可能有多条，同一个周期都发生了越限，对所有越限流按丢包或时延从大到小排序，取排名TOP1的一条流，N个基站就取N条流，对这些流应用自动逐跳监控策略。"全部越限流"的含义是，选择所有被监控而且越限的流来应用自动逐跳监控策略。

"设置停止逐跳监控的策略"支持"逐跳监控持续n分钟后停止"，含义是不论故障是否排除都切换为端到端模式，还支持"越限流恢复n分钟后停止逐跳检测"，含义是等到故障排除几个周期后再切换为端到端模式。

接着可以查看流性能统计数据。单击 按钮，进入"性能分析报表"界面，如图7-41所示，查看对应VPN业务报表，通过筛选流的"状态"为"质差"的行，用户可以查看质差流的统计数据和质差流是否启动了逐跳检测。如果"逐跳是否启动"为"是"，用户可以继续通过单击报表每一行数据末尾的"操作项"的"关联分析"跳转至这条流的详情界面。

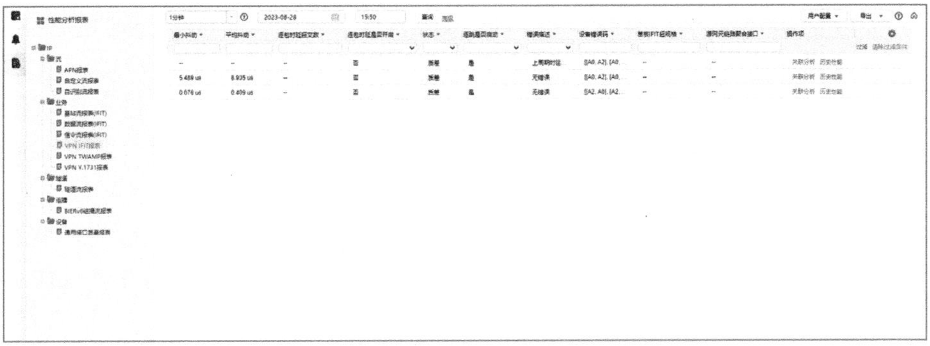

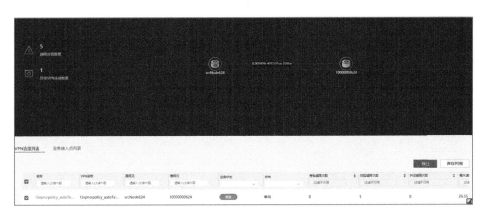

图 7-41　"性能分析报表"界面

"VPN详情"界面左侧显示了"越限告警数量"（丢包、时延和抖动越限次数）和"异常VPN连接数量"，右侧显示了该VPN的整体拓扑图，如图7-42所示。用户可以按照全部VPN连接、正常VPN连接、异常VPN连接来展示拓扑图，只要VPN中发生异常，异常VPN业务链路就会被标识。

图 7-42　"VPN 详情"界面

"VPN详情"界面下方的"VPN连接列表"选项卡展示了与该VPN相连的所有业务接入点的详细信息，包括丢包、时延和抖动越限次数，最大速率、上/下行速率等，用户只需要过滤状态为异常的VPN进行查看。可以使用IFIT、Y.1731、TWAMP等多种技术对VPN进行检测，检测结果都可以展示在"VPN详情"界面。检测技术不同，丢包、抖动和时延使用的性能指标不同。

- IFIT检测技术中丢包使用的性能指标为最大丢包率，时延使用的性能指标为最大时延，抖动使用的性能指标为最大抖动。
- Y.1731检测技术中丢包使用的性能指标为近端最大丢包率，时延使用的性能指标为双向时延最大值，抖动使用的性能指标为双向抖动最大值。

- TWAMP检测技术中丢包使用的性能指标为最大双向丢包率，时延使用的性能指标为最大双向时延，抖动使用的性能指标为最大双向抖动。

当一个使用IFIT检测技术的VPN连接中存在多条业务流时，上行速率/下行速率为一个方向所有业务流总的上行速率/总的下行速率。使用TWAMP、Y.1731检测技术的VPN连接不涉及上行速率和下行速率。

"业务接入点列表"选项卡展示了与该VPN相连的业务端口的详细信息，包括发送/接收带宽利用率、发送/接收峰值带宽利用率、发送峰值流速等指标。单击某条业务接入点的业务接口名称，可以打开该"接口性能指标趋势图"界面，查看24 h内的接口性能指标趋势图以辅助排障，如图7-43所示。

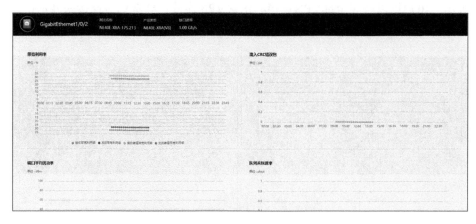

图7-43 "接口性能指标趋势图"界面

在"VPN连接列表"选项卡中，单击"名称"列中的链接，跳转至该"VPN关联分析"界面，如图7-44所示。左侧显示了"端到端最大丢包率/越限次数""端到端最大时延/越限次数""端到端最大抖动"，右侧显示了该VPN连接的业务路径。用户可以按照流的方向，选择"全部指标"或"异常指标"展示拓扑图，异常VPN、异常指标和链路会被标识，可以回放7×24 h的SLA数据，精准还原历史故障的业务拓扑路径、故障诊断结果、流分析信息等，用于回溯、定位历史问题。

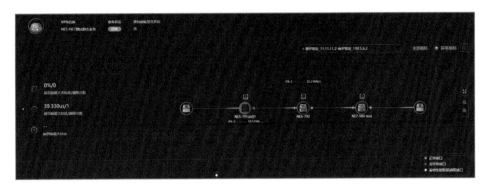

图 7-44　"VPN 关联分析"界面

在该界面上可以进一步操作显示网元、链路、接口的信息，查看流规格。下面进行详细说明。

- 双击VPN连接的业务路径拓扑图中被标识异常的网元、链路，可以查看对应对象24 h内的异常网元趋势图，指标包含最大丢包率、丢包数、最大时延、最大抖动和平均速率，辅助排障，如图7-45所示。

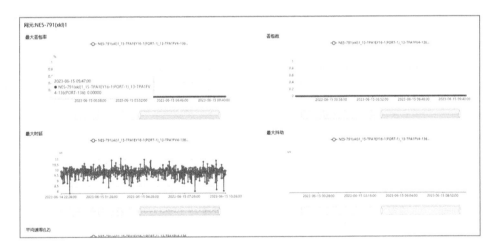

图 7-45　异常网元趋势图

- 双击VPN连接的业务路径拓扑图上的网元，在拓扑图的下方会展示"性能数据""IFIT资源使用率"两个选项卡，单击"IFIT资源使用率"选项卡，可以查看该设备的IFIT资源使用率，如图7-46所示。

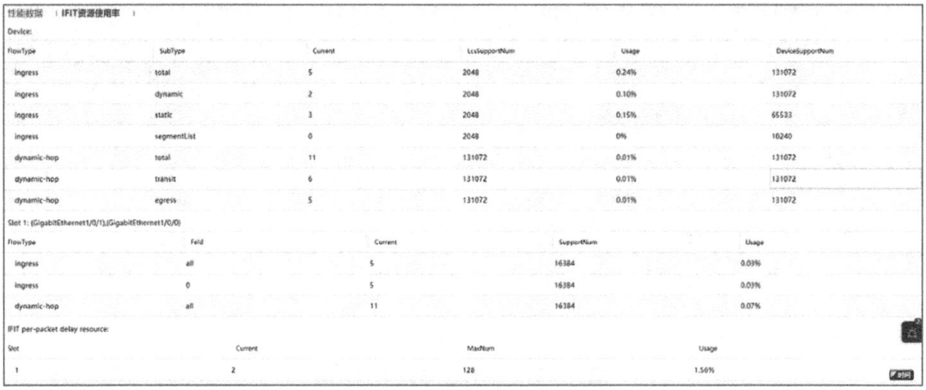
性能数据 | IFIT资源使用率 |

Device:

FlowType	SubType	Current	LcsSupportNum	Usage	DeviceSupportNum
ingress	total	5	2048	0.24%	131072
ingress	dynamic	2	2048	0.10%	131072
ingress	static	3	2048	0.15%	65533
ingress	segmentList	0	2048	0%	10240
dynamic-hop	total	11	131072	0.01%	131072
dynamic-hop	transit	6	131072	0.01%	131072
dynamic-hop	egress	5	131072	0.01%	131072

Slot 1: (GigabitEthernet1/0/1),(GigabitEthernet1/0/0)

FlowType	Feld	Current	SupportNum	Usage
ingress	all	5	16384	0.03%
ingress	0	5	16384	0.03%
dynamic-hop	all	11	16384	0.07%

IFIT per-packet delay resource:

Slot	Current	MaxNum	Usage
1	2	128	1.56%

图 7-46　IFIT 资源使用率

设备级IFIT资源使用率各字段的说明如表7-3所示。

表 7-3　设备级 IFIT 资源使用率各字段的说明

字段名	说明
FlowType	流在当前设备上生成的 IFIT-AM 检测实例的统计项类型，取值如下。 • 头节点实例（ingress）。 • 中间节点及尾节点实例（dynamic-hop）
SubType	流在当前设备生成 IFIT-AM 检测实例的统计项子类型，取值如下。 • 总量（total）。 • 动态流（dynamic）。 • 静态流（static）。 • 隧道级（segmentList）。 • 中间节点（transit）。 • 尾节点实例（egress）
Current	当前 IFIT-AM 检测实例的数量
LcsSupportNum	License 支持的 IFIT-AM 检测实例的数量
Usage	IFIT-AM 检测实例的资源使用率
DeviceSupportNum	设备支持的 IFIT-AM 检测实例的数量

单板级IFIT资源使用率各字段的说明如表7-4所示。

表 7-4　单板级 IFIT 资源使用率各字段的说明

字段名	说明
FlowType	流在当前设备上生成的 IFIT–AM 检测实例的统计项类型，取值如下。 • 头节点实例（ingress）。 • 中间节点及尾节点实例（dynamic-hop）
FeId	芯片 ID
Current	当前 IFIT–AM 检测实例的数量
SupportNum	支持的 IFIT–AM 检测实例的数量
Usage	IFIT–AM 检测实例的资源使用率

单击VPN拓扑图中被标识异常的端口，弹出该端口24 h内的异常端口趋势图，KPI包括端口的接收带宽利用率、发送带宽利用率、队列丢包速率、流入CRC（Cyclic Redundancy Check，循环冗余校验）错误包，如图7-47所示。默认的显示规则是，当有越限时，显示越限指标及阈值线；当没有越限时，则显示全部，不显示阈值线。

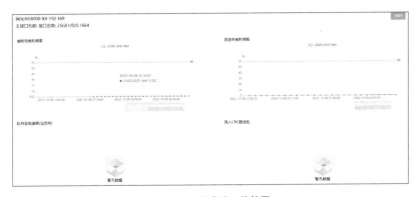

图 7-47　异常端口趋势图

拓扑图下方有"故障分析汇总"和"流分析"选项卡，单击"故障分析汇总"选项卡可以查看该VPN连接的故障分析汇总信息，如图7-48所示。用户可以根据"故障位置""疑似原因"结合各种指标趋势，参考"修复建议"进行故障处理。

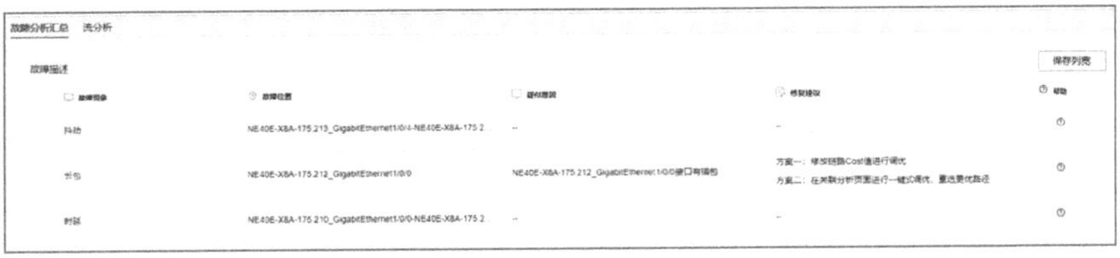

图 7-48　故障分析汇总信息

抖动类故障仅会显示故障位置，其他丢包类、时延类故障的描述如表7-5所示。

表 7-5　丢包类、 时延类故障的描述

故障类型	故障现象	故障位置	疑似原因	修复建议	数据来源
丢包越限	接口 CRC 错包异常	网元 + 接口	某台设备某个接口有错包	建议检查光模块是否故障、光纤是否松动	异常的指标
	流的路径上存在接口发生队列丢包	网元 + 接口	某台设备某个接口有队列丢包	建议扩容	异常的指标
	无接口异常且无队列丢包	网元（链路）+网元两端端口	显示 "—"	显示 "—"	无
时延越限	流的路径上存在接口发生队列丢包	网元 + 接口	某台设备某个接口有队列丢包	建议扩容	异常的指标
	流的路径上无队列丢包	网元（链路）+网元两端端口	显示 "—"	显示 "—"	无

在拓扑图下方单击"流分析"按钮查看端到端最大丢包率、端到端最大时延、端到端最大抖动和最大速率的变化趋势图，辅助排障，如图7-49所示。

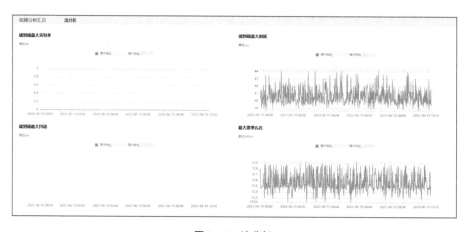

图 7-49　流分析

| 设计背后的故事 |

　　SDN时代的一个教训就是过于强调网络"大脑"（控制器）的重要性，仿佛有了控制器，一切网络问题都可以迎刃而解。其时代背景是，基于OpenFlow实现转控分离，网络设备（转发器）完全受控制器控制。在实践过程中，我们发现这种理想的架构很难成功。后来我遇到尹国理老师，他关于SDN的一个总结给了我很大启发："设备不足网络补，网络不足控制器补。"意思是设备功能不足可以通过网络功能弥补，网络功能不足可以通过控制器功能弥补。例如，设备可靠性不高时，可以采用端到端路径HSB（Hot Standby，热备份）、FRR等网络可靠性技术解决；网络分布式路径计算无法实现全局最优时，可以通过控制器进行全局路径优化。这个总结体现了系统的重要性，需要综合运用设备、网络、控制器的功能解决问题。

　　在"IPv6+"创新实践的过程中，我对于系统的这种认知更加深了一层：网络就像"身体"，如果没有一个强大的"身体"，那么也很难具备一个足够智慧的"大脑"。依靠传统复杂的MPLS技术，做好控制器会非常困难，事倍功半。在数据中心网络中，VXLAN简化了业务部署，使能了控制器，取得了成功，但是功能比较简单。因为"IPv6+"的出现，SRv6使得控制器具备了足够灵活、可扩展的路径编程能力，IPv6随路遥测使得控制器具备了更强的路径可视能力。网络如"身"，SRv6如"手"，IPv6随路遥测如"眼"，控制器如"脑"，正是"身""手""眼"的配合，才使得"脑"足够智慧、足够灵活。

第8章
IPv6 随路遥测的产业发展与技术展望

随着5G的规模部署和云网业务的蓬勃发展，IPv6随路遥测在标准化与产业化方面也取得了显著进展。本章将介绍IPv6随路遥测的标准化进展、相关的产业活动以及商业部署情况，并对IPv6随路遥测的技术发展进行展望。

| 8.1 IPv6 随路遥测的产业发展 |

8.1.1 IPv6 随路遥测标准化的进展

IPv6随路遥测的标准化进程在IETF、ETSI和CCSA同步开展。IPv6随路遥测的标准布局如图8-1所示，按照IFIT整体框架、管理平面、控制平面以及数据平面几个维度展开。

图 8-1 IPv6 随路遥测的标准布局

　　IFIT是IPv6随路遥测的参考框架，定义了一个可以部署的自动化遥测架构，已经在ETSI ENI ISG（Experiential Networked Intelligence Industry Specification Group，体验式网络智能行业规范组）正式发布为GR（Group Report，集团报告）ENI 012。在该架构下，通过智能选流、数据上报抑制、动态网络探针等技术可以解决大型网络部署时遇到的诸多问题。

　　draft-ietf-ippm-alt-mark-deployment[1]定义了交替染色方法的部署框架，包括如何设置一个检测域，如何在检测域的头节点和尾节点做配置，以及如何保证做了交替染色的流在出检测域时被正确恢复。类似地，在RFC 9378[2]中定义了IOAM的部署框架。

　　下面对IPv6随路遥测的数据平面、控制平面和管理平面的相关标准及草案分别进行介绍。

1. 数据平面相关标准及草案

　　IPv6随路遥测的数据平面协议扩展主要定义了随路遥测扩展的数据格式，以及如何在不同承载协议下进行封装，包含的标准及草案如表8-1所示。

表 8-1　IPv6 随路遥测数据平面标准及草案

分类	标准及草案	简介
交替染色	RFC 9341[3]	定义了交替染色技术，以及用于测量丢包、时延和抖动的基本原理
	RFC 9342[4]	对交替染色技术进行了增强，扩展到多路径场景下的任意单播流。可以看作一种支持 MP2MP 的测量技术
	RFC 9343[5]	定义了交替染色技术的 IPv6 数据平面封装
	draft-ietf-mpls-inband-pm-encapsulation[6]	定义了交替染色技术的 MPLS 数据平面封装
	draft-zhou-ippm-enhanced-alternate-marking[7]	在 RFC 9341 和 RFC 9343 的基础上，对基本的交替染色数据平面格式进行扩展，实现了检测能力的增强
IOAM	RFC 9197[8]	定义了 Passport 模式的 IOAM 数据平面格式
	RFC 9326[9]	定义了 Postcard 模式的 IOAM 数据平面格式
	RFC 9322[10]	定义了 IOAM 指令中的 Flag 标记
	RFC 9486[11]	定义了 IOAM 的 IPv6 数据平面封装
	RFC 9630[12]	描述了 IOAM 在组播场景下的优化和扩展

2. 控制平面相关标准及草案

　　IPv6随路遥测的控制平面协议扩展主要用于能力通告以及功能使能，包含的标准及草案如表8-2所示。

表 8-2　IPv6 随路遥测控制平面标准及草案

分类	标准及草案	简介
能力通告	draft-wang-lsr-igp-extensions-ifit[13]	基于 IGP 的随路遥测能力通告的协议扩展
	draft-wang-idr-bgpls-extensions-ifit[14]	基于 BGP-LS 的随路遥测能力通告的协议扩展
	draft-ietf-idr-bgp-ifit-capabilities[15]	基于 BGP 路由下一跳的随路遥测能力通告的协议扩展
	RFC 9259[16]	定义了 Echo Request 和 Echo Reply 消息格式，用于查询节点支持 IOAM 的能力
功能使能	draft-ietf-idr-sr-policy-ifit[17]	基于 BGP 的随路遥测随 SR Policy 自动部署的协议扩展
	draft-ietf-pce-pcep-ifit[18]	基于 PCEP 的随路遥测随隧道自动部署的协议扩展

3. 管理平面相关标准及草案

　　IPv6 随路遥测的管理平面协议扩展包括配置设备的随路遥测功能、设备的高速数据上报，以及控制器的北向接口，其包含的标准及草案如表8-3所示。

表 8-3　IPv6 随路遥测管理平面标准及草案

分类	标准及草案	简介
功能配置	RFC 9617[19]	IOAM 的 YANG 模型。定义了 IOAM 的配置接口，支持通过 NETCONF 协议对指定的流应用 IOAM
	draft-ydt-ippm-alt-mark-yang[20]	交替染色的 YANG 模型。定义了交替染色的配置接口，支持通过 NETCONF 对指定流应用交替染色方法
数据上报	draft-ietf-netconf-udp-notif[21]	定义了基于 UDP 的上报通道协议，用于从网络设备上采集的随路遥测数据高速上报给控制器
	draft-ietf-netconf-distributed-notif[22]	定义了一种分布式数据上报的方法，用于从网络设备线卡上采集的随路遥测数据直接上报给控制器
	draft-fz-ippm-on-path-telemetry-yang[23]	定义了随路遥测信息上报的 YANG 模型
	draft-ietf-opsawg-ipfix-alt-mark[24]	定义了交替染色随路遥测信息上报的 IPFIX 扩展
	draft-spiegel-ippm-ioam-rawexport[25]	定义了 IOAM 随路遥测信息上报的 IPFIX 扩展
北向接口	RFC 9375[26]	定义了用于控制器北向的网络测量信息上报的 YANG 模型，该模型支持上报随路遥测信息

8.1.2　IPv6 随路遥测的产业活动

为了进一步凝聚产业共识、推动IPv6随路遥测的创新应用，目前产、学、研、用等各界都开展了活动，包括主流设备厂商对IPv6随路遥测的支持、认证测试、工作组研讨和产业论坛等。

在2019 Interop东京展上，华为展示了业界首个体系完整的随路遥测方案。该方案凭借毫秒级的随流检测实时感知网络业务质量，能够实现静默故障秒级定位、支撑业务快速恢复、引领网络运维智能化，获得最佳表现奖（Best of Show Award）。

2019年11月，推进IPv6规模部署专家委员会批准立项成立"IPv6+技术创新工作组"，其工作目标为：依托我国IPv6规模部署进展成果，加强基于IPv6下一代互联网技术的体系创新，整合IPv6相关技术产业链（产、学、研、用等）力量，从网络路由协议、管理自动化、智能化及安全等方向积极开展"IPv6+"网络新技术〔包括SRv6、IPv6网络切片、DetNet（Deterministic Networking，确定性网络）、BIERv6、IFIT等〕、新应用的验证与示范，不断完善IPv6技术标准体系。IPv6随路遥测作为"IPv6+"创新的重要技术获得广泛重视。

2020年底，ETSI成立了ISG IPE（IPv6 Enhanced Innovation，IPv6增强创新），推动IPv6的发展。2020年9月和2021年10月，ETSI举办了IPE Webinar会议，也对IPv6随路遥测这一重要创新课题进行了宣讲。之后，IPE的工作转移到IPv6全球论坛，IPv6增强创新也继续在IPv6全球论坛推动。

从2021年开始，MPLS SDN&NFV（Network Functions Virtualization，网络功能虚拟化）&AI大会接连4年安排了IPv6随路遥测专题，对随路遥测的架构和关键技术进行介绍。

为推动"IPv6+"技术及产业的成熟，中国信息通信研究院（简称中国信通院）技术与标准研究所启动了"IPv6+ Ready"测评项目，面向设备制造商、网络服务商开展"IPv6+"设备及解决方案的测评工作。2023年6月，中国信通院正式启动"IPv6+ Ready 2.0"评估项目，IPv6随路遥测是该项目评估的重要特性。目前，已有多家厂商成功通过了中国信通院泰尔实验室制定的"IPv6+ Ready 2.0 & SRv6 Ready"测试认证。

以上活动对于随路遥测的创新应用起到了积极的推动作用。随着IPv6随路遥测在运营商和企业网络规模部署的持续展开，该产业也会变得更加成熟和完善。

8.1.3　IPv6 随路遥测的商业部署

随着5G发展的不断深化，运营商用户对网络质量的要求不断提高，对移动承载网性能的有效监控显得尤为重要。同时，随着云计算的不断发展，业务上云已经成为企业用户首要考虑的服务部署方式，高品质IP专线业务、金融广域网等方案不断涌现，在云网场景下的高效运维显得迫在眉睫。IPv6随路遥测可以很好地满足上述场景的需求，在国内外运营商和企业网络中得到广泛部署。

目前，IFIT-AM是IPv6随路遥测已经实现商用交付的解决方案。中国运营商，包括中国电信、中国移动和中国联通，其各省份网络已经开始试点和规模部署IFIT-AM方案。全球其他运营商（例如欧洲、南部非洲等地区的多个运营商）也在积极部署IFIT-AM来提升网络和业务的智能化服务水平，典型的部署案例包括卢森堡POST、南非MTN、新加坡电信等。与此同时，国内多个政府和企业的网络也采用了IFIT-AM方案，典型的部署案例包括广东、广西等省（自治区、直辖市）的政务网络，以及中国农业银行、中国工商银行、交通银行的金融骨干网等。据不完全统计，IFIT-AM方案的部署局点已经超过200个。

1. 5G承载网智能运维

中国电信以IP RAN为基础，引入大容量新型设备和SRv6、FlexE、IFIT等新技术，构建了5G STN（Smart Transport Network，智能传送网），用于实现3G/4G/5G等的移动回传业务、政企以太专线，以及云专线/云专网等"5G + 云网"的统一承载[27]，如图8-2所示。STN覆盖全国各省份的本地网，成为全球

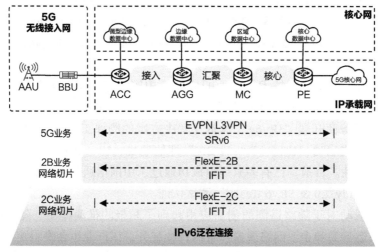

注：AAU即Active Antenna Unit，有源天线处理单元。
　　BBU即Baseband Unit，基带单元。

图8-2　中国电信的 5G STN

最大规模的使能"IPv6+"的网络之一，极大简化了网络协议，使网络更加智能、敏捷、高效。

中国电信的5G STN引入了完整体系的IFIT随路遥测，实现从用户投诉驱动、小时级人工排障修复，到一分钟业务质差感知、一分钟故障定界、自动修复以及用户零投诉的转变。SRv6跨域后，可以利用IFIT结合智能管控系统，实现跨域场景中业务质差的快速感知和分析，以及故障的快速定界和自动修复。

2. 北京2022年冬奥会数据专网质量保障

北京2022年冬奥会（第24届冬季奥林匹克运动会）是一项重大的标志性活动，需要为两地三赛区的87个场馆和服务设施、北京与张家口之间的多条交通干线周边提供共享互联网、互联网专线、"媒体+"等多种网络通信服务。北京2022年冬奥会对终端接入效率、网络丢包率、网络往返时延、接入层和核心层网络可用率、网络故障排除时间等均有严格要求，为不同等级的场馆制定了差异化的指标需求。因此，中国联通建设了"IPv6+"冬奥会数据专网[28]，其架构如图8-3所示。

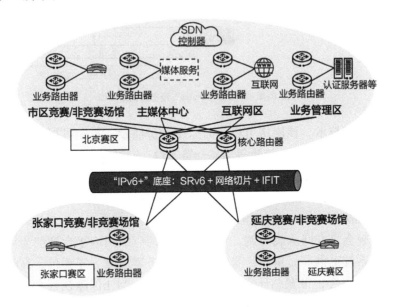

图8-3　"IPv6+"冬奥会数据专网架构

"IPv6+"冬奥会数据专网整网部署IFIT功能，可以实时监控业务的端到端SLA和逐跳转发信息，可以实现分钟级颗粒度的业务质差主动感知，从被动式运维转变为主动预防式运维，从依靠运维人员分析问题转变为由AI辅助运维人员对故障根因进行精准定位。

3. 政务云网运维可视

为支撑数字政府改革纵深发展和全面触达，广东省打造了新一代电子政务外网。广东省"IPv6+"政务云网络架构如图8-4所示，在政务外网和云网络中引入"IPv6+"技术。

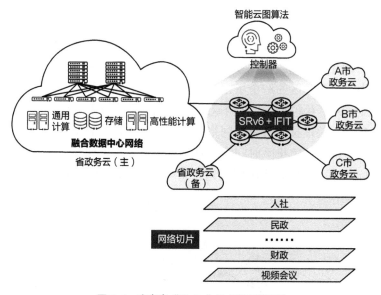

图 8-4　广东省"IPv6+"政务云网络架构

基于IFIT技术，该网络可以实时监测业务质量，打造可视化网络运营平台，设备、资产、线路、流量等信息一览无余，网络健康度实时在线，政务云网态势全可视。通过智能算法，可以提前预测流量拥塞发生概率、网络中设备和线路运行风险，从而主动地进行流量路径调整和故障规避。对于线路拥塞、误码等常见故障，能做到自优化、自恢复。

以视频会议专网承载为例，广东政务外网省级网络平台持续为粤视会等视频会议系统提供高质量网络服务，实现业务零故障、零丢包，高峰期支持并发1500人参会，带宽总计突破1.5 Gbit/s，7×24 h保障视频会议业务的互联畅通。

| 8.2　IPv6 随路遥测的技术展望 |

5G和云时代都在驱动IP网络朝着"IPv6+"发展，未来IP网络需要具备智能超宽、智能联接、智能运维三大特征。其中，智能运维是保障未来网络业务SLA的重要手段，是实现自动化、智能化IP网络的关键。智能运维通过分析全网实时性能检测数据，对网络可能发生的风险进行提前干预、调整和优化，将"由故障推动的传统网络运维方式"转变为"主动预测性运维方式"。

"IPv6+"是智能IP网络的最佳选择，IPv6随路遥测作为智能运维方面的代表技术之一，是"IPv6+"的重要组成部分。IPv6随路遥测的设计目标是构筑完整体系的随路遥测，实现快速故障感知和自动修复，满足5G和云时代背景下的智能运维需求。面向未来，IPv6随路遥测将进一步迎来物联网、车联网、工业互联网等千行百业上云，同时面临万物智联带来的新的运维需求与挑战。基于此，IPv6随路遥测也需要进一步完善，例如，增加更多测量种类和参数、提升测量精度、更大程度实现自动化部署和简易部署、通过减少数据上报提升性能等。

8.2.1　IOAM 的持续优化

IOAM无疑是随路遥测的终极理想，但是IOAM的数据平面信息测量和海量数据上报使得其在工程实现上面临极大挑战。因此，围绕IOAM数据平面信息测量和海量数据上报的优化将会持续进行。

1. PT（Path Tracing，路径跟踪）

PT[29]可以被看作对IOAM Tracing选项的一种优化，即通过优化的标准化信息记录格式实现对网络路径的跟踪。

PT信息以一系列接口ID的形式提供数据包路径记录，它还提供数据包传输路径上每个出接口的端到端时延、每跳时延和负载的记录。PT可以在40 Byte的IPv6 HBH扩展报文头中实现14跳路径的跟踪信息记录，较大地减少了带宽开销。

沿着数据传输路径，每个PT节点将对应的MCD（Midpoint Compressed Data，中间节点压缩数据）记录到HBH-PT报文头中。MCD中包含的信息如下。

• MCD.OIF（Outgoing Interface ID，出接口ID）：与路由器的物理出接口关联的8 bit或12 bit接口ID。

- 接口ID由网络服务提供商分配。接口ID在整个网络中不需要全局唯一，只要能基于接口ID链推断出端到端路径，相同的接口ID可以在网络中多次重复。
- 设备接口ID的编程可以通过CLI/NETCONF或任何其他方式完成。
- 网络服务提供商可以选择使用8 bit或12 bit接口ID，但是接口ID的大小必须在整个网络中保持一致。
- LAG（Link Aggregation Group，链路聚合组）场景中每个成员接口都会配置不同的接口ID。

- MCD.OIL（Outgoing Interface Load，出接口负载）：4 bit的出接口负载（相对于接口带宽的当前吞吐量）。
- MCD.TTS（Truncated Timestamp，截断时间戳）：8 bit的时间戳，标识数据包离开路由器的时间。
  - 路径跟踪使用64 bit时间戳格式。RFC 8877推荐了两种64 bit时间戳格式[30]，包括64 bit截断的PTP时间戳格式和64 bit的NTP时间戳格式。
  - 为设备上每个出接口配置一个TTS模板。
  - TTS模板定义了从出接口时间戳中选取的8 bit的位置。
  - 路径跟踪中间节点的实现可以支持一个或多个TTS模板，每个TTS模板提供不同的时间精度。
  - 用户使用单个TTS模板配置出接口，为给定接口选择的TTS模板基于连接到该接口的链路类型实现。
  - 网络中所有路由器必须具有时间同步功能。

- PT源节点是启动PT探测实例并生成PT探针的节点。对于每个配置的PT探测实例，根据探测速率，PT源节点会生成PT探测包，具体过程如下。
  ①生成新的IPv6数据包。
  ②根据PT探测实例配置设置IPv6 SA。
  ③将SRv6 Segment List中的第一个SID（Segment ID，段标识符）设为IPv6 DA。
  ④将IPv6下一报文头字段设置为0（HBH）。
  ⑤根据PT探测实例的配置，设置DSCP和流标签值。
  ⑥将HBH-PT附加到IPv6逐跳报文头。
  ⑦将HBH-PT MCD堆栈的所有位设置为0。
  ⑧如果Segment List有多个（大于1个）SID，那么附加SRH。
  ⑨将SRH的下一报文头字段设置为60（IPv6目的选项报文头）。
  ⑩将SID列表中剩余的SID写入SRH。

⑪附加DOH-PT到IPv6目的选项报文头。

⑫将IPv6目的选项报文头的下一个报文头字段设置为59（IPv6无下一个扩展报文头）。

⑬根据MTU扫描范围配置，在IPv6目的选项报文头后添加填充字节，以达到所需的数据包大小。

⑭根据PT探测实例的配置，设置DOH-PT的16 bit会话ID字段。

⑮执行IPv6 FIB查找以确定转发数据包的出接口（IFACE-OUT）。

⑯在DOH-PT的T64字段中记录传输的64 bit时间戳（SRC.T64）。

⑰在DOH-PT的IF_ID字段中记录IFACE-OUT ID（SRC.OIF）。

⑱在DOH-PT的IF_LD字段中记录IFACE-OUT负载（SRC.OIL）。

⑲通过出接口转发数据包。

PT中间节点是路径跟踪报文的中间传输节点。当PT中间节点收到包含IPv6 HBH-PT选项的IPv6报文时，将计算并记录本节点的MCD信息。

PT宿节点收到PT源节点发送的包含沿途每个PT中间节点记录信息的PT测试报文，并在记录自己的PT信息后将其转发给区域采集器。区域采集器接收PT探针信息，解析并将其存储在数据库中，再基于PT信息来构造数据包传送路径以及每个节点的时间戳。

PT定义了一个用于HBH的IPv6选项HBH-PT（IPv6 Hop-by-Hop Option for Path Tracing），该选项格式如图8-5所示。

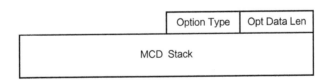

图 8-5　IPv6 选项 HBH-PT 格式

IPv6选项HBH-PT各字段的说明如表8-4所示。

表 8-4　**IPv6 选项 HBH-PT 各字段的说明**

字段名	长度	说明
Option Type	8 bit	具体值待分配，选项的高 3 位必须设置为 001，其中，前两位 00 表示对于不支持 HBH-PT 选项类型的节点，跳过 HBH；第 3 位 1 表示对于支持 HBH-PT 选项类型的节点，更新 HBH-PT
Opt Data Len	8 bit	MCD 堆栈的长度，单位为 Byte
MCD Stack	可变长度	PT 中间节点记录其 MCD 的元数据暂存区

PT还定义了一个用于DOH的IPv6选项DOH-PT（IPv6 Destination Option

for Path Tracing），该选项格式如图8-6所示。

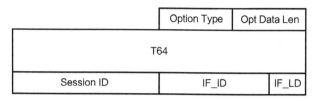

图 8-6　IPv6 选项 DOH-PT 格式

IPv6选项DOH-PT各字段的说明如表8-5所示。

表 8-5　IPv6 选项 DOH-PT 各字段的说明

字段名	长度	说明
Option Type	8 bit	具体值待分配，选项的高 3 位必须设置为 000，其中，前两位 00 表示对于不支持 DOH-PT 选项类型的节点，跳过 IPv6 目的选项报文头；第 3 位 0 表示 DOH-PT 不能在路由中改变
Opt Data Len	8 bit	DOH-PT 的字节长度（固定为 12）
T64	64 bit	时间戳
Session ID	16 bit	生成探针的源节点设置的会话标识符。用于关联属于同一会话的不同探针，值为 0 表示未设置
IF_ID	12 bit	接口 ID
IF_LD	4 bit	接口负载

前述的PT节点的数据平面行为是以主动测量（即需要生成跟踪测试报文）为例，实际路径跟踪方案也可以用于随路测量。PT方案的优势如下。

- 低开销。一个40 Byte的HBH报文头可以实现14跳路径测量，具体包括1跳在PT源节点，12跳在PT中间节点，以及1跳在PT宿节点。
- 线速和硬件友好。
  - 在当前硬件中使用常规转发流水线（Pipeline）即可达到线速。
  - 利用成熟的硬件能力（基本移位操作），路径上的每个节点都无须调整数据包大小。
- 可扩展的细粒度时间戳。PT源节点和宿节点支持64 bit时间戳，PT中间节点支持8 bit时间戳。
- 可扩展的载荷测量。

PT方案采用Passport模式的测量方法。与IOAM Tracing选项相比，一方面，PT方案极大地降低了随路测量的开销；另一方面，PT方案支持的测量数据类型有限，主要是出接口、时延和载荷等，如果需要支持更多类型数据的测量，那么PT方案会面临可扩展性的问题。

2. SRv6轻量IOAM

SRv6轻量IOAM（Lightweight IOAM for SRv6 Network）[31]基于SRv6网络实现，通过重用SRv6 SRH中的Segment List来记录途经节点的转发信息，这样可以保证在随路测量的过程中报文长度不会增加。

在大多数情况下，SRv6 SID在按照RFC 8754[32]中的要求处理之后，将不会再被使用。同时，这些处理过的SID仍会保留在SRH中被传送到数据包的目的地。因此，这些处理过的SID空间可以重新用于其他目的，例如携带性能测量信息或IOAM信息。

由于IOAM数据需要满足RFC 9197[8]中定义的精度要求，本方案假设SID的可重写长度至少为64 bit。同时，为了确定对应的IOAM数据与路径上哪个节点相关，必须保留SID中标识节点的LOC（Locator）部分。

为了表示IOAM数据的类型，本方案定义了一个新的SID字段——FLAG，FLAG字段用于指示额外的操作，例如IOAM操作。完整SID的格式为LOC:FLAG:FUNCT，存储在SID空间中的IOAM数据采用的格式为<FLAG><IOAMdata>。

FLAG字段的偏移和长度可以由网络管理员进行配置。例如，FLAG字段可以是LOC和FUNCT字段之间的8 bit，偏移可以是第48位，即第0～47位是LOC，第48～55位是FLAG，第56～127位是FUNCT。其中，FLAG字段的值表示IOAM处理和IOAM数据类型，取值及含义如下。

- 0：非IOAM。
- 1：时间戳。
- 2：数据包计数器。
- 3：队列深度。
- 4：ingress_if_id和egress_if_id（短模式）。
- 5：Hop_Lim和node_id。
- 6：命名空间特定数据。
- 7：缓冲区占用率。
- 8：校验和补码。
- 9～255：保留。

SRv6轻量IOAM通过重用SID空间实现了随路测量过程中报文长度不增加，但因为IOAM Tracing选项希望能够跟踪更多种类的信息，SRv6轻量IOAM的使用场景存在一定限制，需要根据实际需求进行选择。

8.2.2 更加精细化的路径可视

IOAM定义了一系列IOAM Trace-Type，这些Trace-Type标识了报文在转发过程中途经节点的各种信息[8]。随着IP转发的发展，可能还需要更多种类的转发信息，以实现更加精细化的路径可视。其中，网络转发策略可视具有较高的价值。

IP网络中经常使用ACL、PBR（Policy-Based Routing，策略路由）或FlowSpec路由等实现网络转发策略。这些转发策略不同于基于最短路径转发的IP路由，是基于五元组等分类信息进行强制转发，以满足服务或安全的需求。在实际网络运维中，部署这些转发策略后，因为缺乏有效的手段监控策略的有效性，会导致如下两个方面的问题。

- 转发策略不断累积，使得维护变得越来越困难。
- 无法有效验证业务报文是否使用了正确的转发策略。

为了实现更加有效的转发策略可视，可以通过IOAM来记录报文在转发过程中历经的转发策略。通过对实际业务报文转发策略的记录统计，一方面，可以确定哪些转发策略得到了应用，对于那些长期未得到应用的转发策略，可以检视其合理性，并对不合理的转发策略予以清除；另一方面，可以根据业务报文历经的转发策略来确定其转发路径是否符合预期，对于不符合预期的转发路径，可以通过检视转发策略来确定是否需要调整。这些都有利于实现对网络转发策略的有效维护。

8.2.3 IP 组播随路遥测

IPv6随路遥测当前已经广泛用于单播业务。组播是IP网络的另一个重要业务，因此，组播随路遥测也是非常重要的一个技术课题。

IP组播广泛应用于实时交互式在线会议、IPTV、在线金融市场实时数据传输等场景。组播数据包的丢失和时延影响应用性能和用户体验。

组播频道一般用(源, 组)，即(S, G)标识，特定(S, G)的IP组播分组数据会被复制并分发给多个接收者，即网络中存在原始组播数据包的多个副本。当IOAM跟踪选项使用组播数据包时，跟踪数据会被复制到组播树每个分支的数据包副本中，而这些跟踪数据除了最后一个叶分支的数据外，其余大部分都是冗余的，这种冗余会导致不必要的报文头开销，浪费网络带宽，并使数据处理复杂化。

在RFC 9630中定义了用于解决组播随路遥测问题的两种可选方案[12]。

1. IOAM DEX选项增强方案

基于Postcard的随路遥测解决方案（例如IOAM DEX）可以消除数据冗余，因为组播树上的每个节点只发送具有本地数据的Postcard。然而由于缺乏分支信息，这些方法不能准确地将测量数据和组播路径关联。

在图8-7所示的组播树中，节点B有两个分支，一个到节点C，另一个到节点D；进一步，节点C通向节点E，节点D通向节点F。当使用基于Postcard的方案时，无法仅从接收到的Postcard信息来确定节点E是节点C还是节点D的下一跳，除非通过其他方式［例如MTrace（Multicast Traceroute，组播路由跟踪）］收集组播路径树的信息并和测量信息相关联，但这种关联会增加额外的工作量，且实现方式更加复杂。

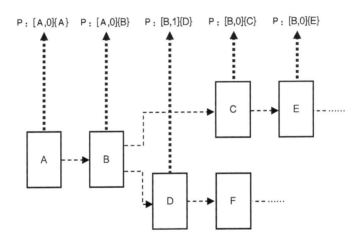

图 8-7　逐跳 Postcard 遥测机制示例

造成上述问题的根本原因是，没有一个标识符（隐式或显式）来关联每个分支上的遥测数据。以IOAM DEX为例，解决测量数据和组播路径树关联问题的方法之一是通过IOAM DEX选项传递分支标识符。为了使分支标识符全局唯一，可以采用分支分叉节点ID加上一个索引的方法进行标识。

图8-7中，P表示Postcard数据包，方括号中包含的是分支标识符，花括号中包含的则是有关特定节点的遥测数据。这里使用[B,0]作为节点B到节点C的分支标识符，使用[B,1]作为到节点B到节点D的分支标识符。分支标识符被携带在组播报文中，直到下一个分叉节点为止。每个节点必须在其发送的Postcard信息中导出接收到的IOAM DEX头中的分支标识符，分支标识符连同其他字段（例如流ID和序列号）即可实现让数据收集器重建组播树的拓扑。

每个分支分叉节点需要为其组播树实例中的每个分支生成唯一的分支标识符（即分支ID），并将其包含在IOAM DEX选项头中。分支ID保持不变，直到下一个分支分叉节点为止。分支ID由分支分叉节点ID和接口索引两个部分组成。组播分支ID格式如图8-8所示。

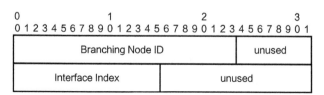

图 8-8　组播分支 ID 格式

组播分支ID各字段的说明如表8-6所示。

表 8-6　组播分支 ID 各字段的说明

字段名	长度	说明
Branching Node ID	3 Byte	节点 ID。遵循 IOAM 中的节点 ID 规范[8]
Interface Index	2 Byte	接口索引
unused	1 Byte 或 2 Byte	未使用的位，设置为 0

在IOAM DEX选项头中，组播分支ID作为可选字段携带在可选字段流标识ID和报文序列号之后。携带组播分支ID的IOAM DEX选项头格式如图8-9所示。

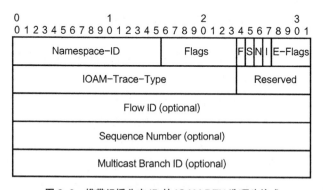

图 8-9　携带组播分支 ID 的 IOAM DEX 选项头格式

携带组播分支ID的IOAM DEX选项头各字段的说明如表8-7所示。

表 8-7　携带组播分支 ID 的 IOAM DEX 选项头各字段的说明

字段名	长度	说明
Namespace–ID	16 bit	IOAM 命名空间标识符。只有本地配置的 Namespace–ID 与报文中 Namespace–ID 相同时才会进行 IOAM 处理，0x0000 为默认命名空间 ID，所有 IOAM 节点都要支持该 ID
Flags	8 bit	标记位，暂未定义
F	1 bit	流标识符标记。置 1 表示可选的 Flow ID 字段有效
S	1 bit	序列号标记。置 1 表示可选的 Sequence Number 字段有效
N	1 bit	节点 ID 标记。和 I 字段均置 1 表示存在可选的组播分支 ID 字段，这两个字段必须同时设置或清除，否则报文头格式会被认为是错误的，并且应该丢弃数据包。使用两个扩展标记位是因为 RFC 9326[9] 规定，每个扩展标记位只表示存在 4 Byte 的可选数据，而组播分支 ID 需要 4 个以上的字节来编码
I	1 bit	接口索引标记。和 N 字段均置 1 表示存在可选的组播分支 ID 字段
E–Flags	4 bit	与上述 F、S、N、I 字段都是携带扩展信息指示的位图
IOAM–Trace–Type	24 bit	标识哪些 IOAM 跟踪数据需要输出
Reserved	8 bit	保留字段
Flow ID	32 bit	可选的流标识符。当有多个 IOAM 测量节点上报数据时，控制器基于 Flow ID 计算对应流的测量数据
Sequence Number	32 bit	可选的报文序列号。该字段从 0 开始，每统计一个报文，序列号加 1
Multicast Branch ID	32 bit	可选的组播分支 ID

一旦节点从上游获得了组播分支 ID 信息，它必须在其导出的遥测数据中携带该信息，以便能够基于遥测数据正确地重建原始组播树。

2. IOAM Trace选项和Postcard遥测机制的混合方案

还有一种使用IOAM Trace选项，同时叠加Postcard遥测机制的方案。为了避免组播场景中使用IOAM Trace选项带来的数据冗余问题，需要在每个分支的跟踪信息中携带分支分叉节点的数据（包括其ID）。

图8-10所示为逐段Postcard遥测机制示例，展示了一个组播树按照路径段导出跟踪数据的示例。其中，P表示Postcard数据包，花括号中包含的是有关特定节点的遥测数据。节点B和节点D是两个分支分叉节点，它们会分别导出涵盖上一个路径段跟踪数据的Postcard遥测数据。每个路径的结束节点还需要将最后一个路径段的数据导出为Postcard遥测信息。

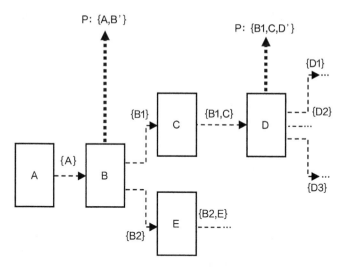

图 8-10　逐段 Postcard 遥测机制示例

使用这种方式不需要修改RFC 9197中指定的IOAM跟踪选项报文头格式，只需要配置分支分叉节点以及叶子节点，以导出包含到这些节点为止收集的跟踪数据的Postcard信息，并刷新数据包中的IOAM报文头和数据，例如，将节点数据列表清零，并将剩余长度字段重置为初始值。

8.2.4　应用网络融合的端到端随路遥测

IPv6随路遥测服务的最终对象是应用和终端，但是网络对于应用和终端的感知能力比较弱，采用基于IP五元组识别等方法存在不直观、不准确以及粒度不足等问题。为了更好地实现应用级的网络测量，可以将IPv6随路遥测与新兴发展的APN6（Application-aware IPv6 Networking，应用感知的IPv6网络）技术结合在一起使用。APN6技术通过IPv6扩展报文头能力将应用和用户的信息传递给网络，方便网络提供面向应用和用户的更加精细化的服务[33]。在对业务流实施IPv6随路遥测的时候，通过加入APN6携带的应用和用户的明细信息，可以方便地实现应用和用户级的网络随路遥测。

另外，当前的IPv6随路遥测基本上还是业务流在网络内的性能测量。事实上，业务流需要经过端、网、云，那么从端到网、从网到云之间的路径的性能也会对业务的服务质量有重要影响。因此，IPv6随路遥测不仅需要实现在网络内的测量，还需要实现端、网、云全路径的随路遥测，这样可以方便实现全路径的故障定界定位。而且，位于端/云侧的应用还可以利用端到端的测量结果对业务和路径进行调整，例如，视频业务可以根据网络测量的状况进行码率调整或传输层拥塞控制等。

实现端、网、云全路径随路遥测所面临的挑战如下。

- Postcard机制难以应用。如果要采用Postcard机制，需要统一的集中控制器来收集和分析数据。由于端、网、云处于不同的管理域，难以有一个统一的集中控制点来处理。另外，随路遥测需要各个测量点的时钟同步，这在工程上也难以实现。

- Passport机制的挑战。Passport机制可以不用统一的集中控制器来收集沿路各节点的上报信息，但是报文长度不断增加会带来随路遥测的观察者效应，造成测量结果不准确。

拥塞测量机制[34]针对端到端测量面临的挑战提出了一种优化方案，它基于ECN（Explicit Congestion Notification，显式拥塞通知）进行扩展，可以比ECN记录更多信息，但又保持报文头长度不变，避免了Passport机制带来的问题。

拥塞测量将传统的单比特ECN扩展为多比特，允许网络设备更精细地更新每一跳的拥塞信息。因此，当数据包到达接收端时，数据包中的拥塞信息字段不仅可以准确地指示拥塞的存在，还可以指示路径上的拥塞程度。这种更加细致的测量机制为决策提供更丰富的数据集，用以支持更精确的拥塞控制，改善负载平衡和网络调试工作。

拥塞测量的总体流程如图8-11所示。首先，发送节点必须使用拥塞测量的数据字段标记数据包，该字段指定发送节点从中间传输节点收集的拥塞信息类型。当数据包通过网络时，每个中间传输节点都检查该数据字段并相应地更新拥塞信息。在到达接收节点时，提取数据包中更新的拥塞信息数据，然后将其发送回发送节点。在有了反映数据包传输过程的拥塞信息之后，发送节点可以使用这些数据对发送速率或负载平衡决策进行有根据的调整。

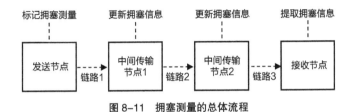

图 8-11　拥塞测量的总体流程

拥塞测量数据字段格式如图8-12所示。

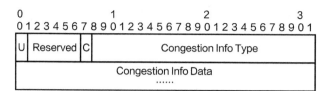

图 8-12　拥塞测量数据字段格式

拥塞测量数据各字段的说明如表8-8所示。

表 8-8　拥塞测量数据各字段的说明

字段名	长度	说明
U	1 bit	指示是否需要由中间传输节点更新拥塞信息数据字段。如果设置该位，中间传输节点将更新拥塞信息数据，否则中间传输节点不进行更新
Reserved	6 bit	保留位
C	1 bit	置1表示拥塞信息数据是定制的，并且仅在数据中心网络等有限域中使用；置0表示拥塞信息类型是一个位图
Congestion Info Type	24 bit	拥塞信息类型。它是一个24 bit的位图，用于指示当前的拥塞信息数据的类型。一个数据包中可以共存多种拥塞信息数据，以便终点收集详细的原始拥塞信息
Congestion Info Data	可变长度	包含拥塞信息数据的可变长度字段。中间传输节点必须根据本地负载状态更新此字段

Congestion Info Data的更新操作说明如表8-9所示。

表 8-9　Congestion Info Data 的更新操作说明

字段	拥塞信息数据类型	更新操作
0	Inflight Ratio	最大化
1	DRE	最大化
2	Queue Utilization Ratio	最大化
3	Queue Delay	增加
4	Congested Hops	增加

拥塞信息数据各类型的说明如表8-10所示。

表 8-10　拥塞信息数据各类型的说明

类型	长度	说明
Inflight Ratio	8 bit	路径利用率，逐跳更新获取路径上最大的链路利用率值

续表

类型	长度	说明
DRE	8 bit	折扣速率评估器[35]，基于历史数据的路径利用率评估参数，逐跳更新获取链路上的最大值
Queue Utilization Ratio	8 bit	队列利用率，逐跳更新获取路径上最大的队列利用率值
Queue Delay	8 bit	排队时延，逐跳累加获取路径上所有经过设备上的排队时延累加值，单位为 ms
Congested Hops	8 bit	发生拥塞的中间传输节点跳数，逐跳累加路径上超过 ECN 水线的次数（超过 ECN 水线就表明该节点拥塞）

| 设计背后的故事 |

1. "IPv6+"创新与驾驶体验

在推动 "IPv6+" 创新的过程中，很多人询问 "IPv6+" 的价值究竟体现在哪里。以前我们更多地从 "IPv6+" 的技术原理和优势本身去解释，后来挖掘了一种更加简单易懂的方法，就是用人们更熟悉的、实际生活中的汽车驾驶与 "IPv6+" 创新进行类比。

几十年前，没有地图软件和导航仪等工具，开车到某个目的地基本上就是根据地图简单规划一条最短路径，然后依靠路上的路标牌引导一步步到达目的地。因为对路上的交通状况一无所知，开车过程中经常会遇到拥堵的情况，还有可能遇到道路施工等情况，不得不临时变换行车路线。传统 IP 网络根据报文中的目的 IP 地址一跳一跳地按照最短路径尽力而为地转发，与上述的驾驶体验是非常类似的，由此也可以想到 IP 业务的体验总是有许多不尽如人意的地方。

得益于导航仪、专用车道等工具和交通机制的出现，驾驶体验有了很大改善。因为有了地图软件和导航仪这样的工具，驾驶员可以根据道路上的交通状况规划合理的路径，避开拥堵或施工路段等，驾驶体验得到大幅提升。SRv6 和数字地图就相当于为 IP 网络上的业务报文提供了一个类似导航仪的工具，使其能够按照规划的合理路径进行转发，使业务体验得到改善。

类似地，几十年前也没有行车记录仪，当在驾驶过程中遇到交通事故时，可能会出现交通责任难以界定的情况，给交通事故的当事人带来很多麻烦。后来有了监控摄像头，但依然会有监控不到的区域，并不能完全避免上述问题。

直到行车记录仪的出现，驾驶员可以方便地全程跟踪行车轨迹，最大限度地避免交通事故无法界定责任的麻烦。IPv6随路遥测就类似于给IP网络中的业务报文加装行车记录仪，能够更好地实现网络故障的定界定位。

再有就是以前交通道路比较狭窄，路上无须划分车道。随着道路越扩越宽，便需要在路上划分车道，不仅如此，还给公共汽车划分了专用车道，这样即使在早晚交通高峰时段，乘坐公共汽车依然可以畅通无阻。IPv6网络切片技术和专用车道机制类似，通过专用资源保障IP业务报文的转发，使高优先级业务的体验得到有效保障。

这种类比还有很多，例如，基于IPv6的确定性网络技术很容易类比为到站、离站时间严格受控的高铁，以满足IP业务确定性时延的需求。总结起来，"IPv6+"创新技术就类似于给IP网络上的业务报文加装各种改善驾驶体验的工具。如果我们能够理解生活中凭借工具改善驾驶体验的必要性，那么一样可以理解"IPv6+"创新技术对于IP网络承载的意义和价值。当下AI技术蓬勃发展，智能驾驶成为提升驾驶体验的重要方向，类似地，自动驾驶网络也成了IP网络发展的重要方向，"IPv6+"创新也需要在智能网络时代担当起新的使命。

2. "IPv6+"创新的信息压缩

"IPv6+"创新技术的发展具有明显的时代特征。5G和云计算等新应用的需求以及网络软硬件能力的突破驱动了通过IPv6扩展报文头机制的灵活扩展来支持新的网络功能，包括SRv6网络编程、IPv6网络切片、IPv6随路遥测等。虽然网络软硬件能力的突破使得"IPv6+"创新成为可能，但是这并不意味着IP报文头的长度可以无限增加，并且因为网络中接口MTU的限制，如果IP报文头长度过大，会导致有效负载减小，严重影响传输效率。因此，"IPv6+"创新技术的一个重要技术难点是如何利用有限的空间高效地承载信息，以控制IPv6报文头的长度。这样的范例包括：SRv6产生之后又发展了SRv6头压缩技术[36]，去除了SRH中Segment List的冗余Locator Block信息；IPv6随路测量不仅有Passport模式，还发展出Postcard模式，使得IPv6报文头中的随路测量信息长度保持不变；除了数据平面，管理平面和控制平面的信息控制也是"IPv6+"创新中的重要技巧；IPv6网络切片技术中采用拓扑和资源属性分离的方法，有效减少了IGP泛洪的信息；IPv6随路遥测采用交替染色的方法，相对于IOAM逐包上报信息，实现了按照检测周期压缩信息上报。这些都是很好的范例。

前面提到"IPv6+"创新技术可以类比汽车驾驶工具，但是驾驶工具所拥有的CPU和内存等资源要远远强于网络设备，在这方面，二者完全不可同日而语。在"IPv6+"创新的过程中，一方面得益于网络软硬件能力突破得以发展创新技术，另一方面还要通过创新严格控制数据平面、管理平面和控制平面的信息增加，二者需要有机地结合在一起。这也是对未来"IPv6+"创新发展的重要启示。

| 本章参考文献 |

[1] FIOCCOLA G, ZHU K, GRAF T, et al. Alternate marking deployment framework [EB/OL]. (2024-07-03)[2024-09-30].

[2] BROCKNERS F, BHANDARI S, BERNIER D, et al. In situ Operations, Administration, and Maintenance (IOAM) deployment[EB/OL]. (2023-04)[2024-09-30].

[3] FIOCCOLA G, COCIGLIO M, MIRSKY G, et al. Alternate-Marking method[EB/OL]. (2022-12)[2024-09-30].

[4] FIOCCOLA G, Cociglio M, Sapio A, et al. Clustered alternate-marking method[EB/OL]. (2022-12)[2024-09-30].

[5] FIOCCOLA G, ZHOU T, COCIGLIO M, et al. IPv6 application of the alternate-marking method[EB/OL]. 2022-12[2024-09-30].

[6] CHENG W, MIN X, ZHOU T, et al. Encapsulation for MPLS performance measurement with alternate-marking method[EB/OL]. (2024-09-12)[2024-09-30].

[7] ZHOU T, FIOCCOLA G, LIU Y, et al. Enhanced alternate marking method[EB/OL]. (2024-05-27)[2024-09-30].

[8] BROCKNERS F, BHANDARI S, MIZRAHI T. Data fields for In situ Operations, Administration, and Maintenance (IOAM)[EB/OL]. (2022-05)[2024-09-30].

[9] SONG H, GAFNI B, BROCKNERS F, et al. In Situ Operations, Administration, and Maintenance (IOAM) direct exporting[EB/OL]. (2022-11-15)[2024-09-30].

[10] MIZRAHI T, BROCKNERS F, BHANDARI S, et al. In Situ Operations, Administration, and Maintenance (IOAM) loopback and active flags[EB/OL]. (2022-11-15)[2024-09-30].

[11] BHANDARI S, BROCKNERS F. IPv6 options for In situ Operations, Administration, and Maintenance (IOAM)[EB/OL]. (2023-09)[2024-09-30].

[12] SONG H, MCBRIDE M, MIRSKY G, et al. Multicast on-path telemetry using In Situ

Operations, Administration, and Maintenance (IOAM)[EB/OL]. (2024-08)[2024-09-30].

[13] WANG Y, ZHOU T, QIN F, et al. IGP extensions for In-situ Flow Information Telemetry (IFIT) capability advertisement[EB/OL]. (2021-01-29)[2024-09-30].

[14] WANG Y, ZHOU T, LIU M, et al. BGP-LS extensions for In-situ Flow Information Telemetry (IFIT) capability advertisement[EB/OL]. (2021-01-14)[2024-09-30].

[15] FIOCCOLA G, PANG R, WANG S, et al. Advertising In-situ Flow Information Telemetry (IFIT) capabilities in BGP[EB/OL]. (2024-07-05)[2024-09-30].

[16] ALI Z, FILSFILS C, MATSUSHIMA S, et al. Operations, Administration, and Maintenance (OAM) in segment routing over IPv6 (SRv6)[EB/OL]. (2022-06-23) [2024-09-30].

[17] QIN F, YUAN H, YANG S, et al. BGP SR policy extensions to enable IFIT[EB/OL]. (2024-04-19)[2024-09-30].

[18] YUAN H, WANG X, YANG P, et al. Path Computation Element Communication Protocol (PCEP) extensions to enable IFIT[EB/OL]. (2024-07-05)[2024-09-30].

[19] ZHOU T, GUICHARD J, BROCKNERS F, et al. A YANG data model for In Situ Operations, Administration, and Maintenance (IOAM)[EB/OL]. (2024-08)[2024-09-30].

[20] GRAF T, WANG M, FIOCCOLA G, et al. A YANG data model for the alternate marking method[EB/OL]. (2024-09-02)[2024-09-30].

[21] ZHENG G, ZHOU T, GRAF T, et al. UDP-based transport for configured subscriptions[EB/OL]. (2024-07-04)[2024-09-30].

[22] ZHOU T, ZHENG G, VOIT E, et al. Subscription to distributed notifications[EB/OL]. (2024-04-28)[2024-09-30].

[23] FIOCCOLA G, ZHOU T. On-path telemetry YANG data model[EB/OL]. (2024-06-19)[2024-09-30].

[24] GRAF T, FIOCCOLA G, ZHOU T, et al. IPFIX alternate-marking information[EB/OL]. (2024-07-08)[2024-09-30].

[25] SPIEGEL M, BROCKNERS F, BHANDARI S, et al. In-situ OAM raw data export with IPFIX[EB/OL]. (2024-02-12)[2024-09-30].

[26] WU B, WU Q, BOUCADAIR M, et al. A YANG data model for network and VPN service performance monitoring[EB/OL]. (2023-04)[2024-09-30].

[27] 水易. 中国电信伍佑明：围绕四方面技术，引领IP网络转型创新[N/OL]. C114通信网. (2020-09-01)[2024-09-30].

[28] 屠礼彪, 曹畅, 佟恬. 基于 "IPv6+" 北京冬奥专网创新方案[J]. 邮电设计技术, 2022(4): 1-3.

[29] FILSFILS C, ABDELSALAM A, CAMARILLO P, et al. Path tracing in SRv6 networks[EB/OL]. (2023-10-23)[2024-09-30].

[30] MIZRAHI T, FABINI J, MORTON A. Guidelines for defining packet timestamps[EB/OL]. (2020-09)[2024-09-30].

[31] LI C, CHENG W, CHEN M, et al. A light weight IOAM for SRv6 network programming[EB/OL]. (2021-02-04)[2024-09-30].

[32] FILSFILS C, DUKES D, PREVIDI S, et al. IPv6 Segment Routing Header (SRH)[EB/OL]. (2020-03)[2024-09-30].

[33] LI Z, PENG S, LI C, et al. Application-aware IPv6 Networking (APN6) encapsulation[EB/OL]. (2021-08-26)[2024-09-30].

[34] SHI H, ZHOU T, LI Z. Data fields for congestion measurement[EB/OL]. (2024-03-04)[2024-09-30].

[35] ALIZADEH M, EDSALL T, DHARMAPURIKAR S, et al. CONGA: distributed congestion-aware load balancing for datacenters[J]. ACM SIGCOMM Computer Communication Review, 2014, 44(4): 503-514.

[36] CHENG W, FILSFILS C, LI Z, et al. Compressed SRv6 segment list encoding[EB/OL]. (2024-07-22)[2024-09-30].

附录 A   IPv6 主动测量技术

IPv6随路遥测基于实际的业务数据报文进行测量，可以反映业务途经网络的真实服务质量。但也存在一些场景，需要在没有业务流量的时候测量网络能提供的服务质量。典型场景如备份路径的服务质量测量、新规划路径的质量评估等，这时可以使用主动测量技术进行网络的服务质量测量。

主动测量技术通过发送专用的测试报文对网络服务质量进行测量，包括网络的丢包、时延、抖动等指标。用于IPv6的主动测量技术有多种，这里重点介绍TWAMP和STAMP（Simple Two-way Active Measurement Protocol，简单双向主动测量协议）。

| A.1   TWAMP |

TWAMP是一种主动测量技术，基于五元组（源IP地址、目的IP地址、源端口号、目的端口号、协议类型）构造测试流，根据收到的应答报文信息来测量IP链路的性能和状态。

1. TWAMP架构

TWAMP由4种逻辑实体组成，包括会话发送者（Session-Sender）、会话反射者（Session-Reflector）、控制客户端（Control-Client）以及服务端（Server）。其中，控制客户端和服务端为控制平面角色，负责测量任务的初始化、启动、停止等管理工作。会话发送者和会话反射者属于数据平面，负责执行测量动作，会话发送者负责发送测试报文，会话反射者负责响应测试报文[1]。

在实际应用中，TWAMP根据上述4种逻辑实体的部署位置分为完整（Full）架构和轻量（Light）架构。

在完整架构中，会话发送者与控制客户端合为一个实体，称为控制器（Controller）；会话反射者与服务端合为一个实体，称为响应器（Responder）。

控制器通过TCP类型的TWAMP控制报文与响应器交互，建立测试会话。会话建立后，控制器发送UDP类型的TWAMP测试报文给响应器，响应器中的会话反射者响应测试报文。基于完整架构的TWAMP如图A-1所示。

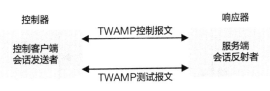

图 A-1 基于完整架构的 TWAMP

在轻量架构中，将会话发送者、控制客户端以及服务端合为一个实体作为控制器；会话反射者单独作为响应器。轻量架构不需要完整架构中控制平面的会话协商过程，会话信息下发至控制器后会控制其发送测试请求报文；响应器只负责接收测试请求报文，以及复制请求报文中的序列号至测试应答报文中的同一字段后发送应答报文。轻量架构简化了TWAMP的整体实现，部署更加广泛，后文将展开介绍此种架构。基于轻量架构的TWAMP如图A-2所示。

图 A-2 基于轻量架构的 TWAMP

2. TWAMP Light

基于轻量架构的TWAMP也称为TWAMP Light，其报文交互流程如图A-3所示，具体过程如下。

①节点A作为会话发送者发送测试请求报文，携带发送时间戳$t1$。

②节点B作为会话反射者，收到测试请求报文时记录接收时间戳$t1'$，同时将报文发送时间戳$t2'$记录在报文中，并将报文发送回会话发送者（该报文即测试应答报文）。

③会话发送者接收到测试应答报文时记录接收时间戳$t2$。

基于上述4个时间戳，可以计算单个测量周期的时延数据，具体如下。

- 正向时延 $= t1' - t1$。
- 反向时延 $= t2 - t2'$。
- 往返时延 $= (t1' - t1) + (t2 - t2')$。

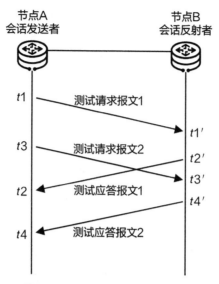

图 A–3　TWAMP Light 报文交互流程

会话发送者发送的TWAMP Light测试请求报文中携带报文的序列号和时间戳等信息，其格式如图A-4所示。

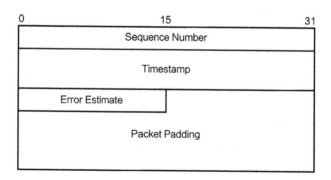

图 A–4　TWAMP Light 测试请求报文格式

TWAMP Light测试请求报文各字段的说明如表A-1所示。

表 A-1　TWAMP Light 测试请求报文各字段的说明

字段名	长度	说明
Sequence Number	4 Byte	测试请求报文的序列号
Timestamp	8 Byte	发送测试请求报文的时间戳

续表

字段名	长度	说明
Error Estimate	2 Byte	时钟误差估计字段，具体格式如图 A-5 所示。 图 A-5　Error Estimate 格式 • S：置1表示使用了外部时钟源。 • Z：保留字段，固定为0。 • Scale和Multiplier：用于计算时钟误差，均为无符号整数，分别占6 bit和8 bit。误差估计值 = Multiplier $\times 2^{-32} \times 2^{Scale}$，单位为 s，Multiplier值不能为0
Packet Padding	可变长度	报文填充字段。通过填充字段保证测试请求报文和测试应答报文长度一致，可以简化测量处理逻辑

会话反射者反射的TWAMP Light测试应答报文将复制收到的测试请求报文的发送时间戳，并填充请求报文的接收时间戳和应答报文的发送时间戳等信息，其格式如图A-6所示。

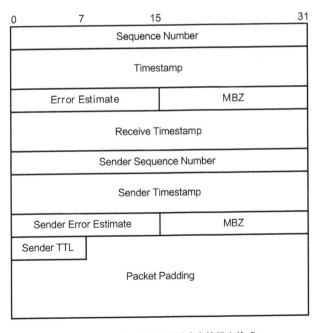

图 A-6　TWAMP Light 测试应答报文格式

TWAMP Light测试应答报文各字段的说明如表A-2所示。

表 A-2　TWAMP Light 测试应答报文各字段的说明

字段名	长度	说明
Sequence Number	4 Byte	测试应答报文的序列号
Timestamp	8 Byte	发送测试应答报文的时间戳
Error Estimate	2 Byte	时钟误差估计字段，具体含义与请求报文中相同
MBZ	2 Byte	Must Be Zero，保留字段，固定为 0
Receive Timestamp	8 Byte	接收测试请求报文的时间戳
Sender Sequence Number	4 Byte	复制自会话发送者发送的请求报文中的 Sequence Number
Sender Timestamp	8 Byte	复制自会话发送者发送的请求报文中的 Timestamp
Sender Error Estimate	2 Byte	复制自会话发送者发送的请求报文中的 Error Estimate
Sender TTL	1 Byte	复制自会话发送者发送的请求报文 IP 头中的 TTL
Packet Padding	可变长度	报文填充字段。该字段可重用请求报文中的 Packet Padding，保证应答报文与请求报文的有效长度一致，会话反射者按需减少该字段

会话发送者收到应答报文之后，根据报文里面的3个时间戳以及自己的接收时间戳，可以计算出往返的时延以及对应的两个方向的时延。同时，基于一段时间内发送的请求报文和收到的应答报文的数量之差，可以计算出双向丢包数量。

| A.2　STAMP |

基于完整架构的TWAMP需要控制平面协商和数据平面测量等多个流程，部署相对复杂；TWAMP Light虽然简化了实现，但在多厂商互通操作和扩展性方面考虑不足。STAMP的诞生可以解决上述问题，它在简化架构的同时，明确了测试报文的格式和操作流程，是一种标准化的、支持多厂商互通的主动测量技术[2]。STAMP架构如图A-7所示。

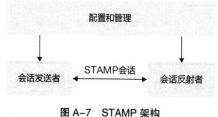

图 A-7　STAMP 架构

在STAMP架构中，配置和管理模块负责STAMP会话的配置。STAMP会话是会话发送者和会话反射者在一段时间内的双向检测报文流。

会话发送者通过UDP向会话反射者发送测试请求报文，会话反射者接收到请求报文后会根据本地配置进行操作，例如，直接将请求报文中的序列号复制到应答报文中，从而实现双向丢包测量。

STAMP支持无状态和有状态两种操作模式，具体如下。

- 无状态模式：会话反射者不维护检测会话的状态，直接反射收到的测试请求报文。在该模式中只能计算双向往返丢包。

- 有状态模式：会话反射者维护检测会话状态，会在测试应答报文中添加基于每个会话独立递增的序列号。在这种情况下，会话发送者通过使用请求报文中的序列号和应答报文中的序列号的差值，实现对单向丢包的计算。

会话发送者发送给会话反射者的STAMP测试请求报文的格式如图A-8所示。

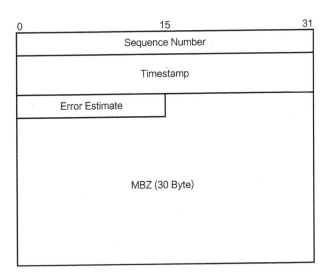

图A-8 STAMP 测试请求报文的格式

STAMP测试请求报文各字段的说明如表A-3所示。

表 A-3　STAMP 测试请求报文各字段的说明

字段名	长度	说明
Sequence Number	4 Byte	测试请求报文的序列号。对于每个会话，该值从 0 开始并随着传输数据包数量的增加而增大

续表

字段名	长度	说明
Timestamp	8 Byte	发送测试请求报文的时间戳
Error Estimate	2 Byte	时钟误差估计字段，具体含义与 TWAMP Light 测试请求报文中相同
MBZ	30 Byte	会话发送者发送请求报文时该字段没有意义，必须设置为 0。该字段可以为会话反射者发送应答报文时添加时间戳和序列号等信息提供空间。 会话发送者通过该字段可以实现请求报文和应答报文的数据包大小一致，从而简化数据平面的处理过程

会话反射者反射给会话发送者的STAMP测试应答报文的格式如图A-9所示。

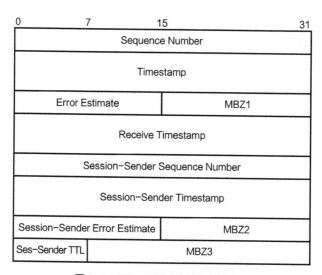

图 A-9　STAMP 测试应答报文的格式

STAMP测试应答报文各字段的说明如表A-4所示。

表 A-4　STAMP 测试应答报文各字段的说明

字段名	长度	说明
Sequence Number	4 Byte	测试应答报文的序列号。在无状态模式下，该值复制自测试请求报文的 Sequence Number；在有状态模式下，该值从 0 开始并随着传输数据包数量的增加而增大
Timestamp	8 Byte	发送测试应答报文的时间戳
Error Estimate	2 Byte	时钟误差估计字段，具体含义与 TWAMP Light 测试请求报文中相同

续表

字段名	长度	说明
MBZ1	2 Byte	保留字段，固定为 0
Receive Timestamp	8 Byte	接收测试请求报文的时间戳
Session−Sender Sequence Number	4 Byte	复制自会话发送者发送的请求报文中的 Sequence Number
Session−Sender Timestamp	8 Byte	复制自会话发送者发送的请求报文中的 Timestamp
Session−Sender Error Estimate	2 Byte	复制自会话发送者发送的请求报文中的 Error Estimate
MBZ2	2 Byte	保留字段，固定为 0
Ses−Sender TTL	1 Byte	复制自会话发送者发送的请求报文 IP 头中的 TTL
MBZ3	3 Byte	保留字段，固定为 0

　　STAMP的基础性能指标（如双向丢包、时延测量等）计算方式和TWAMP Light的一致。面向未来新场景的演进，STAMP正在开拓一些新的测量方式，例如绝对丢包、高精度单向时延测量等，详细信息可以参考draft-gandhi-ippm-simple-direct-loss[3]和draft-ietf-spring-stamp-srpm[4]等相关文献。

| 本章参考文献 |

[1] HEDAYAT K, KRZANOWSKI R, MORTON A, et al. A Two−Way Active Measurement Protocol (TWAMP)[EB/OL]. (2008−10)[2024−09−30].

[2] MIRSKY G, JUN G, NYDELL H, et al. Simple two−way active measurement protocol[EB/OL]. (2020−03)[2024−09−30].

[3] GANDHI R, FILSFILS C, VOYER D, et al. Simple two−way direct loss measurement procedure[EB/OL]. (2024−08−07)[2024−09−30].

[4] GANDHI R, FILSFILS C, VOYER D, et al. Performance measurement using Simple Two−Way Active Measurement Protocol (STAMP) for segment routing networks[EB/OL]. (2024−08−02)[2024−09−30].

附录 B　时间同步技术

IPv6随路遥测的部署需要保持测量路径上的设备之间时间同步，接下来介绍NTP和PTP这两种主要的时间同步技术。

| B.1　NTP |

NTP[1]是广泛用于网络中设备和计算机时钟同步的协议，使得各参与者间的时间基本一致，从而在网络上提供基于统一时间的多种应用。

B.1.1　NTP 网络结构

NTP网络结构由参考时钟、时间服务器、客户端以及互联的传输路径组成。主时间服务器同步到参考时钟，参考时钟通常是无线电时钟或卫星定位系统等。二级时间服务器向网络中的主时间服务器或者其他二级时间服务器进行同步，并将时间信息向一个或多个下游时间服务器或客户端同步，以此类推，使得网络内所有设备的系统时钟达到基本一致。

NTP典型组网架构如图B-1所示，时间服务器按层级关系连接，每个层级

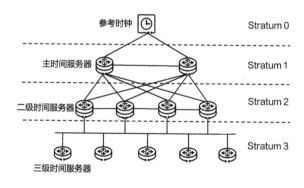

图 B-1　NTP 典型组网架构

被称为一个层（Stratum）并被指定一个从0开始的数字，顶层的参考时钟指定为Stratum 0。一个通过层n同步的服务器将运行在层$n+1$。数字表示与参考时钟的距离，用于防止层次结构中的循环依赖性。图中主时间服务器所属层级为Stratum 1，二级时间服务器和三级时间服务器按照其所处位置，所属层级分别为Stratum 2和Stratum 3。

B.1.2 NTP 工作模式

NTP工作模式如表B-1所示。

表 B-1　NTP 工作模式

工作模式	描述	应用场景
客户端/服务器模式	客户端从服务器同步时间	该模式通常用于层级大的设备从层级小的上层时间服务器获取时间同步
对等体模式	对等体间互相同步	该模式通常用于同层的设备间互相同步，以便在同层的设备间形成备份。如果某台设备与所有上层时间服务器的通信出现故障，则该设备仍然可以从同层的时间服务器获得时间同步
广播模式	服务器周期性地向广播地址发送时间同步报文，客户端侦听来自服务器的广播报文，根据接收的广播报文将设备的时间与服务器的时间进行同步	广播模式可以使用同一个时间服务器为同一个网络中的大量设备提供时间同步，以简化网络配置
组播模式	服务器周期性地向组播地址发送时间同步报文，客户端侦听来自服务器的组播报文，根据接收的组播报文将设备的时间与服务器的时间进行同步	适用于有大量客户端分布在网络中的情况。通过在网络中使用组播模式，服务器发送组播报文到该组播组内的客户端，减小由于NTP报文过多而给网络造成的压力

1. 客户端/服务器模式

客户端/服务器模式的交互过程如图B-2所示。运行在客户端模式的设备，可以依照服务器端的时间进行同步。时间服务器向客户端提供同步信息，但不会修改自己的时钟。为了与广播模式中的广播服务器进行区分，客户端/服务器模式中的服务器也称为单播服务器。详细的运行过程如下。

①客户端定期向服务器发送报文，报文中的Mode字段（用于指定NTP的工作模式）设置为3，即客户端模式。

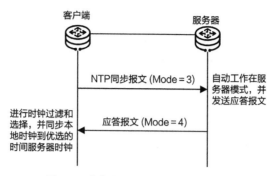

图 B-2 客户端 / 服务器模式的交互过程

②服务器接收并回应报文，报文中的Mode字段设置为4，即服务器模式。服务器收到客户端发送的报文后，填写所需的信息，将报文发送回客户端。

③当客户端接收到应答报文时，客户端会进行时钟过滤和选择，并同步本地时钟到优选的时间服务器时钟。

2. 对等体模式

对等体模式交互过程如图B-3所示。详细的运行过程如下。

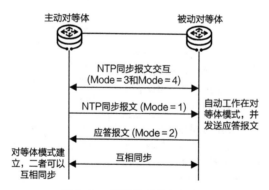

图 B-3 对等体模式的交互过程

①主动对等体发起Mode字段值为3（客户端模式）的NTP报文，被动对等体响应Mode字段值为4（服务器模式）的NTP报文。

②主动对等体定期向被动对等体发送报文，报文中的Mode字段设置为1，即主动对等体模式。

③被动对等体接收并回应报文，报文中的Mode字段设置为2，即被动对等体模式。被动对等体无须配置，当它收到NTP报文时才建立连接以及设置相关的状态变量。

④对等体建立后，主动对等体和被动对等体可以互相同步。

3. 广播模式

广播模式的交互过程如图B-4所示。广播模式时间服务器（广播服务器），向所有客户端提供同步信息，但不会修改自己的时钟。详细的运行过程如下。

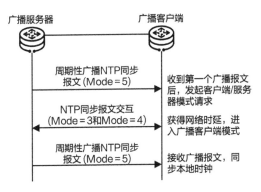

图 B-4 广播模式的交互过程

①广播服务器周期性地向广播地址发送NTP报文，报文中的Mode字段设置为5，即广播模式或组播模式。

②广播客户端侦听来自广播服务器的广播报文，当广播客户端接收到广播服务器发送的第一个NTP报文后，会与广播服务器进行一个短暂的客户端/服务器模式交互，以获得报文的往返时延，为时间同步提供必要的参数。

③广播客户端继续侦听广播报文，根据接收的广播消息将设备的时间与广播服务器的时间进行同步。

4. 组播模式

组播模式的交互过程如图B-5所示。组播模式时间服务器（组播服务器）向组内所有客户端提供同步信息，但不会修改自己的时钟。详细的运行过程如下。

①组播服务器周期性地向组播地址发送NTP报文，报文中的Mode字段设置为5。

②组播客户端侦听来自组播服务器的组播报文，当组播客户端接收到组播服务器发送的第一个NTP报文后，会与组播服务器进行一个短暂的客户端/服务器模式交互，以获得报文的往返时延，为时间同步提供必要的参数。

③组播客户端继续侦听组播报文，根据接收的组播消息将设备的时间与组

播服务器的时间进行同步。

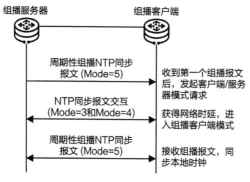

图 B-5 组播模式的交互过程

| B.2 PTP |

B.2.1 PTP 相关标准

IEEE 1588是一种基础的时间同步标准，定义了网络中实现高精度时间同步的基本功能和处理规范，全称是IEEE Standard for a Precision Clock Synchronization Protocol for Networked Measurement and Control Systems（网络测量和控制系统的精密时钟同步协议标准），也简称为PTP。IEEE 1588v1发布于2002年，也称IEEE 1588-2002，主要应用于工业自动化和测试测量领域。后来，随着网络IP化的发展以及3G（3rd Generation of Mobile Communication Technology，第三代移动通信技术）的兴起，电信网络对时间同步的需求越来越强烈，IEEE组织对IEEE 1588v1进行重新修订，在2008年正式发布了IEEE 1588v2[2]标准，也称之为IEEE 1588-2008。IEEE 1588v2针对电信领域的应用，相对IEEE 1588v1做了一些改进，包括增加二、三层网络的封装定义，引入透明时钟模型，扩展选项用来增强协议特性和功能等。2019年，IEEE发布IEEE 1588v2.1[3]标准，也称之为IEEE 1588-2019，增加了更多的扩展协议特性，如IEEE 1588多域、IEEE 1588安全等。IEEE 1588v2.1和IEEE 1588v2可以互相兼容，但无法兼容IEEE 1588v1。

虽然IEEE 1588被定义为时间同步协议，但它既可以用于设备间的高精度时间同步，也可以用于设备间的高精度时钟同步（即高精度频率同步）。下文中提到的IEEE 1588泛指IEEE 1588v1、IEEE 1588v2和IEEE 1588v2.1，对于需要具体标准版本号的地方，会详细注明。

IEEE 1588标准已经广泛应用于通信、工业、电力等多领域，由于各个行业领域中时间同步的使用场景、实现功能和同步精度要求不同，各行业根据自身需求，又重新定义了各行业的互通协议。例如，ITU-T G.8275.1是ITU-T在IEEE 1588v2和IEEE 1588v2.1的基础上定义的电信级全网精确时间同步协议，主要应用在电信领域的逐跳时间同步场景；SMPTE ST 2059-2也是基于IEEE 1588v2和IEEE 1588v2.1定义的，是一种应用在媒资领域视频网络中的高精度时间同步协议。

B.2.2　PTP 基本概念

1. PTP时钟域

PTP时钟域是对应用PTP设备的逻辑分组，一个物理网络可以分成逻辑上的多个时钟域。每个时钟域都有一个同步时间，域内设备都同步到该时间；不同时钟域有各自的同步时间，相互之间独立。

设备能够传递多个PTP时钟域的时间，用于在承载网中为多个运营商网络提供不同的同步时间。设备也可以支持多个PTP时钟域（或者多个PTP逻辑分组），每个时钟域独立进行时间同步。

2. PTP时钟类型

IEEE 1588v2和IEEE 1588v2.1定义了3种时钟类型。

OC（Ordinary Clock，普通时钟）只有一个PTP时钟端口，当通过该端口从上游节点基于PTP端口同步时间时，该时钟也称为OC timeReceiver；或者当向下游节点基于PTP端口发布时间时，该时钟也称为最高层次时钟（Grand timeTransmitter clock）。

BC（Boundary Clock，边界时钟）有多个PTP时钟端口，通过一个PTP端口从上游设备同步时间（作为timeReceiver），通过其他多个PTP端口向下游设备发布时间（作为timeTransmitter）。BC也可以用于设备通过非PTP端口［例如1 pps + ToD（Time of Day，日时间）端口］从BITS获得标准时间，并通过其他PTP端口向下游发布时间的场景。

TC（Transparent Clock，透明时钟）与BC/OC最大的不同在于，BC/OC都要保持本设备与其他设备的时间同步，但TC则无须与其他设备保持时间同步。TC有多个PTP端口，它只是在这些端口之间转发PTP报文，对PTP事件报文的转发时延以及链路时延进行修正，但TC并不从任何一个PTP端口同步时间。TC分为两种类型：E2E TC（End-to-End Transparent Clock，端到端透明时钟）和P2P TC（Peer-to-Peer Transparent Clock，点到点透明时钟）。

其中，TC + OC是一种特殊的TC类型，它在时间传递方面和TC相同（转发PTP报文，对PTP事件报文进行转发时延以及链路时延校正），同时还在具有OC属性的端口上进行时钟或者时间同步。TC + OC也分为两种类型：E2E TC + OC和P2P TC + OC。3种时钟类型在时间同步网络中的位置如图B-6所示。

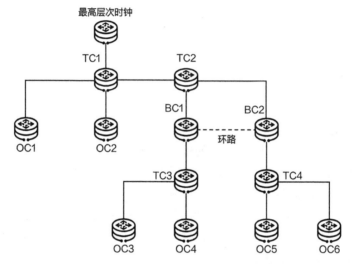

图 B-6　3 种时钟类型在时间同步网络中的位置

其中，最高层次时钟一般作为系统的时钟源设备，环路表示物理拓扑成环，IEEE 1588可以通过PTP选源算法，保证PTP时间传递不会成环，例如，图B-6中的环路只是BC1和BC2的备份链路，BC1和BC2不会从该链路同步时间。

3. PTP时钟选源

在IEEE 1588v2时间同步网络中，所有时钟都会按照主从（timeTransmitter - timeReceiver）同步的层次关系组织在一起，发布同步时间的上游节点被称为timeTransmitter节点，而接收同步时间的下游节点被称为timeReceiver节点，系统的参考时间为最高层次时钟。这种拓扑关系可以通过静态配置建立，也可以通过BTCA（Best timeTransmitter Clock Algorithm，最佳时间发送时钟算法）自动生成。

IEEE 1588定义了Announce消息，用于PTP节点之间交换时间源信息，包括最高层次时钟的优先级、时间等级、时间精度、距离最高层次时钟的跳数等。通过这些信息，各PTP节点就能选择一个最佳节点作为最高层次时钟，并选择通过哪个端口来同步最高层次时钟发布的时钟，确定两个节点之间的主从关系。BTCA选源的结果是建立一棵无环路、全连通、以最高层次时钟为根的树，即生成树。

对于具备主从关系的两个节点，timeTransmitter节点会定期发送Announce消息给timeReceiver节点。如果一段时间内，timeReceiver节点收不到timeTransmitter节点发出的Announce消息，则认为该主从关系失效，重新进行选源。最终倒换到另一个PTP端口或者PTP节点上，建立新的主从关系和时间同步。

4. 外时间同步

IEEE 1588可以让各时钟节点实现时间同步，但并不能让这些节点的时间与国际标准时间保持一致。如图B-7所示，要实现时钟节点时间与国际标准时间保持一致，还需要让最高层次时钟通过外时间接口连接到一个外部时间源（例如BITS设备），以非PTP方式获得同步时间，实现外时间同步。外部时间源从GNSS（Global Navigation Satellite System，全球导航卫星系统）获取基准时间信号，具体包括美国的全球定位系统、欧洲的伽利略导航卫星系统、俄罗斯的格洛纳斯导航卫星系统、中国的北斗卫星导航系统等。

图 B-7 外时间同步

B.2.3 PTP 时间同步原理

IEEE 1588v2时间同步的基本原理和NTP的类似，都是在主从时钟之间双向收/发携带时间戳的同步消息，根据消息的收/发时间戳，计算得到两个设备之间的往返总时延。如果两个方向的时延相同，往返总时延的二分之一就是单向时延。根据timeTransmitter节点发送给timeReceiver节点的消息，timeReceiver节点可以得到timeReceiver节点到timeTransmitter节点的时间差，timeReceiver节点再按照该时间差调整本地时间，就可以实现与timeTransmitter节点之间的时间同步。但实际网络中总是存在时延抖动，两个方向的时延也并不总是相同，因而这种方法实际能达到的同步精度并不高。对于一些高精度同步场景，需要对主从时钟之间的收/发链路时延不对称进行补偿，具体的补偿技术请参考IEEE 1588v2.1[3]，此处不进行展开。

PTP通过不断地测量timeTransmitter和timeReceiver之间的时延差值并据此进行时间调整，从而实现timeTransmitter和timeReceiver设备间的时间同步。PTP定义了两种时延测量方式即Delay和Peer Delay。

Delay方式用于端到端的时间系统的时延测量，图B-8所示是基于Delay方式的时间同步。

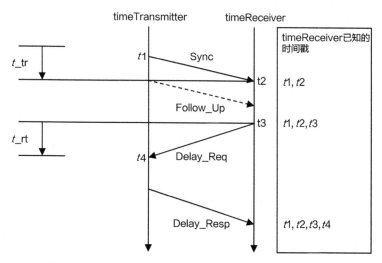

图 B-8　基于 Delay 方式的时间同步

基于Delay方式的时间同步过程中各类消息类型的说明如表B-2所示。

表 B-2　基于 Delay 方式的时间同步过程中各类消息类型的说明

消息类型	说明
Sync	由 timeTransmitter 节点发送给 timeReceiver 节点，要么其中包含发送时间戳，要么其后跟着一个包含该时间戳的 Follow_Up 消息。它可以用来测量数据包从 timeTransmitter 节点到 timeReceiver 节点的传输延迟
Follow_Up	在双步模式的 PTP 时间同步场景中作为一个特定的 Sync 消息传送其被发送的时间戳
Delay_Req	用于请求 timeReceiver 节点使用 Delay_Resp 消息来返回其接收到 Delay_Req 消息的时间戳
Delay_Resp	用于传递接收到相应 Delay_Req 消息的时间戳

基于Delay方式的时间同步过程如下。

①timeTransmitter节点定时向timeReceiver节点发送Sync消息，携带Sync消息发送时间戳$t1$；timeReceiver节点收到Sync消息，记录该消息的接收时间戳$t2$。如果在一些精度要求高的场景中，Sync消息无法携带时间戳

t1，也可以通过Follow_Up携带时间戳t1。

②timeReceiver节点定时向timeTransmitter节点发送Delay_Req消息，本地保存Delay_Req消息的发送时间戳t3；timeTransmitter节点收到Delay_Req消息，记录该消息的接收时间戳t4，并发送Delay_Resp消息给timeReceiver节点，该Delay_Resp消息携带时间戳t4。

③timeReceiver节点得到一组时间戳（t1/t2/t3/t4），可以计算出以下参数。

- timeTransmitter–timeReceiver的链路往返时延为：RoundTripDelay = (t4 – t1) – (t3 – t2)。

- timeTransmitter–timeReceiver的链路单向时延（假定往返时延对称）为：MeanPathDelay = [(t4 – t1) – (t3 – t2)] / 2。

- timeReceiver节点相对于timeTransmitter节点的时间差：Offset = t2 – t1 – MeanPathDelay。

④timeReceiver节点按照上述计算结果对本地时间进行偏差调整，从而实现与timeTransmitter节点的时间同步。

这个过程周而复始、不断进行，以维持timeReceiver节点对timeTransmitter节点的时间同步。

Peer Delay方式用于时间系统的点到点的时延测量。这种方式要求每个设备都能知道上游链路的时延，不区分主从节点，所有节点都向相邻节点发起相连链路的时延计算。图B-9所示是基于Peer Delay方式的时延测量。

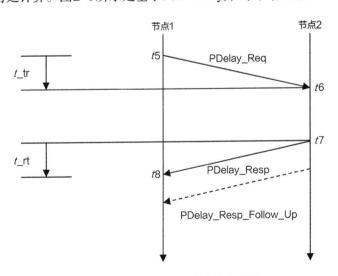

图 B-9　基于 Peer Delay 方式的时延测量

基于Peer Delay方式的时延测量过程中各类消息类型的说明如表B-3所示。

表 B-3　基于 Peer Delay 方式的时延测量过程中各类消息类型的说明

消息类型	说明
PDelay_Req	由一个 PTP 端口传送到另一个 PTP 端口，用于计算两者间 PTP 链路上的时延
PDelay_Resp	用于响应接收到的 PDelay_Req 消息
PDelay_Resp_Follow_Up	在双步模式的 PTP 时间同步场景中用于携带发送 PDelay_Resp 消息时的时间戳，或 PDelay_Resp 消息的发送时间与相应 PDelay_Req 消息的接收时间的时间差

基于Peer Delay方式的时延测量过程如下。

① 节点1定时向节点2发送PDelay_Req消息，本地记录消息发送时间戳$t5$；节点2收到PDelay_Req消息，记录该消息的接收时间戳$t6$。

② 节点2向节点1发送应答消息PDelay_Resp消息，记录该消息的发送时间戳$t7$，并携带$t7 - t6$的值；节点1收到PDelay_Resp消息，记录该消息的接收时间戳$t8$。在双步模式的PTP时间同步场景中，也可以通过PDelay_Resp_Follow_Up消息携带对应的时间戳。

③ 节点1得到一组时间戳（$t5$，$t7 - t6$，$t8$），可以计算出以下参数。

- 节点1到节点2的链路往返时延为：$RoundTripDelay = (t8 - t5) - (t7 - t6)$。
- 节点1到节点2的链路单向时延（假定往返时延对称）为：$MeanPathDelay = [(t8 - t5) - (t7 - t6)] / 2$。

上述过程只是不断地实时计算和更新链路时延，并不进行时间同步。实现时间同步还需要经过下述过程。

① timeTransmitter节点定时向timeReceiver节点发送Sync消息，携带消息发送时间戳$t1$；timeReceiver节点收到Sync消息，记录该消息的接收时间戳$t2$。

② 从而timeReceiver节点计算相对于timeTransmitter节点的时间差为：$Offset = t2 - t1 - MeanPathDelay$。

③ timeReceiver节点按照上述计算结果对本地时间进行偏差调整，从而实现与timeTransmitter节点的时间同步。

|B.3 时间同步协议部署选择|

NTP一般基于应用软件实现，具有较好的可部署性，当前可获得的时间同步精度一般只能达到10～100 ms量级；相对应的，PTP基于硬件实现，通过在最靠近收/发报文两端的位置（硬件层）标记时间戳的方式实现链路时延度量，能够获得纳秒级的时间同步精度，但依赖设备的硬件支持。

实际应用时，可以根据不同的网络需求进行选择，对于同步精度要求高且具备硬件能力的网络，推荐部署PTP，其余情况建议部署NTP。

|本章参考文献|

[1] MILLS D, MARTIN J, BURBANK J, et al. Network time protocol version 4: protocol and algorithms specification[EB/OL]. (2010-06)[2024-09-30].

[2] IEEE Std 1588-2008. IEEE Standard for a precision clock synchronization protocol for networked measurement and control systems. (2008-07-24)[2024-09-30].

[3] IEEE Std 1588-2019. IEEE standard for a precision clock synchronization protocol for networked measurement and control systems. (2020-06-16)[2024-09-30].

附录 C 缩略语

缩略语	英文全称	中文全称
3G	3rd Generation of Mobile Communication Technology	第三代移动通信技术
3GPP	3rd Generation Partnership Project	第三代合作伙伴计划
5G	5th Generation of Mobile Communications Technology	第五代移动通信技术
6MAN	IPv6 Maintenance	IPv6 维护
AAU	Active Antenna Unit	有源天线处理单元
ACC	Access Node	接入节点
ACE	Access Control Entry	访问控制项
ACL	Access Control List	访问控制列表
ACM SIGCOMM	Association for Computing Machine Special Interest Group on Data Communication	美国计算机协会数据通信专业组
ADN	Autonomous Driving Network	自动驾驶网络
AGG	Aggregation Node	汇聚节点
AI	Artificial Intelligence	人工智能
AMF	Access and Mobility Management Function	接入和移动性管理功能
API	Application Program Interface	应用程序接口
APN6	Application-aware IPv6 Networking	应用感知的 IPv6 网络
ASBR	Autonomous System Bounder Router	自治系统边界路由器
B2B	Business to Business	企业对企业
BBU	Baseband Unit	基带单元
BC	Boundary Clock	边界时钟
BFD	Bidirectional Forwarding Detection	双向转发检测
BGP	Border Gateway Protocol	边界网关协议
BGP-LS	BGP-Link State	边界网关链路状态协议
BITS	Building-Integrated Timing Supply	大楼综合定时供给

缩略语	英文全称	中文全称
BTCA	Best timeTransmitter Clock Algorithm	最佳时间发送时钟算法
BMP	Border Gateway Protocol Monitoring Protocol	边界网关协议监控协议
BRAS	Broadband Remote Access Server	宽带远程接入服务器
CBOR	Concise Binary Object Representation	简明二进制对象表示
CCSA	China Communications Standards Association	中国通信标准化协会
CE	Customer Edge	用户边缘
CLI	Command Line Interface	命令行接口
CPE	Customer Premises Equipment	用户驻地设备
CPU	Central Processing Unit	中央处理器
CPV	Control Plane Verification	控制平面验证
CRC	Cyclic Redundancy Check	循环冗余校验
DetNet	Deterministic Networking	确定性网络
DEX	Direct Export	直接导出
DOH	Destination Options Header	目的选项扩展报文头
DPV	Data Plane Verification	数据平面验证
DSCP	Differentiated Services Code Point	区分服务码点
E2E TC	End–to–End Transparent Clock	端到端透明时钟
ECA	Event–Condition–Action	事件－条件－动作
ECMP	Equal–Cost Multiple Path	等价负载分担
ECN	Explicit Congestion Notification	显式拥塞通知
ENI ISG	Experiential Networked Intelligence Industry Specification Group	体验式网络智能行业规范组
ESN	Equipment Serial Number	设备序列号
ETSI	European Telecommunications Standards Institute	欧洲电信标准组织
EVPL	Ethernet Virtual Private Line	以太网虚拟专线
EVPN	Ethernet VPN	以太网虚拟专用网络
FCAPS	Fault, Configuration, Accounting, Performance and Security	故障、配置、计费、性能和安全
FIB	Forward Information Base	转发信息库
FlowSpec	Flow Specification	流规则
FRR	Fast Reroute	快速重路由
FSM	Finite State Machine	有限状态机

续表

缩略语	英文全称	中文全称
FTP	File Transfer Protocol	文件传送协议
GE	Gigabit Ethernet	千兆以太网
GENEVE	Generic Network Virtualization Encapsulation	通用网络虚拟封装
GIS	Geographic Information System	地理信息系统
GNSS	Global Navigation Satellite System	全球导航卫星系统
GPB	Google Protocol Buffers	谷歌混合语言数据标准
GPE	Generic Protocol Extension	通用扩展协议
GR	Group Report	集团报告
GRE	Generic Routing Encapsulation	通用路由封装
gRPC	Google Remote Procedure Call	谷歌远程过程调用
GSMA	Global System for Mobile Communications Association	全球移动通信系统协会
HBH	Hop-by-Hop Options Header	逐跳选项扩展报文头
HMAC	Hash-based Message Authentication Code	散列消息认证码
HSB	Hot Standby	热备份
HTTP	Hypertext Transfer Protocol	超文本传送协议
HTTPS	Hypertext Transfer Protocol Secure	超文本传输安全协议
HVPN	Hierarchy VPN	分层虚拟专用网络
IANA	Internet Assigned Numbers Authority	因特网编号分配机构
ICMPv6	Internet Control Message Protocol version 6	第 6 版互联网控制报文协议
ID	Identifier	标识符
IDR	Inter-Domain Routing	域间路由
IEEE	Institute of Electrical and Electronics Engineers	电气电子工程师学会
IETF	Internet Engineering Task Force	因特网工程任务组
IFIT	In-situ Flow Information Telemetry	随流信息遥测
IFIT-AM	IFIT Alternate Marking	IFIT 交替染色
IGP	Interior Gateway Protocol	内部网关协议
INT	In-band Network Telemetry	带内网络遥测
IOAM	In-situ Operation, Administration and Maintenance	随流操作、管理和维护
IoT	Internet of Things	物联网
IPE	IPv6 Enhanced Innovation	IPv6 增强创新

续表

缩略语	英文全称	中文全称
IPFIX	IP Flow Information Export	IP 数据流信息输出
IP FPM	IP Flow Performance Measurement	IP 流性能测量
IPinIP	IP-in-IP Encapsulation	IP-in-IP 封装
IPPM	IP Performance Metrics	IP 性能测量
IPSSC	IP Standards Strategy Committee	IP 标准策略委员会
IPTV	Internet Protocol Television	互联网电视
IPv4	Internet Protocol version 4	第 4 版互联网协议
IPv6	Internet Protocol version 6	第 6 版互联网协议
IS-IS	Intermediate System to Intermediate System	中间系统到中间系统
IT	Information Technology	信息技术
ITU-T	International Telecommunication Union-Telecommunication Standardization Sector	国际电信联盟电信标准化部门
JSON	JavaScript Object Notation	JavaScript 对象表示法
KPI	Key Performance Index	关键性能指标
L2NM	L2VPN Network Model	L2VPN 网络模型
L2VPN	Layer 2 VPN	二层虚拟专用网络
L3NM	L3VPN Network Model	L3VPN 网络模型
L3VPN	Layer 3 VPN	三层虚拟专用网络
LAG	Link Aggregation Group	链路聚合组
LDP	Label Distribution Protocol	标签分发协议
LLM	Large Language Model	大语言模型
LSP	Label Switched Path	标签交换路径
LSPA	Label Switched Path Attributes	标签交换路径属性
MAC	Media Access Control	媒体访问控制
MC	Metro Core	城域核心
MCD	Midpoint Compressed Data	中间节点压缩数据
MDT	Model Driven Telemetry	模型驱动遥测
MIB	Management Information Base	管理信息库
MP2MP	Multipoint-to-Multipoint	多点到多点
MP2P	Multipoint-to-Point	多点到点
MPLS	Multi-Protocol Label Switching	多协议标签交换

续表

缩略语	英文全称	中文全称
MPLS TE	MPLS Traffic Engineering	MPLS 流量工程
MPLS-TP	MPLS Transport Profile	MPLS 传送框架
M-SDO	Multiple Standards Developing Organization	多标准开发组织
MTrace	Multicast Traceroute	组播路由跟踪
MTU	Maximum Transmission Unit	最大传输单元
NAI	Network Artificial Intelligence	网络人工智能
NCE	Network Cloud Engine	网络云化引擎
NETCONF	Network Configuration Protocol	网络配置协议
NFV	Network Functions Virtualization	网络功能虚拟化
NH	Next Header	下一报文头
NHC	Next Hop Dependent Characteristics	下一跳依赖特征
NMS	Network Management System	网络管理系统
NNI	Network to Network Interface	网络侧接口
NSH	Network Service Header	网络服务报头
NTF	Network Telemetry Framework	网络遥测框架
NTP	Network Time Protocol	网络时间协议
OAM	Operation, Administration and Maintenance	操作、管理和维护
OC	Ordinary Clock	普通时钟
OIF	Outgoing Interface ID	出接口 ID
OIL	Outgoing Interface Load	出接口负载
OLT	Optical Line Terminal	光线路终端
OMP	Openness Management Platform	开放能力管理平台
ONOS	Open Network Operating System	开放式网络操作系统
ONT	Optical Network Terminal	光网络终端
OPSAWG	Operations and Management Area Working Group	操作与管理领域工作组
OSPFv3	Open Shortest Path First version 3	开放最短路径优先版本 3
OSS	Operational Support System	运行支撑系统
P2P	Point-to-Point	点到点
P2P TC	Peer-to-Peer Transparent Clock	点到点透明时钟
PBR	Policy-Based Routing	策略路由

缩略语	英文全称	中文全称
PCC	Path Computation Client	路径计算终端
PCE	Path Computation Element	路径计算单元
PCEP	Path Computation Element Communication Protocol	路径计算单元通信协议
PE	Provider Edge	供应商边缘
PIF	Protocol Independent Forwarding	协议独立转发
POF	Protocol Oblivious Forwarding	协议无关转发
PSAMP	Packet Sampling	数据包采样
PT	Path Tracing	路径跟踪
PTN	Packet Transport Network	分组传送网
PTP	Precision Time Protocol	精确时间协议
PTSF	Packet Timing Signal Fail	包定时信号失效
QoS	Quality of Service	服务质量
RAN	Radio Access Network	无线电接入网
REST	Representational State Transfer	描述性状态迁移
RESTCONF	Representational State Transfer Configuration Protocol	描述性状态迁移配置协议
RIB	Routing Information Base	路由信息库
RILSA	Router Information Link State Advertisement	路由器信息链路状态公告
RR	Route Reflector	路由反射器
RTT	Round Trip Time	往返路程时间
SAFI	Subsequent Address Family Identifier	子地址族标识符
SDN	Software Defined Network	软件定义网络
SFC	Service Function Chain	业务功能链
sFlow	sampled Flow	采样流
SFTP	Secure File Transfer Protocol	安全文件传输协议
SID	Segment ID	段标识符
SLA	Service Level Agreement	服务水平协议
SND	Specific NE Driver	特定网元驱动
SNMP	Simple Network Management Protocol	简单网络管理协议
SPE	Superstratum Provider Edge	上层供应商边缘

缩略语	英文全称	中文全称
SR	Segment Routing	分段路由
SRH	Segment Routing Header	段路由扩展报文头
SR-TE	Segment Routing-Traffic Engineering	段路由流量工程
SRv6	Segment Routing over IPv6	基于 IPv6 的段路由
SSP	Specific Service Plugin	特定服务插件
STAMP	Simple Two-Way Active Measurement Protocol	简单双向主动测量协议
STN	Smart Transport Network	智能传送网
TC	Transparent Clock	透明时钟
TCP	Transmission Control Protocol	传输控制协议
TE	Traffic Engineering	流量工程
TIH	Telemetry Information Header	遥测指令头
TLS	Transport Layer Security	传输层安全协议
TLV	Type-Length-Value	类型-长度-值
TM Forum	TeleManagement Forum	电信管理论坛
T-MPLS	Transport MPLS	传送多协议标签交换
ToD	Time of Day	日时间
ToS	Type of Service	服务类型
TTL	Time To Live	存活时间
TTS	Truncated Timestamp	截断时间戳
TWAMP	Two-Way Active Measurement Protocol	双向主动测量协议
UDP	User Datagram Protocol	用户数据报协议
UNI	User-Network Interface	用户-网络接口
UPE	User-end Provider Edge	用户端供应商边缘
UPF	User Plane Function	用户面功能
UTC	Coordinated Universal Time	协调世界时
VPLS	Virtual Private LAN Service	虚拟专用局域网业务
VPN	Virtual Private Network	虚拟专用网络
VPWS	Virtual Private Wire Service	虚拟专用线路业务
VR	Virtual Reality	虚拟现实
VXLAN	Virtual eXtensible Local Area Network	虚拟扩展局域网
XML	eXtensible Markup Language	可扩展标记语言

后　记

IPv6 随路遥测之路
（李振斌）

1. 艰难实践

华为内部关于随路测量技术的研究很早就开始了。在2013年的时候，网络解决方案部提出了通过交替染色的方法实现随路测量的IP FPM技术。IP FPM的名称来自华为美研所的Susan Hares。Susan是IETF IDR（Inter-Domain Routing，域间路由）工作组主席，具有很高的技术威望，当时在美研所负责IP技术研究和标准推动工作。因为要在IETF推动技术标准化，通过邮件进行多轮讨论，最终Susan提出的IP FPM获得了认可。

数据通信产品线对于IP FPM技术创新高度重视，很快就决定了落地路由器产品。IP FPM的核心机制是数据平面的交替染色。当时的主要应用场景是对基于MPLS隧道承载的IPv4业务报文进行随路测量，然而不论是IPv4还是MPLS，都没有合适的扩展空间用于交替染色。我们和解决方案部的同事们讨论是否可以采用简化的技术方案，例如，使用MPLS流标签[1]的流类型[2]域的3 bit来做交替染色，这样就不需要为MPLS隧道承载的IPv4报文交替染色，也就是说，通过MPLS隧道级的交替染色实现随路测量，由此替代IPv4业务流级交替染色的随路测量。同事们认为这种方案的应用场景受限，原因举例如下。

- 如果基于MPLS隧道进行交替染色，会导致头节点和尾节点的上行板到下行板的丢包和时延无法测量。具体地，对于采用分布式架构的路由器，IPv4业务报文在头节点的下行板封装MPLS隧道，在尾节点的上行板弹出MPLS标签栈恢复原始报文，这样会使得头节点或尾节点从上行板到下行板都没有完整的基于MPLS的染色。
- 网络中的MPLS隧道会因为节点和链路发生故障导致路径发生变化，这样报文可能并不会到达原来路径的尾节点或者尾节点的上行板。这会导致在故障期间对于丢包、时延的统计出现问题。

由于上述原因，同事们坚持要基于IPv4报文头实现交替染色。IPv4报文头中适用的字段非常有限，经过几番比较论证，最后建议在清楚网络规划的情况下，使用ToS和Flags字段中未用到的位实现交替染色。但是这个数据平面扩展还是不能完全解决路径变化场景下的随路测量问题，为此还需要对一条IPv4业务流在网络内可能经过的所有节点进行基于IP五元组的策略配置，以捕获对应业务流的报文。网络路径变化的不确定性，基本上就意味着网络中所有的节点都需要配置对应的IP五元组策略，并且这些信息需要上报到一个集中点进行汇总和数据分析处理。现在大家会毫不犹豫地想到用网络控制器来处理，但是在2014年，网络控制器完全是一个新兴事物，网络中存在的只有传统网络管理系统，甚至连网络管理系统都没有。为了支持多点的随路测量数据采集和同步，IP FPM还需要再引入一套复杂的控制平面协议机制。

考虑到上述技术方案的复杂度，我们作为具体实现方和同事们沟通了很久，建议先不要考虑路径变化等复杂的场景，按照更加简单可行的方案实现IP FPM。但是这种方案存在应用场景的限制，也难以满足做大创新的雄心，于是我们只能按照理想的方案开始进行IP FPM的设计和实现。为了支撑产业推广，我们还在IETF推动下完成了标准制定，发布了对应的RFC[3]。但是IP FPM上市以后的实用效果并不好，复杂的方案和配置导致用户根本不愿意使用，随路测量带来的运维简化无从谈起。因为研发投入大，又不能被市场接纳，IP FPM的创新最终没有取得预想的成功，许多参与创新的同事都转向了其他方向。轰轰烈烈的IP FPM创新一度陷入沉寂。

2. 上下求索

2014年起SDN变得非常火热，在其发展过程中，智能运维成为一个重要的用例。2016年AlphaGo战胜围棋世界冠军李世石的事件使得AI再次爆火，其热门程度丝毫不亚于现在的ChatGPT和LLM（Large Language Model，大语言模型）。我们也深受影响，向IETF提交了一篇NAI（Network Artificial Intelligence，网络人工智能）的草案[4]，还在ONOS（Open Network Operating System，开放式网络操作系统）网站上注册了一个NAI项目，希望能够借助AI解决IP网络运维困难的问题。

后来的日子里我不断思考NAI的发展。首先，从比较功利的角度看，IETF定义需要互联互通的协议标准，控制器内部如何使用AI进行数据处理，这些一般不涉及互联互通，没有太多标准化的机会。其次，更重要的是，从实用的角度看，网络都是按照规则运行的，如果能够把运行数据都上报，那么控制器就能够清晰地确定网络中的异常和网络故障的根因，就不需要用模糊的、概率性的AI方法去"猜"网络中的异常和故障原因。这就像西医和中医，如果西医借助工具就能把身体的各种参数检测出来，进而直接、方便地确定病因，就不一定要依靠中医长久积累的、洞察入微的经验，借助望闻问切来查病因。况且二者也并不矛盾，中医也可以在医疗设备提供的体检数据的支撑下更快、更准确地积累治病经验。对于网络运维来讲，当务之急不是追求AI的时髦，而是发明有效的工具以实现网络和业务状态的清晰可视，降低运维的难度。那时

Telemetry的概念逐渐兴起，吸引了我们的注意，于是我们启动了Telemetry相关的研究工作。

Telemetry的研究工作也并非顺利。2017年我们在IPSSC（IP Standards Strategy Committee，IP标准策略委员会）下面成立了一个Telemetry标准项目，事实上主要是我和周天然从标准的角度进行洞察、分析和研究，并不是一个正式的技术研究项目。因为之前共事研究SDN，周天然和美研所的宋浩宇博士比较熟悉。正巧宋浩宇也在做Telemetry和随路测量相关的研究，我们会不定期地和他进行交流研讨。我们围绕着Telemetry和随路测量技术输出了场景分析和技术方案分析等文档。因为不是正式的研究项目，实际关注Telemetry研究的人很少。周天然有时就坐在我的对面，不禁抱怨说做了这些研究输出，也不知道有什么用。我对Telemetry下一步研究工作如何开展也不确定，但从内心中认为这是解决IP网络运维基本问题的一个重要方向。我努力劝说他对我们的技术创新要有信心，安心做好相关研究工作。

3. 创新再起

2018年是我们研究Telemetry的关键一年。年初Telemetry研究项目成功立项以后，苗福友和我确定了几位参与研究的人员，除了周天然，还有戴龙飞、徐玲、顾钰楠等人。后来，熟悉转发适配开发的刘敏转入研究部并加入了团队。虽然集结了团队，但是团队成员在产品设计和开发方面的经验都比较有限。在IP随路测量技术的研究过程中，我经常会组织大家集中讨论，引导大家明确关键设计问题，然后研讨具体的解决方案，在这个过程中提升大家的场景分析和系统设计能力。在Telemetry技术研究的初期讨论过程中，有两个问题比较突出。

其一是Telemetry技术框架问题。Telemetry涉及的技术非常庞杂，非常容易混淆。我们在系统地梳理Telemetry相关技术的基础上定义了NTF，并向IETF提交了草案[5]。

其二是IP随路遥测技术方案的命名问题。当时的IOAM只有Trace选项，即只支持Passport模式，我们分析这个方法在可扩展性方面存在许多限制，因此提出了Postcard模式，并且为了避免海量信息上报导致技术方案不可行，还提出了基于UDP的遥测技术，以及智能选流、数据上报抑制等方法。但是因为和IOAM技术交织在一起，讨论过程变得非常复杂，有时甚至发现双方讨论的根本不是一回事。我们都深感非常有必要对我们的技术方案进行一个明确的术语定义，于是我让大家都贡献一下自己的想法，然后开会决策。当时我正在努力减肥，同时大家对于Telemetry的研究热情时常导致讨论过于热烈而错过了午饭，所以减肥也成了团队探讨的另外一个热门话题。聊起来才发现，顾钰楠、刘敏都是"减肥专业人士"，还有来自转发部指导微码设计的王中震也有成功的减肥实践，于是我们团队的微信群就命名为减肥达人群。当我们把关于技术方案的命名集中起来投票选择的时候，看到IFIT的名字，一群减肥达人就毫不犹豫地做出了选择。作为配套，我们向IETF提交了IFIT框架草案[6]。自此，一个具有良好寓意的术语名称就逐渐传播了起来。

在研究IFIT的时候，SR-MPLS在SR技术中还居于主导地位，但是我们明显感受到了MPLS可扩展性的严重不足，特别是根本无法依靠MPLS标签栈的扩展来支持IOAM Trace选项。在尝试了各种扩展方法之后，我们想到最方便的方法就是在MPLS标签栈后面增加一个类似IPv6的扩展报文头来封装信息，于是我们申请了MPLS扩展报文头专利，并向IETF提交了草案[7]。同时我们也看到未来MPLS发展空间有限，从而更加坚定了通过IPv6扩展报文头机制支持网络功能扩展的路线选择。老胡（胡克文，时任华为数据通信产品线总裁）总结"IPv6+"创新的时候说，谁能够在IP创新方面领先，很多时候取决于谁先看到了网络的问题和需求，IFIT的研究无疑是一个很好的诠释。在2018年，我们同期开展SRv6和IFIT的研究，SRv6和基于IPv6支持IOAM Trace选项等对网络处理器芯片都提出了很高的要求，因此在规划下一代芯片的时候把这些需求都考虑了进来。后来华为的芯片供应受到限制，因为有了提前的技术准备，"IPv6+"创新受到的影响较小。回想起来，有些后怕，又倍感幸运！

IFIT的研究也并非一帆风顺。一开始我们投入了很多精力做Postcard模式的设计和原型开发，但是一直缺乏Postcard模式和Passport模式随路测量数据的量化比较。我总是隐隐感到不安，2018年10月左右，我安排戴龙飞博士做一个上报数据的专项分析。不久之后，戴博士给出了一个翔实的比较分析结果，结果令人震惊。

一方面，随路测量上报的数据量惊人，按照戴博士给出的场景假设测算，随路测量每秒产生的上报记录多达150万条，每日产生的数据量约为5.5 TB。这种海量数据对资源的消耗以及对整个系统性能的压力都是非常惊人的，很难想象运营商愿意付出这样高的代价来支持随路遥测。

另一方面，被我们寄予厚望的Postcard模式随路测量上报的总数据量竟然比Passport模式上报的总数据量要高出很多。虽然非常出乎意料，但也在情理之中。因为虽然上报的有效信息是一样的，但是Postcard模式需要沿途各个节点上报数据，每个节点上报的时候都包含一个报文头，不像Passport模式只在尾节点上报，只包含一个报文头，这些多出的报文头就是Postcard模式相对于Passport模式的消耗。假设一个业务报文进行随路测量就会多出n个上报数据的报文头，想象一下一个400 G接口每秒能转发多少业务报文，累积下来，多出的上报数据量无疑是惊人的。

这个结果让我备受打击,一则是宣告了随路遥测代价太高,可用空间有限;再则因为上报数据量差距明显,Postcard模式相对于Passport模式也没有什么特别的优势了。在结果出来之后的一段日子里,我确实有些心灰意冷,无精打采,不知怎么办才好!

好在事情迎来了转机。得知我们在研究随路遥测,PTN(Packet Transport Network,分组传送网)产品线的黄金明过来找我们交流提升OAM能力的解决方案。我们讨论到IP FPM和交替染色方法,相关指令可以通过IPv6扩展报文头携带,采用Postcard模式随路测量并上报数据。因为按照测量周期统计丢包率和检测时延,所以上报给控制器的数据量相对于IOAM会大大减少。另外,因为通过IPv6扩展可以携带业务报文所属的Flow ID,所以可以避免网络节点通过IP五元组策略识别流的复杂配置。这个基于交替染色方法的IFIT方案虽然与我们当初研究逐流逐包检测的初衷并不完全一致,但是部署应用的代价要小很多,可以真正地部署商用。于是我们商量把这种基于交替染色机制的IPv6随路遥测定义为IFIT 1.0,等将来有条件支持IOAM Trace选项或基于Postcard模式优化的IOAM时,再将其定义为IFIT 2.0。

4. 涅槃重生

IFIT的设计确定以后,原型开发随之展开。刘敏的到来,以及在少伟总(刘少伟,时任华为数据通信研发管理部部长)的安排下,微码专家陆博的加入,使得IFIT的数据平面开发得到有力保障。徐玲则兢兢业业地开发IFIT管理平面和控制平面功能。就像蚂蚁搬山一样,我们一点一点地完成IFIT原型系统的开发。IFIT功能实现了,但是如果要直观地展示随路遥测结果,还需要通过图形界面呈现。想要基于NCE开发IFIT界面呈现还需要很大的投入,基本上不太现实。周天然以前做过基于SDN开源的研究和开发,他推荐了采用开源工具做IFIT界面呈现,我觉得可行,就安排戴龙飞博士负责做界面开发。

戴博士是研究数学出身,做事情很喜欢钻研,动手能力也很强。做IFIT的信息上报和展示,涉及一系列的IT开源软件和工具,他都一一学习和掌握了,但是始终没有一个令人满意的开发结果。我因为推动SRv6和"IPv6+"创新分身乏术,不可能一直盯着他工作,所以有点焦虑。正好在2019年初的时候,日本负责网络行销的冯苏和郝建武找我们沟通,策划在日本Interop展上展示先进的IP创新技术,为数据通信产品打响品牌。我毫不犹豫地给他们推荐了IFIT,并把戴博士推荐给了他们。冯苏和郝建武具有极其丰富的项目开发经验和管理经验,几乎每周都和戴博士开会讨论IFIT的设计和界面呈现,两个多月的时间里不断给戴博士提需求,盯着他完成开发并不断优化,生生地把一个数学研究人员打造成了一个合格的网络开发工程师。

等到Interop展的前一个星期，我们把戴博士派往日本准备IFIT展示环境。尽管事先做了充分的准备，但是到了日本后，现场还是状况频发，需要装十几个开源软件才能运行，过程中总是遇到各种问题。一线人员真是着急，压着戴博士连续工作了两个通宵，终于赶在演示设备装箱以前搞定了。在Interop展上，戴博士负责IFIT的演示讲解，意气风发。最终经过评委投票，IFIT拿下了Interop展特别奖。经过IFIT创新的磨砺，戴博士终于取得了成功，建立了自信，我由衷地为他感到高兴。

在IFIT原型展示成功的同时，我们在标准化方面也终于迎来了突破。起初我们希望和友商在IOAM标准方面进行合作，并与友商专家在IETF交流了好几次，但是一直没能取得进展。因为与友商合作困难，我们就先根据IFIT的研究成果在IPPM（IP Performance Metrics，IP性能测量）工作组布局了多篇草案[8-12]，并和其他业界专家进行合作。友商专家在IETF负责IOAM标准，但是涉及的技术复杂，标准的进度很缓慢，而且IPPM工作组中还有一系列新的随路测量技术方案的草案出现，与IOAM密切相关，但是这些草案到底应该怎么发展也不明确。为此，工作组主席和传输域领域指导指定友商专家负责，召集相关人员在IETF 104次会议期间开旁会讨论IOAM的标准如何推动。

2019年3月，IETF 104次会议在捷克布拉格举行，周天然、宋浩宇、龚钧和我都参加了其间举行的IOAM旁会。会议由友商专家主持，讨论一度非常激烈。由于面临多方压力，友商专家不得不做出妥协，经过3次旁会讨论，确定了把哪些技术方案放到IOAM工作中进行标准化，包括我们提出的Postcard模式的随路测量技术。我们也做出让步，同意把Postcard模式的随路测量技术作为IOAM技术的一部分，定义为Direct Export选项。IETF 104次会议是我参加过的非常重要的一次IETF会议，在这次会议上我新当选为IETF互联网架构委员会委员，SRv6最重要的一篇草案SRH终于通过了6MAN（IPv6 Maintenance，IPv6维护）工作组的最后公示，再有就是IFIT创新的标准化工作也取得了突破，可谓收获颇丰。

后来周天然、华为欧洲研究所标准专家Giuseppe等与业界专家合作，又在6MAN工作组开始IPv6交替染色机制的标准化工作，过程中专家们建议对原有的IP FPM对应的RFC同时进行更新，最后发布了3篇RFC[13-15]。这样，我们对IFIT的研究在IOAM和交替染色两个机制上都完成了关键的标准化工作，奠定了产业发展的基础。

5. 结语

从IP FPM的失败再到IFIT的成功，华为内部许多人也很难理解，相似的技术，遭遇为什么会有这样大的变化。

在创新的过程中，有价值的问题是非常关键的。从IP FPM到IFIT，随路测量的价值和意义始终存在。所幸的是我们虽然经历了IP FPM技术创新的挫折，但是在面临对于创新质疑的艰难时刻，没有"连孩子带脏水一起泼掉"，而终于坚持等到了合适的时机。

在IFIT创新过程中，我们一直面临着各种质疑。但在我的心中，一直有一个信念，一定要把IP网络运维的基本问题解决掉。当意识到IPv6扩展和随路测量机制结合在一起具备解决问题的可能性的时候，我们全力投入进去，千方百计地想要把事情做成。在IPSSC的牵引下，预研、标准、开发、解决方案等团队紧密结合，最终使得IFIT-AM机制成为真正可商用的IPv6随路遥测方案。

我始终认为技术不是冷冰冰的存在，而应该是充满"温情"的。在网络问题出现的时候，因为缺乏有效的技术手段，网络工程师不得不花费大量的时间和精力去复现问题，抓取业务转发报文，从海量的日志和调试信息中获取线索，为此甚至加班熬夜，通宵达旦。另外，IP很多时候被习惯性地认为是很低级的技术，就是尽力而为地转发，甚至在"IPv6+"创新发展起来以后，许多人坚持认为应该保持IP的简单。以IPv6随路遥测为代表的"IPv6+"创新的意义不仅在于为产品赢得收入和利润，更深层次的是将这些创新的生命力根植，把网络工程师真正解放出来，使能IP网络提供更好的服务。历史会证明，IP的简单只是特定时代的产物，但绝非本性如此。网络运营者在发展业务的时候也不应当总是以牺牲网络运维为代价，更不能直到"灾难"发生才痛下决心改进。

IPv6随路遥测之路还远远没有到达终点，更加精细化、可视的需求依然存在，处理海量数据的需求也依然存在，这些都需要通过持续创新来解决。IP随路遥测机制的发展就如同医学影像设备的发展，从X光机到CT机，再到核磁共振仪，技术不断进步，所需的资源和代价也不断提升。IPv6随路遥测要以合理的代价不断创新，满足不同层次的网络运维需求，使网络更加健康地发展。

| 后记参考文献 |

[1] BRYANT S, FILSFILS C, DRAFZ U, et al. Flow-aware transport of pseudowires over an MPLS packet switched network[EB/OL]. (2011-11)[2024-09-30].

[2] ANDERSSON L, ASATI R. Multiprotocol Label Switching (MPLS) label stack entry: "EXP" field renamed to "traffic class" field[EB/OL]. (2009-02)[2024-09-30].

[3] FIOCCOLA G, CAPELLO A, COCIGLIO M, et al. Alternate-marking method for passive and hybrid performance monitoring[EB/OL]. (2018-01-29)[2024-09-30].

[4] LI Z, ZHANG J. An architecture of Network Artificial Intelligence(NAI)[EB/OL]. (2017-05-04)[2024-09-30].

[5] SONG H, QIN F, MARTINEZ-JULIA P, et al. Network telemetry framework[EB/OL]. (2022-05-01)[2024-09-30].

[6] SONG H, QIN F, CHEN H. Framework for in-situ flow information telemetry[EB/OL]. (2024-04-25)[2024-09-30].

[7] SONG H, ZHOU T, ANDERSSON L, et al. MPLS network actions using post-stack extension headers[EB/OL]. (2024-04-13)[2024-09-30].

[8] SONG H, LI Z, ZHOU T, et al. In-situ OAM processing in tunnels[EB/OL]. (2018-12-29)[2024-09-30].

[9] SONG H, ZHOU T. In-situ OAM data type extension[EB/OL]. (2018-10-18)[2024-09-30].

[10] SONG H, ZHOU T. Control in-situ OAM overhead with segment IOAM[EB/OL]. (2018-10-19)[2024-09-30].

[11] SONG H, ZHOU T. In-situ OAM data validation option[EB/OL]. (2018-10-18)[2024-09-30].

[12] SONG H, MIRSKY G, ZHOU T, et al. On-path telemetry using packet marking to trigger dedicated OAM packets[EB/OL]. (2023-12-04)[2024-09-30].

[13] FIOCCOLA G, COCIGLIO M, MIRSKY G, et al. Alternate-Marking method [EB/OL]. (2022-12)[2024-09-30].

[14] FIOCCOLA G, Cociglio M, Sapio A, et al. Clustered alternate-marking method [EB/OL]. (2022-12)[2024-09-30].

[15] FIOCCOLA G, ZHOU T, COCIGLIO M, et al. IPv6 application of the Alternate-Marking method[EB/OL]. (2022-12)[2024-09-30].